- Alfred SAUVY (1898 - 1990)
- famille de 7 enfants - père tué ... en 1918 -
- pensionnaire au Collège STANISLAS

MONDES
EN MARCHE

DU MÊME AUTEUR

chez le même éditeur

LA MONTÉE DES JEUNES

LE PLAN SAUVY

LA RÉVOLTE DES JEUNES

CROISSANCE ZÉRO ?

LA FIN DES RICHES

L'ÉCONOMIE DU DIABLE

LA TRAGÉDIE DU POUVOIR

HUMOUR ET POLITIQUE

LA VIE EN PLUS

ALFRED SAUVY
Professeur honoraire au Collège de France

MONDES EN MARCHE

CALMANN-LÉVY

ISBN 2-7021-0441-X

Imprimé en France

CHAPITRE PREMIER

Premier réveil

L'AN 1500. En apprenant la découverte de l'Amérique par Colomb, donc bien avant Cortès, un homme somnolent, mais sensible et clairvoyant, s'est écrié :

« Vous n'imaginez pas l'importance de cette date ! Après la longue période d'invasions, les hommes étaient en train de se stabiliser dans le monde. Il y a certes les Turcs, les Mongols mais ce sont des attardés, ils finiront bien par être arrêtés ou par s'arrêter. C'est dans l'ordre... du moment.

« Cette stabilisation des hommes vient d'être rompue pour plusieurs siècles. Dès maintenant, c'est le déferlement.

« Je ne veux pas voir les horreurs qui vont résulter de cette tragique confrontation d'hommes, à quelques siècles de distance. Vous allez m'endormir, pour ne me réveiller qu'au moment où un nouvel ordre régnera sur la terre. Mon rêve, si je peux dire, est de voir les hommes jouir en paix, dans leur pays, de la fertilité de leur savoir. »

Un vieil alchimiste des environs, pourvu justement du talisman qu'il fallait, a réussi à assoupir cet être délicat, tout en ayant bien soin de transmettre, avant sa propre mort, le moyen de remettre le corps en mouvement, une fois le moment venu.

« Le sommeil est profond qui berce les statues. »

L'an 1945. Les cloches sonnent dans le monde. Le nazisme est détruit ; création des Nations unies, mise en marche de la décolonisation, fixation des frontières et des hommes. Les deux personnes chargées de veiller sur le glorieux endormi jugent le moment venu de le rappeler à la vic.

Ils sont bien plus nombreux qu'avant, les hommes sur la terre, et de ce fait, plus serrés : au lieu des quelque 500 millions en 1500, soit en moyenne 3,6 habitants au km^2, ils sont, en 1950, 2,5 milliards, donc 5 fois plus et 18 habitants au km^2. Entre deux hommes voisins, la distance moyenne est passée de 52 à 23 mètres et, grâce aux nouveaux moyens de communication, cette distance peut se parcourir en un temps cent fois moindre.

Dans cet immense dortoir, un fait divers, survenu en un point quelconque du globe, peut être connu, en un temps minime, dans le monde entier.

Et du coup, est ressenti le besoin d'une certaine égalisation, c'est-à-dire d'une façon de vivre ensemble. Expliquons tout cela à notre homme, au réveil de son long sommeil, et montrons-lui pourquoi l'épisode nazi, avec sa durée de vingt ans, a fait gagner au monde plus d'un siècle.

Le passage des nazis

Les voies du seigneur, c'est bien connu, sont impénétrables. La grande métamorphose des années quarante tient, pour une large part, à cet épisode nazi, qui, peu à peu, fait figure de mauvais rêve. C'est lui qui déclenche le grand mouvement :

En poussant à l'extrême, à l'odieux, à l'absurde, les abus et les erreurs des pays colonisateurs, les nazis ont paradoxalement accéléré la marche et même provoqué un bond libérateur, sur la question des races.

Et, finalement, ils sont parvenus à des fins opposées à leurs objectifs :

à la domination allemande sur le monde, répond le partage de l'Allemagne en trois parties, dont une enlevée aux Allemands ;

à la ruine prévue de l'Union soviétique, et du communisme, correspond sa suprématie en Europe et le passage de la Chine au socialisme ;

à l'asservissement ou l'extermination des peuples jugés inférieurs, succèdent l'affranchissement et la multiplication.

Ainsi, l'épisode nazi a précipité la décolonisation qu'annonçait lentement l'évolution générale. Et elle sonna si bien, l'heure de la vertu, qu'ayant jadis proprement exterminé les anciens occupants de leurs territoires, Américains, Australiens, Argentins reprochent, *vertueusement*, aux Français de refuser l'indépendance aux Algériens, dès l'instant que ceux-ci ont eu le mauvais goût de survivre. Morale plus rigide que logique.

La deuxième guerre a, par elle seule, accéléré la décolonisation, fruit d'une évolution culturelle chez les colonisés et d'une lassitude chez les colonisateurs.

Le virus nazi a suscité, chez les Occidentaux, la création d'anticorps naturels. La conscience profonde s'est modifiée, faite à la fois de remords et d'idéal.

« Encore un tiers de siècle ! »

Nous lui montrons tout cela le mieux possible, à notre réanimé.

« Ce n'est pas encore le gouvernement mondial, lui faisons-nous observer, mais il y a la déclaration des Droits de l'Homme et aussi des organisations internationales pour l'enseignement, la santé, l'agriculture, les échanges et l'entraide : partout l'égalité des droits et des efforts, pour atténuer l'inégalité de fait. Les hommes sont chacun stabilisés dans leur pays, à *l'intérieur de leurs frontières*.

« Pour garantir cette stabilisation est créé un Conseil de sécurité, qui a bien manqué dans le passé et au sein duquel la parole est, si l'on ose dire, à la parole et non plus aux armes. »

En dépit de ces assurances, notre homme semble profondément préoccupé :

« J'ai lu quelque part l'expression W. W. III. M'étant informé, j'ai appris que ce n'était pas de l'algèbre, mais le sigle d'une éventuelle troisième guerre mondiale (World War III) et j'ai même entendu, dans votre appareil sonore, des Américains estimer que le président Truman aurait déjà profité de la supériorité d'armements des États-Unis pour déclencher cette troisième guerre mondiale, sans l'obligation qu'elle comporterait — terreur glacée des Américains — de rétablir le contrôle des prix [1]. »

En dépit de nos paroles rassurantes, notre homme, saisi d'inquiétude, nous déclare :

1. Phrase entendue à New York en 1946. L'objection visait, en fait, toute la prise en main de l'économie par l'État.

« Que des progrès considérables aient été accomplis, je ne le conteste pas, mais cette menace de guerre atomique est vraiment terrible. D'autre part, l'inégalité des hommes d'un pays à l'autre est encore démesurée et quelque peu explosive. Il faudra, je pense, encore un bon tiers de siècle pour assurer la stabilisation définitive. Remettez-moi en sommeil, mais cette fois, en tout état de cause, réveillez-moi dans trente-six ans. Nous sommes bien en 1946, mettez donc le réveil sur 1982 !

— C'est entendu. Vous pouvez, si j'ose dire, y compter ! »

CHAPITRE II

Une découverte : le « sous-développement »

QUAND on nous signale l'extrême détresse d'un homme vivant à des milliers de kilomètres, nous poussons un soupir de compassion, mais passons vite à un autre souci. Si cet homme habite dans notre rue, près de chez nous, nous y allons déjà de notre obole ; mais s'il se trouve à notre table, nous ne pouvons pas ne pas partager avec lui notre pitance. Tel est le raccourcissement des distances que l'insensibilité n'a plus de base.

Avant la seconde guerre et plus encore avant la première, la nouvelle selon laquelle les Chinois jetaient leurs enfants aux petits cochons n'était qu'un fait divers pittoresque, mais vite oublié. Brusquement, du fait du raccourcissement des distances, l'idée de la famine, de la sous-alimentation, quelque part dans le monde, tient une place importante et ne souffre plus l'indifférence. C'est la naissance de l'esprit de *solidarité*, sentiment intermédiaire entre la charité et l'obligation juridique. La charité a toujours soulagé la conscience du riche avant de soulager l'estomac du pauvre ; n'est-elle d'ailleurs pas faite pour cela ? La solidarité va un peu plus loin, en causant un certain remords permanent et en inspirant la crainte que la trop forte inégalité n'entraîne quelque jour une redoutable obligation juridique, appelée impôt. Solidarité va donc avec prévoyance, mais va-t-elle bien loin ?

Cruauté de la connaissance

Au rôle apaisant de la charité pour la conscience du riche, s'ajoute traditionnellement la douce ignorance des réalités. Pendant longtemps, le problème des classes sociales a été résolu par la formule complaisante : « Ces gens-là n'ont pas de besoin. » La légende de l'homme heureux sans chemise n'a jamais été colportée que par des hommes en ayant plusieurs. Ce système d'autodéfense a été peu à peu démoli par une série d'innovations et de progrès :

1° *les connaissances en diététique.* Nous savons aujourd'hui que l'organisme humain a besoin de 2 000 à 3 000 calories par jour, selon l'âge, le sexe et la profession, pour faire face au métabolisme basal et au travail musculaire accompli, et aussi, d'une quantité déterminée de protéines, de lipides, de métaux, de vitamines, etc. Contrairement à l'ordre millénaire encore en usage, dans de nombreux pays, le travailleur de force doit recevoir plus de calories que l'oisif ou le non-manuel. Nous le savons, désormais.

2° *la connaissance des consommations effectives.* Des enquêtes auprès des ménages permettent de mesurer, tant bien que mal, le contenu de la marmite et de la comparer aux besoins vitaux. Les insuffisances s'expriment en chiffres clairs ;

3° *la connaissance des carences.* Certaines carences peuvent être localisées par un examen sommaire, parfois un simple regard. D'autres sont décelées par des analyses ;

4° *la connaissance en génétique.* Les idées ont, du fait de la réaction contre les théories nazies, considérablement évolué, dissipant peu à peu les préjugés sur les races.

La géographie de la faim

Au moment même où se concrétise la notion de *sous-développement,* vers 1949, et où se diffusent les données diététiques, le Brésilien Josué de Castro publie la *Géographie de la faim :* révélation, étonnement, indignation parfois.

En dépit de la légèreté de certaines observations, l'effet est produit. Ce qui est nouveau sur la terre, ce n'est pas l'inégalité, c'est la conscience de ces différences. Les esprits en sont troublés. La faculté d'oubli et d'attachement aux soucis personnels joue certes toujours son rôle mais, constamment, quelque détail précis sur des enfants carencés, quelque photographie ravagent le cœur.

Découverte du « sous-développement »

Dans le monde précolonial de l'an 1500, il n'était pas question de distinguer les pays selon leur degré de développement. Les deux seuls critères étaient la religion et la force. Dans la suite, ni le mot ni le concept n'ont eu droit de cité. Les Occidentaux parlaient volontiers de *civilisation*, de pays *civilisés*, de progrès aussi, mais sans se préoccuper de faire cesser ou de réduire les différences, déjà notables, entre les pays. La civilisation s'identifiait d'ailleurs assez largement avec la religion, du moins au début.

Il était souvent question d'*indigènes*, d'autochtones, voire de *sauvages*. Quant au terme *progrès*, qui eut droit de cité au XIXe siècle, il n'avait pas le même sens qu'aujourd'hui le concept de *développement*. Tout le monde était, certes, en faveur du *progrès*, mais sans chercher à l'accélérer, ni même à le mesurer. La politique économique, quand il y en avait une, visait plutôt à assurer la prospérité, « la bonne marche des affaires ».

Voilà, en 1945, tous les pays du monde réunis dans les mêmes institutions, avec un scrupule de non-discrimination. Dès lors, les différences de niveau économique et culturel retiennent tout d'un coup l'attention. C'est, sauf erreur, le président Truman qui, vers 1949, lance l'expression de pays « sous-développé », épithète qui n'est supportable qu'à condition d'ajouter qu'il s'agit d'un état passager, ce qui impliquait l'idée de *développement*.

Le « point 4 »

Du célèbre « point 4 » du président Truman (janvier 1949), nous citons :

« Ce n'est pas la vieille exploitation impérialiste pour le profit... Ce doit être un vaste effort mondial pour achever la paix, assurer l'abondance et la liberté.

« *L'objectif :* Aider les peuples libres du monde dans leurs propres efforts, en vue de produire plus de nourriture, de vêtements, de logements et plus de puissance mécanique, pour alléger leurs fardeaux.

« *Les moyens :* Les ressources naturelles que nous pouvons dégager, pour l'aide à d'autres peuples, sont limitées ; mais nos incommensurables ressources en savoir technique augmentent constamment et sont illimitées.

« Seule la démocratie peut offrir une force vitale suffisante, pour conduire les populations du monde dans une action victorieuse, non seulement contre les oppressions humaines mais également contre les vieux ennemis, la faim, la misère et le désespoir. »

Dans l'esprit du président Truman, le terme « démocratie » ne s'applique qu'aux démocraties occidentales, mais peut-être eut-il été plus politique de souligner le devoir des pays socialistes parvenus à un niveau économique suffisant.

Quoi qu'il en soit, à partir de ce moment, se répandent l'expression *sous-développement,* et celle, plus délicate, de *sous-développé.* Non seulement celle-ci a l'inconvénient d'accentuer la coupure, alors que l'éventail est très large, dans le monde, mais elle se prête à des interprétations défavorables, ironiques, notamment quand elle s'applique à une personne. Typiquement anglo-saxonne, elle a non seulement imposé une conception linguistique, mais tracé une voie unique, celle qui a été suivie par les pays occidentaux.

De toute manière, deux caractères sont à distinguer, comme on le fait pour l'emplacement d'un corps et sa vitesse :

1° *L'état dans lequel se trouve un pays ;*

2° *Le rythme de son progrès.*

Développer, développons, développez

Dès ce moment, une seule voix se fait entendre dans le monde ; sans être en rien déshonorant, le sous-développement inspire le même sentiment, la même formule que le péché, au pasteur du président Coolidge. Tout le monde est « contre ». Il est nécessaire que les peuples accablés de pauvreté, d'ignorance et de maladies disposent de plus de ressources et soient largement ouverts à la connaissance et aux soins de santé. Tout doit changer : alimentation, vêtement, communications, logement, etc.

Dans quel sens ? Mais il n'y a qu'une voix et qu'une voie, toute tracée, c'est celle qu'ont suivie les pays « développés ».

S'il n'y a, à cette époque, aucun doute sur l'objectif, encore faut-il trouver les moyens de l'atteindre : pour les économistes, la solution est simple, il faut recourir à des *investissements*. Les économistes polissent et repolissent des formules mathématiques, qui doivent donner, de façon précise, le rapport entre l'effort fourni et le résultat obtenu.

Mais quelle sera la source ? Épargne ? Impôt ? Inflation ? Aide extérieure ? « Ce n'est pas notre affaire, disent-ils. Donnez-moi le résultat que vous souhaitez en cinq ans, dix ans, et je vous dirai combien il faut mettre de dollars. »

Pour les non-économètres — ils sont beaucoup — ces formules sont désarmantes sinon odieuses. Oublions-les. L'essentiel est de trouver la recette du bienfaisant « développement », disons même le truc. Dès lors, c'est l'éclosion d'une immense bibliothèque, où sont prodigués tantôt des conseils de sagesse (c'est, à peu près, le « enrichissez-vous par le travail et l'épargne »), tantôt des invectives contre les pays riches, tantôt des recettes plus ou moins ingénieuses, qu'il suffirait de suivre. Pour trouver cette pierre philosophale, la règle du jeu, si l'on peut dire, consiste à dissimuler les difficultés fondamentales. Il y a, dans ce domaine, de remarquables artistes.

Savoir-faire

Les résultats, l'expérience, nous éloignent de la théorie et nous conduisent à accorder une bien moins grande importance au capital : l'Irak et l'Iran, gorgés de pétrole depuis plus d'un demi-siècle, ne sont guère plus avancés que les autres. Par contre, le Japon n'a reçu aucun concours extérieur ; la Corée du Sud, Formose, Singapour marchent dans son sillage.

Ce résultat confirme, s'il en était besoin, le proverbe chinois : « Donne à un homme un poisson, il mangera pendant un jour, apprends-lui à pêcher, il mangera toute sa vie. » Tout est dans le savoir-faire, mais l'oubli est permanent.

Nous allons retrouver au chapitre 4 les résultats de cette étrange aventure.

Du « tiers monde » aux « 77 »

Peut-être est-il encore utile de retracer l'origine de l'expression « tiers monde », qui, après une enfance très modeste, a connu une grande fortune, au moment même où celle-ci était moins méritée :

En 1951, j'ai, dans une revue brésilienne, parlé des « trois mondes » et peut-être n'étais-je pas le premier.

Reprenant cette image et la précisant, j'ai écrit dans *L'Observateur* (devenu plus tard *Le Nouvel Observateur*) du 14 août 1952 un article intitulé « Trois mondes, une planète » qui se terminait ainsi :

« Car enfin, ce tiers monde ignoré, exploité, méprisé, comme le tiers état, veut, lui aussi, être quelque chose. »

Cette allusion au tiers état français, du début de la Révolution, n'était accompagnée d'aucune indication sur les deux autres « ordres ». C'est seulement dans le privé qu'il m'arrivait de comparer le capitalisme à la noblesse et le communisme au clergé.

Cette appellation n'a eu que de très faibles échos, si bien qu'en 1956, ayant à baptiser un *Cahier de l'Institut national d'études démographiques*, consacré aux pays peu développés et dû à divers chercheurs, je lui ai donné le titre : « Tiers Monde ».

A partir de ce moment, le manque de terme adéquat a favorisé la diffusion de l'expression, puis sa traduction en d'autres langues, sans que puisse être rendue l'idée fondamentale, puisque « tiers » est remplacé par « troisième » (*third, dritte*, etc.) et que l'allusion à la Révolution française échappe à la plupart.

Si l'expression est commode, elle ne convient plus guère, tant la diversité s'est accentuée parmi certains pays, surtout depuis l'aventure du pétrole en 1976 et la « découverte » des pays « les moins avancés » en 1980.

Voici l'étendue de l'éventail dans les pays dits « en développement » :

P.I.B. par habitant	de 1 à 100
Espérance de vie à la naissance	de 40 à 70 ans
Taux de remplacement d'une génération	de 1 à 2,5
Proportion d'analphabètes	de 2 à 92 %

Pour la longévité, l'intervalle représente un siècle d'évolution européenne et, pour le P.I.B., bien davantage.

Pour d'autres tests classiques du « sous-développement », la condition de la femme, les différences sont également notables.

Dès le départ, a joué le concept politique, qui persistera en dépit des bouleversements économiques (le pétrole). Les 77, qui groupent maintenant plus de 125 pays, n'ont guère en commun qu'une rancune, sourde ou déclarée, contre les pays occidentaux, du fait du colonialisme (même lorsqu'ils n'ont pas été colonisés). Certains sont même plus riches.

L'expression officielle « pays en voie de développement » est doublement fautive : traduction inexacte de l'anglais *developing*, en raison du génie de la complication linguistique, même chez les interprètes, elle gagne déjà à se simplifier en un « pays en développement ».

Seulement, comme tous les pays du monde mettent le *développement* à leur programme, le terme est vide de sens. Dès l'instant que la pudeur empêche de parler de « pays pauvres », le terme « sous-développé » a au moins le mérite de l'exactitude et de la franchise.

Quels que soient les termes, voilà toute cette masse d'hommes qui se met en mouvement, tandis que notre dormeur traverse, dans la sérénité, cette période trouble.

Il a d'autant plus raison que se produit, à ce moment, le phénomène le plus logique et le moins prévu : la multiplication des pauvres.

CHAPITRE III

L'implosion démographique

Cet événement extraordinaire est assez connu de l'opinion (sous le nom d'*explosion*). Mais ses causes et même sa portée sont moins bien perçues.

Dira-t-on que les populations dormaient jusque-là, du moins dans la conscience des Occidentaux ? A tout le moins, ne faisaient-elles guère parler d'elles. Jusqu'à la deuxième guerre et un peu au-delà, la loi démographique, quasi universelle, était la régulation par la mort, régulation discrète d'ailleurs, parce que non connue de l'extérieur, non mesurée. Contre l'exubérance voulue par la nature se dressaient les trois Parques surmortelles appelées aussi les trois cavaliers de l'Apocalypse : famines, épidémies et guerres. Les pays occidentaux avaient d'autant moins le souci de ces hécatombes qu'elles étaient mal connues. Pour vivre heureux, cachons les misères des autres. Aujourd'hui, grâce aux études rétrospectives, nous pouvons paradoxalement mesurer ce qui échappait aux contemporains :

Pour 1 000 habitants, il y avait de 40 à 50 naissances chaque année, dont ne survivaient que 30 à 35 individus environ jusqu'à un an et 20 à 25 jusqu'à vingt. Le nombre de morts pour 1 000 habitants devait être de 35 à 45, sauf accident. Et ces accidents étaient fréquents.

C'est cet équilibre millénaire qui a été detruit par un événement *accidentel*.

La grande distorsion

Lorsqu'une civilisation déverse ses techniques, dans une civilisation moins avancée, ces techniques ne se propagent pas à la même vitesse. Nous pouvons ici distinguer trois grandes catégories :

1° *techniques antimortelles ;*

2° *techniques antinatales* (contraception, avortement, stérilisation) ;

3° *techniques économiques,* c'est-à-dire toutes techniques propres à favoriser un accroissement de la production de richesses.

De ces trois catégories, lesquelles se répandent le plus vite ? Les premières et de loin. Nous ne visons ici, bien entendu, que les techniques antimortelles de masse et non la greffe du cœur, ni les perfusions répétées.

Coût minime : un vaccin ne représente qu'une dépense très faible par vie humaine sauvée. Souvent, d'ailleurs, il est distribué par des organismes internationaux.

Le fait de verser un peu d'antiseptique dans les réservoirs des villes sauve, pour quelques francs, des milliers de vies humaines.

Faibles besoins de personnel très qualifié. Vaccination, hygiène, antisepsie, ne nécessitent guère le concours de personnel de haute qualification. Il faudrait une incompétence rare pour tuer un enfant sur 100 vaccinés. Or, même en ce cas extravagant, le gain en vies humaines resterait important. En Chine, les 100 000 médecins aux « pieds nus » (qui n'étaient, en fait, que des infirmiers chaussés) ont fortement contribué à l'effondrement de la mortalité.

On peut imaginer la scène suivante : le chef de service des eaux d'une grande ville se voit attribuer un employé illettré. Le souci du résultat l'emporte. « Tous les matins, tu verseras dans le réservoir le contenu du récipient que voici, rempli au tonneau que voilà. » Et consciencieux, notre homme sauve des milliers d'existences.

Faibles concours de la population. Pour l'eau des villes, toujours elles, il n'est pas nécessaire ; pour le vaccin, il suffit du consentement des intéressés, lequel s'obtient toujours. Culture et volonté ne jouent ici qu'un très faible rôle, ce qui est loin d'être le cas pour les autres catégories de techniques.

Remarquons enfin que cette implosion, ce jaillissement de la vie, a été le résultat de destructions massives : microbes, insectes ont été mis à mort, pour assurer la vie des hommes. Les actions positives (meilleure nourriture notamment) n'ont joué qu'un très faible rôle (voir chapitre VII).

Ainsi, en moins de vingt ans, de nombreuses populations dans le monde ont bénéficié de Jenner, de Laennec, de Pasteur et même de Fleming.

Résultats

Du seul fait de ces techniques antimortelles de masse, la courbe traçant l'espérance de vie, qui, depuis des centaines de millénaires, était à peu près horizontale — aux environs de vingt-cinq ans — s'est redressée comme la tête d'un serpent. Ou, à l'inverse, le taux de mortalité a plongé, des 40 pour 1 000 traditionnels, au-dessous de 20 pour 1 000, dans la plupart des pays et souvent au-dessous de 10. L'ampleur de ces mouvements n'a d'égale que l'ignorance générale en démographie. Ici, dans le royaume des borgnes, ce sont les aveugles qui sont rois. De graves censeurs, placés devant les taux de mortalité en France (11 %) et en Extrême-Orient (5 %), ont dénoncé les défauts de notre organisation sanitaire, sans penser qu'il y a, chez nous, 18 % de sexagénaires et là-bas trois fois moins.

Et la natalité, que devient-elle dans cette aventure ? Dans les débuts, loin de baisser, par révélation des pratiques antinatales, elle a souvent quelque peu monté, grâce à la baisse de la mortalité maternelle. Du fait de cette rupture d'équilibre, le taux de croissance naturelle a dépassé partout 2 % par an, atteignant souvent 3 et jusqu'à 4 % par an. Des populations qui avaient mis quatre siècles à doubler le font en vingt-cinq ans, sans s'en douter, sans s'en apercevoir, du moins au début.

En pleine explosion démographique européenne du XIXe siècle, l'excédent naturel n'avait guère dépassé 1 % par an. Il s'agissait bien alors d'*explosion* et non d'*implosion*, car l'émigration fournissait un large débouché. Pour les seuls États-Unis, 12 millions d'Européens sont entrés sur le territoire, de 1900 à la guerre de 1914.

Dans la plupart des pays peu développés, les populations n'ont, au contraire, trouvé aucun débouché extérieur à leurs frontières.

Que l'on compare seulement l'époque où ont été atteintes diverses étapes de l'espérance de vie :

	30 ans	*40 ans*	*50 ans*	*60 ans*
Suède	1720	1820	1885	1920
Angleterre	1790	1840	1905	1928
France	1790	1830	1910	1938
Brésil	1900	1932	1948	1972
Ceylan	1920	1935	1945	1981
Inde	1938	1952	1974	(1985)

Énormes au début, les écarts se réduisent dans la suite et ne sont plus guère que de cinq ans pour l'avant-garde des pays en développement.

Cette multiplication inédite se produit, en outre, en partant d'un niveau de vie inférieur de moitié à celui, déjà si modeste, des Européens au début du XIXe siècle, décrit par Villermé et mesuré aujourd'hui.

Un bébé né en Asie du Sud trouve, aujourd'hui, dans son berceau, une espérance de vie de 60 ans, largement supérieure à celle qu'a trouvée le général de Gaulle dans le sien : ces 60 ans sont dépassés dans des populations encore pauvres et sous-alimentées.

C'est que la science médicale, dont l'avance sur la science économique est, si l'on ose dire, « dramatique », permet de faire vivre, plus longtemps, des hommes vivant plus mal. Le médecin dit à l'agronome : « Il vivra, cet enfant, à vous de lui donner à manger. » Voilà donc des masses d'hommes, dans un vif dénuement, dont le nombre va doubler irrésistiblement, en moins d'une génération parfois, *événement jamais vu, ni approché dans l'histoire de l'humanité.*

Les termes de *défi* et de *pari,* prodigués aujourd'hui à tort et à travers, n'étaient pas alors de mode, mais le fait est clair.

Pourquoi à cette époque ?

Si claire est la cause de cette violente éruption de vie qu'on s'interroge sur les raisons de la date de son déclenchement. Pourquoi, en ce milieu de siècle ? Cette facile libération a-t-elle été décidée, voulue et par qui ? Pourquoi n'est-elle pas survenue vingt ans, quarante ans plus tôt ? En dehors des antibiotiques, qui, dans les débuts, n'ont joué qu'un rôle minime, les produits et procédés antiseptiques, les vaccins notamment, n'étaient-ils pas disponibles depuis longtemps ?

Il fallait un choc, une secousse, pour tout déclencher.

Certains ont mis en cause la décolonisation, allant même parfois jusqu'à assurer que les pays colonisateurs freinaient le progrès, veillaient à la non-extension des techniques médicales, pour mieux assurer leur domination.

Quels que soient les méfaits du colonialisme, celui-ci est hors de question. En Afrique noire, le mot d'ordre classique était même au contraire de « faire du nègre ». L'accélération démographique s'est produite indépendamment de la libération politique et avant celle-ci, quand elle fut tardive, comme pour l'Algérie. Les pays non colonisés ont d'ailleurs été touchés eux aussi par ce mouvement : l'Amérique latine en a bénéficié, comme l'Asie du Sud ou l'Afrique.

Une politique voulue par les riches, par peur des épidémies ? Elle est peu plausible, puisque, précisément, dans les pays riches, les enfants sont tous vaccinés. Mais, bien évidemment, la création de l'O.M.S. en 1946, les distributions de vaccins sont inspirées par un désir d'assainissement général.

Il s'agit, ici encore, de la grande secousse de la seconde guerre. L'aiguille rétive du baromètre prend tout d'un coup la position conforme à l'ambiance. Cette secousse a été encore accentuée par les horreurs nazies. Indépendants ou non, les pays ont bénéficié de la prise de conscience nationale, concrétisée par la création d'organismes internationaux.

Les attitudes

Devant cette explosion de vitalité, les seuls à ne manifester aucune émotion sont les intéressés ; dépourvus de statistiques sûres, ils sont d'autant moins alarmés que peu informés. En outre, une victoire remportée contre l'ennemie multimillénaire qu'est la Mort, au profit de la fécondité bénie, vénérée, ne peut bénéficier que d'un préjugé très favorable. En termes politiques, ces pays sont, en outre, au temps de Jean Bodin : « Il n'est de richesses que d'hommes. »

Ceux qui s'alarment ou manifestent leur confiance, ce sont les *autres*, les pays riches. A la question première, venue à l'esprit, « Mangeront-ils ? » succède, assez vite un, combien plus redoutable, « Mangerons-nous ? » Compte tenu de l'inévitable solidarité, la famine ne va-t-elle pas gagner le monde entier ?

C'est, curieusement, le conflit Malthus-Marx du XIXe, qui se retrouve au XXe, à l'échelle mondiale cette fois, les classes sociales étant remplacées par les peuples. Dans le camp pessimiste, se placent, de façon générale, les Anglo-Saxons, les protestants, les riches, les conservateurs ; ils trouvent en face d'eux, et pour des raisons différentes, les catholiques et les communistes, les musulmans aussi : « Dieu nourrira les hommes », dit une surate. « La science est là pour prodiguer ses bienfaits », répondent des scientifiques confiants.

Cependant, les pessimistes ne se bornent pas à la lamentation. Se proposant de forcer le destin, ils entendent presque imposer, aux populations exubérantes, la limitation de leur descendance, c'est-à-dire les pratiques antinatales. « La maîtrise de la mort implique la maîtrise de la vie », font-ils observer. Logiquement et arithmétiquement, ils ont cent fois raison, psychologiquement et politiquement, ils sont d'une rare imprévoyance : « Ne pouvant plus nous coloniser, nous soumettre, *entend-on dire*, les Blancs, les

Occidentaux comptent nous combattre biologiquement, nous stériliser. » Et mieux encore :

« Les Américains nous recommandent la limitation des naissances avec une telle insistance, dit à Caracas un professeur de l'université du Venezuela, que cela doit être mauvais pour nous. Alors moi, je suis contre. »

Que n'ont-ils demandé son avis au serpent, les propagandistes ?

« La superbe simplicité
Demande d'immenses égards
. . . .
Sachons lui créer des hasards
Et par le plus rare des arts
Soit le cœur pur sollicité... »

Cependant, un événement imprévu, illogique par certains aspects et volontaire cependant, va bouleverser les données du monde dans le domaine le plus vital.

Accordons d'abord quelque attention à l'évolution logique, rationnelle, légale qu'aurait pu concevoir l'homme, sain d'esprit et soucieux d'ordre.

La voie régulière

Dès l'instant qu'un danger (de famine notamment) menace les pays saisis par l'exubérance, c'est aux pouvoirs publics de ces pays, aux gouvernements, quand il n'y a pas de parlement, qu'il appartient de prendre les décisions nécessaires.

Seulement, cette solution de salut s'avère illusoire :

1° *nombreux sont les pays qui n'ont pas conscience* de cette exubérance ;

2° *ceux qui savent ne sont, pour la plupart, pas inquiets* (le concept de Jean Bodin) ;

3° *ceux qui sont inquiets, comme l'Inde, n'ont pas les moyens* (techniciens, laboratoires, etc.) de fabriquer des stérilisants.

Ainsi, logiquement, rationnellement, la catastrophe est au bout.

Cependant l'observateur soucieux de justice et de responsabilité peut raisonner ainsi :

« Puisque ce sont les pays développés qui ont répandu les vaccins et autres techniques antimortelles, génératrices de la rupture, n'est-ce pas à eux qu'incombent aussi la découverte et la diffusion des moyens de rétablir un équilibre sur de nouvelles bases ? »

Admettons-le. Voilà les gouvernements saisis de la question. Comment répartir, entre les pays, l'effort nécessaire ? Combien d'années faudra-t-il pour assurer une répartition recevant l'agrément de tous ?

Admettons même qu'un gouvernement, lequel ne peut être que celui des États-Unis, soit saisi par le sens des responsabilités et fasse sienne la question. Combien d'années faudra-t-il pour que le Parlement décide des opérations propres à freiner l'exubérance des pauvres ? Combien d'années encore pour qu'il vote les crédits appropriés ?

Compte tenu de la Constitution, des règles parlementaires, du rôle de ses commissions, de l'importance de la procédure, de la résistance des puritains, des catholiques et... des contribuables, des nouvelles élections et des changements éventuels de gouvernement, la pleine réussite eût peut-être demandé une génération, c'est-à-dire le temps... d'un doublement du nombre des hommes.

C'est une tout autre voie qui a été suivie.

Pilule, stérilet, stérilisants

Combien de Français ignorent l'existence de la pilule ? Un nombre infime assurément. Mais combien connaissent l'existence du *Population Council?* Un nombre presque aussi faible, sans doute.

Créé en 1952, par les grandes fondations américaines, Ford, Rockefeller, etc., il va, en quelques années, bouleverser le monde et, sans doute, le sauver. Dans l'état des pratiques antinatales à cette époque, se disent ces hommes du sommet des affaires privées, il n'y a aucune chance de les voir appliquer avec succès par les populations peu évoluées. Il faut donc trouver du neuf et, pour cela, y mettre *les moyens.*

Cinq ans après, c'est *la naissance de la pilule stérilisante* de

Pincus et dix ans après, celle du stérilet. Ainsi, quelques hommes sans mandat, mais puissants, modifient profondément le cours de l'histoire du monde sans que celui-ci le sache. Il est tout jeune, cet enfant ; on lui dira tout cela plus tard.

Les jouets de Noël

Lorsque le 24 décembre, les parents achètent à leurs enfants quelque jouet électronique, leur premier soin est de s'amuser eux-mêmes avec ces engins. Il en a été de même, cette fois : alors que la diffusion de la pilule a rencontré de grandes difficultés dans les populations illettrées, sans habitudes de produits pharmaceutiques, sans calendrier et aussi sans souci, elle a trouvé, dans les pays évolués, le champ d'expansion rêvé.

Après la crise des années 30 et la guerre, la natalité avait logiquement remonté dans les populations occidentales. Mais démographes et sociologues ont cru devoir opposer, à cette explication naturelle, la reprise de la vie, un silence qui s'apparentait souvent à la réprobation, sinon au regret. Que faire de tous ces hommes ? Nous verrons au chapitre VI les conséquences de la pilule stérilisante dans les pays riches. Bornons-nous, pour le moment, à constater son échec initial dans les pays en développement, c'est-à-dire dans ceux-là même en faveur desquels avait été accompli cet immense et remarquable effort. Seules les classes les plus cultivées, donc une très faible minorité, avaient été touchées et pas dans tous les pays, de sorte que l'influence numérique a été, au début, très faible sur l'ensemble. Dès 1960, 3 milliards d'hommes vivent sur le globe et se multiplient au rythme élevé de 1,9 % par an, mais la perturbation est amorcée.

Un bureau moteur

Les bureaux n'ont pas toujours la réputation d'être des foudres de progrès. Et cependant, en 1952, à la première innovation sensationnelle, due au grand capital, succède une autre innovation, due celle-là à l'initiative d'un homme « de bureau », John Durand, à la *Division de la population* aux Nations unies. Plaçons-nous bien dans l'époque :

Les *projections* démographiques, dites couramment « prévisions », sont encore très discutées dans leur principe, et cela y compris pour les pays évolués, disposant de bonnes statistiques. Le refus de voir, de savoir, dépasse toutes limites, même chez d'ardents défenseurs de la Science, en soi.

Aujourd'hui encore, des personnes de bonne culture, d'idées avancées, ne ménagent pas leurs railleries supérieures à l'égard des « prévisions manquées ». Autant critiquer l'indicateur des chemins de fer et des avions. Dire : « Si vous prenez le train de 20 h 50 à Paris Austerlitz, vous serez à Toulouse à 6 h 10 », est-ce formuler une prévision sur votre prochain voyage ? Cela justifie-t-il des sarcasmes, si vous avez décidé d'aller à Bordeaux ?

John Durand — américain malgré son nom — est chargé de la *Division de la population,* appelée aussi « le secrétariat » du Conseil économique et social (Ecosoc). C'est un homme modeste, d'allure timide : et cependant, en 1955, dans un climat de vive tension est-ouest, aussi bien d'ailleurs que nord-sud, il a un coup d'audace, plus politique encore que technique. Sans avoir reçu de quiconque un mandat, ni sollicité une autorisation, qui lui aurait été réfusée (« Attendez un peu ; il vaut mieux réfléchir et consulter »), il établit et publie des projections de population, pour l'ensemble du monde, Chine comprise. Autre novation, il pousse jusqu'à ce fameux an 2000, alors quasi mythique, et annonce pour ce moment le dépassement de 6 milliards d'êtres humains. Telle est la vertu des nombres ronds que le rapprochement de 2000 et de 6 milliards fait sensation.

C'est d'ailleurs l'époque d'une autre découverte : les calculs d'investissements nécessaires pour faire face à un accroissement de la population. Est-il de 1 %, de 2 % par an ? Voici le nombre d'écoles, d'hôpitaux, de logements, qu'il sera nécessaire de construire, la surface de terres qu'il faudra irriguer, aménager. Et les milliards monétaires, bien entendu.

Ils viennent tout nus, ces hommes, et entendent tout trouver dans leur berceau ! L'optimisme affecté par les Soviétiques est, dès lors, battu en brèche. Leur foi anti-Malthus demeure avec ses profondes racines, mais ne va plus jusqu'au violent combat des premières années.

En 1962, nouvelle étape : c'est devant l'Assemblée générale des Nations unies, organisme politique, que la Suède demande que soient aidés, financièrement et techniquement, les gouvernements désireux de répandre les pratiques antinatales dans leur pays.

Décrire les débats ? C'est le plus vaste déballage d'ignorance, en matière de démographie et même d'économie, qu'on peut trouver dans un lot, cependant riche. Les arguments les plus extravagants s'opposent aux images enfantines, jusqu'au moment où le calendrier commande le passage au vote : l'Assemblée se divise en trois parties, à peu près égales : pour, contre et abstention, mais la voie est ouverte. Les Nations unies prennent en considération, puis en objectif, la limitation des naissances.

L'O.M.S., l'Unesco et d'autres suivent de près.

Mais personne ne parle de mouvement des hommes. Il est même question, aux Nations unies, de supprimer les études sur les migrations dans le monde.

CHAPITRE IV

Vogue la galère

VOILÀ tout le monde parti, tous les mondes plutôt, développés et sous-développés, capitalistes et socialistes, Européens, Arabes, Africains... La crise d'avant-guerre est loin et une inflation douce fertilise les économies. Chacun joue sa partie, mais on se retrouve partout, notamment dans les nombreuses réunions internationales, où l'intérêt du globe est en jeu.

Les bureaux, les institutions naissent de toutes parts ; comme, déjà, le chômage est une préoccupation de tous les instants, les Commissions ajoutent toutes le mot « emploi » à leur titre. C'est ainsi que la Commission du commerce s'appelle « Commission du commerce et de l'emploi ». Mauvais signe que cet exorcisme.

Agriculture ou industrie ?

Dès les premiers pas, un choix se présente aux pays peu développés, entre l'industrie et l'agriculture :

« " Industrie ", conseillent les Soviétiques, et même industrie lourde ! C'est le seul moyen de vous libérer, vis-à-vis des pays capitalistes oppresseurs.

« Industrie lourde, rêvent, en effet, les peu développés, tout heureux de cette promotion. Nous allons nous hisser vers la noblesse.

« " Industrie lourde " approuvent mollement les Occidentaux, qui n'osent contester par peur de paraître rétrogrades et dominateurs. »

Et les divers organismes internationaux dispensateurs de crédits, de favoriser les investissements industriels, notamment la sidérurgie.

Ainsi se fait, à peu près, l'unanimité, sur la mauvaise solution.

Primum vivere, le premier souci d'un pays doit être de se nourrir. C'est grâce au progrès de son agriculture qu'au XVIIIe siècle, l'Angleterre, longtemps attardée, a pu se détacher du lot. En 1950, l'orgueil, l'amourK-ropre étant en jeu, les pays verront, l'un après l'autre, qu'il n'y a pas de libération dans la pauvreté, dans le dénuement, la sous-alimentation et que les ouvriers d'industrie ont besoin d'être nourris.

Ce choix va peser lourdement et pèse encore sur le sort de nombreux pays.

En 1966, après la menace de famine, en Inde et en d'autres régions, une certaine révision a été consentie, avec un gros soupir, par les organisations internationales, en faveur des investissements dans l'agriculture ; tardifs et insuffisants.

Un laboratoire ?

En matière de développement et surtout de plan, les seuls qui ont une certaine expérience sont les Soviétiques, mais leurs méthodes sont inapplicables dans la plupart des pays. Même la Corée du Nord ne peut se plier correctement aux subtilités de la planification en Europe.

Armés de leurs formules mathématiques, dont les événements montreront la fragilité, les Occidentaux font semblant de savoir ce qu'il faut faire. On tâtonne et les erreurs abondent.

C'est dans ces conditions qu'est formulée, aux Nations unies, une curieuse proposition :

« En de telles circonstances, l'expérience vaut toutes les théories. Puisque nous avons, aux États-Unis, des territoires " sous tutelle " dont nous avons la responsabilité, directe, pourquoi ne pas faire un essai sur l'un d'eux ?

« Le pays, choisi de très faible dimension, représentera moins que la centième partie du monde sous-développé. En multipliant par cinq la mise sur ce pays, dans tous les domaines, agriculture, industrie, enseignement, formation, nous n'augmentons le débours total que de moins de 4 % et, grâce à l'expérience acquise, l'utilisation augmentera de 15, peut-être de 20 %. »

Prié de préciser sa pensée, l'orateur ajoute que la Nouvelle-Guinée, vraiment attardée, pourrait bénéficier de cet essai.

Un sourire indulgent a accompagné la réponse :

« Notre honorable collègue semble ignorer que, dans quelques années, tous les pays seront en voie d'expansion rapide... Inutile de retarder cet essor... »

Il avait *politiquement* raison.

Néocolonialisme ou gaspillage ?

Et voilà riches et pauvres lancés, si l'on peut dire, sur la route du développement. Dès les premiers essais, les donateurs s'aperçoivent que « leur argent » n'est pas toujours bien employé. Mieux encore ou plutôt pis, il n'arrive pas toujours à destination, arrêté qu'il est dans la capitale, si ce n'est dans les hautes sphères officielles. Au lieu des bulldozers créant de nouvelles terres de culture, ce sont des voitures américaines qui parviennent dans les ports, voire des bijoux pour les protégées, toutes pratiques qui suggèrent aux donateurs de *contrôler* l'usage des dons.

C'est le drame classique, millénaire, du prêteur ou du mécène, qui entend naïvement *contrôler* l'usage de « son argent » et ceci « dans l'intérêt même du donataire ». C'est la mise en tutelle, le retour à la dépendance politique. Reviennent alors en mémoire les conditions de prêts accordées autrefois aux mauvais payeurs ; Turquie, Chine etc. : contrôle des impôts, des douanes, etc. pour prélever les intérêts. D'où le choix cruel, selon la formule, « entre le néocolonialisme et les dépenses inutiles ». Nous savons d'ailleurs ce qui arrive à un pays « riche », lorsque, fort démuni, il s'adresse au bienveillant Fonds monétaire international. Qu'il s'agisse de l'Angleterre, du Portugal, ou de l'Italie, demain peut-être la France, la réponse est toujours bienveillante : « Je vais vous prêter de quoi vous remonter, mais soyez sérieux, réduisez donc vos dépenses sociales. »

L'aide conditionnée

L'histoire des prêts et des dons, des aides et des assistances depuis 30 ans, est jalonnée d'illusions, de légendes, de sophismes, de contresens. Lorsqu'une aide en espèces est assortie d'une condition de remploi dans le pays donateur, l'armée des censeurs s'exprime ainsi : « C'est une duperie. Vous entendez faire affaire, vous rattraper et récupérer votre don. » Ainsi se présente le paradoxe suivant :

1. *Vous faites don d'un million de dollars,* à condition qu'ils soient employés à des achats chez vous. Vous voilà mercantile, faux généreux, exploiteur.

2. *Vous donnez une usine sidérurgique,* achetée chez vous, bien entendu, un million de dollars. C'est ce qu'a fait l'Union soviétique envers Nasser et le monde entier de vanter sa générosité.

Et cependant la liberté du bénéficiaire est bien plus grande dans le premier cas que dans le second. Mais les moralistes...

Double mécontentement

En tout état de cause, cette aide accordée, pendant les années 50, n'a satisfait aucune des deux parties. Donnons à chacune d'elles la parole. Voici d'abord les pays pauvres :

« L'aide que vous nous accordez est inférieure aux bénéfices que vous réalisez sur nous, par le jeu injuste des échanges : les matières premières et les produits agricoles que nous vous vendons sont fixés à des prix trop bas et ont tendance à baisser encore. En les relevant, nous rétablirons simplement un état normal. En outre, ces prix, devenus de " justes prix ", devront être stabilisés. »

Il a souvent été ajouté que les marchés, se tenant presque toujours à Londres ou aux États-Unis, étaient quelque peu manipulés, en faveur des pays occidentaux. En conséquence, il faut relever les prix des matières premières, améliorer les « termes de l'échange ».

Tout autre est l'attitude des pays riches :

« Dans une terre très sèche, l'irrigation ne parvient pas jusqu'à son terme : les sommes que nous donnons pour l'agriculture ou pour l'industrie sont, de même, absorbées, avant d'avoir atteint leur objectif. Dans ces conditions, notre opinion publique, qui vous était d'abord favorable, a évolué et montre une grande résistance à un effort qui s'avère inutile. Distribuer des aliments directement ? Nourrir des affamés ? Cela peut être nécessaire en cas de grande détresse, mais ce n'est pas un procédé durable. Se limiter à de tels dons serait provoquer la multiplication des dons et des assistés. »

Inspirés peut-être par le proverbe chinois (« Apprendre à l'homme à pêcher »), ils poursuivent :

« Si des fonds peuvent se dilapider, par contre, un agronome, un ingénieur, cela ne se mange ni ne se consomme. On ne peut l'utiliser qu'à ce qu'il sait faire. Nous vous proposons de fournir des techniciens, des hommes capables. »

C'est l'*assistance technique.*

Voyons successivement ces deux solutions :

Les matières premières

Depuis combien de temps est présentée cette thèse ? Depuis un quart de siècle, diront les chroniqueurs. Elle est bien plus ancienne, en vérité, car c'est la théorie du « juste prix », dont le premier exemple connu remonte à... Sumer.

Une question de fait, d'abord : si irréguliers sont les cours des matières premières que, selon la date prise comme référence, il est aisé de montrer qu'ils ont, en valeur relative, monté ou baissé. Il importe aussi de savoir si le pétrole est compris ou non dans les matières premières.

D'autre part, le calcul des prix des objets fabriqués souffre d'un « biais ». Si une tonne de cuivre 1982 est bien équivalente à une tonne de cuivre 1950, il n'en est pas de même d'une tonne de tracteur ou d'une tonne de matériel électronique. Le biais est d'autant plus important que le poids des objets fabriqués diminue le plus souvent, pour un même service rendu. De ce fait, les comparaisons données dans les assemblées et reproduites bêtement par les publications européennes sur le pouvoir d'achat d'une tonne de cacao ou de zinc à deux époques sont dépourvues de valeurs et propres à éloigner d'une solution spécifique.

En 1981, bien mal conseillé, le président Mitterrand reprend cette argumentation stérile.

« Relever et régulariser »

Peu importe le passé, pourrait-on estimer ; l'essentiel est de relever les prix des matières premières, ce qui permettra, sans charité, d'assurer un transfert justifié, ou une véritable restitution.

L'intention est excellente, mais, s'agissant, précisément, d'un marché, une action sur les prix est inefficace si elle ne porte pas aussi sur les quantités. Et l'Histoire contemporaine est bien oubliée :

Lorsque les sources des grandes matières premières appartenaient à des compagnies capitalistes occidentales, nombreux ont été les efforts déployés par elles pour relever les prix et cela dans des conditions apparemment bien plus faciles : la marche a toujours été la même (plan Stephenson pour le caoutchouc dans les années 20, nombreux plans pour l'étain, etc.) : après une période euphorique, qui a vu monter la production plus que les ventes, un krach, plus ou moins retentissant, a marqué la fin de l'opération.

Il n'en est pas moins évident que les riches Occidentaux échangent une heure de travail contre quatre ou cinq, sinon davantage. C'est qu'une heure de leur travail est (en moyenne bien sûr) bien plus productive ; on le voit clairement même pour des produits bruts, comme le blé ou le coton.

Que l'écart des prix soit « juste » ou non, peut répondre le réaliste, c'est une philosophie sans effet. L'essentiel est de savoir de quelle façon nous pourrions améliorer cet écart au profit des pays pauvres. On tombe alors, assez vite, sur l'obstacle : il est impossible, sur un marché, d'agir durablement, en un sens ou dans l'autre, sans action sur les quantités.

Pour diverses matières, des plans ont été établis dans ce sens, avec des quotas de production pour chaque pays ; équilibre toujours fragile.

« Stabiliser »

Le producteur tropical et, plus encore, le paysan, souffrent non seulement de la faiblesse du prix, mais de son irrégularité. A tout le moins, a-t-on estimé, faut-il que cet homme puisse compter de façon relativement sûre sur un revenu. Cette proposition bien intentionnée s'apparente, dans l'efficacité, aux conseils donnés à quelques possesseurs de valeur de bourse : « Vous gagnerez à coup sûr, en achetant en baisse et en vendant en hausse. » Suggestion fort logique, qui suppose l'existence d'un cours d'équilibre, autour duquel se produiraient des oscillations accidentelles. Le sophisme est détruit par les mouvements de fond, au gré du progrès technique, des variations démographiques, des goûts des consommateurs, etc., mouvements dont le sens n'est pas connu, car s'il l'était...

C'est en partie en vue de cette régularisation qu'a été créée la C.N.U.C.E.D. En matière internationale, le premier réflexe est de créer de nouvelles administrations.

Depuis ce moment, les variations des prix des matières premières sont restées, dans l'ensemble, tout aussi élevées. En un an, de janvier 1980 à janvier 1981, le prix du cacao a baissé de 23 %, celui du café de 22 %, le sucre d'octobre 1980 à octobre 1981 perd 50 %.

Moyens plus efficaces

Le temps perdu a été ironiquement gagné par les pays riches. Il n'est, du reste, pas certain que l'intérêt des pays producteurs soit dans le prix élevé. Il est alors moins tenté de traiter la matière sur place, décision de forte portée.

Plus sûr que l'intervention sur le marché eût été, ou serait, un droit perçu à l'entrée des produits dans les pays industriels, et ristourné aux pays d'origine. Meilleurs, encore que partiels, sont les accords de Lomé, seule initiative des Occidentaux qui ait trouvé un bon écho de l'autre côté.

L'assistance technique

Tout en rendant, ici ou là, de grands services, notamment en agriculture, elle n'a jamais été poussée à un degré suffisant car elle se heurte à quelque susceptibilité ou tradition nationale ou à quelque fonctionnaire jaloux de son autorité. En aucun pays, n'a été fourni un effort suffisant pour que l'homme « apprenne à pêcher », pour que les paysans apprennent à cultiver leur terre. C'est que le procédé prive de son pouvoir comme des précieux avantages de la liquidité le gouvernement du pays assisté. Du reste, bien des mécomptes ont été enregistrés. Tantôt, ce sont de grands maîtres qui oublient qu'ils s'adressent à des illettrés. Tantôt ce sont des possesseurs d'une méthode éprouvée, envoyés en mission ; des trois mois qui leur sont donnés, le plus clair se passe dans la capitale, la seule qui ait un hôtel convenable : conférences, débats avec des fonctionnaires et réceptions. Il faut vite rentrer, pour ménager les finances des Nations unies ou de la F.A.O. Parfois aussi, ce sont des hommes ignorant tout des coutumes, des traditions. Épris de progrès et de technique, ils proposent des machines électroniques à des hommes du néolithique.

Au cours des années cinquante et même après, René Dumont a montré les progrès considérables qu'auraient fait les paysans d'Afrique noire si, au lieu de leur donner des tracteurs ou, plus exactement, d'inscrire des tracteurs dans leur plan, les autorités avaient remplacé leur coupe-coupe, à tous usages, par des scies, hachettes, marteaux et pioches, outils à leur mesure, dont l'usage s'apprend rapidement et dont l'entretien est à leur portée.

C'est, du reste, à cette époque, chargée des charmes indiscrets de la primitivité, que l'angélique Unesco entendait alphabétiser le monde entier, en quelques années. Une fois encore, ce qui a manqué, c'est moins l'argent que le courage devant les réalités. Il était vain d'espérer appeler les deux milliards d'humains à la vie culturelle, y compris les plus de trente-cinq ans. Combien préférable eût été le geste de se mettre à leur portée, mais la dignité était là. Cette immense distance à franchir et à réduire entre deux civilisations a inspiré de nombreuses solutions. Si l'on écarte l'énorme appareil bureaucratique l'on relève deux méthodes bien différentes : celle de Frères des Hommes et le transfert des techniques.

Les Frères des Hommes

A l'opposé des ingénieurs mondains, qui ne quittent guère le Hilton et les bureaux de la capitale, ces hommes dévoués vont vivre au milieu des populations en détresse, apprennent leur langue et leurs coutumes, partagent leur vie et leur montrent la façon de mieux parvenir à leurs fins : creuser un puits, utiliser des engrais, combattre les insectes, etc.

Selon le calcul d'un haut fonctionnaire des Nations unies si, depuis trente-cinq ans, l'argent, le temps, les efforts déployés en voyages, conférences, rapports et commissions, avaient été utilisés d'une façon aussi directe que par les Frères des Hommes, la toison d'or, qu'est le développement, serait déjà atteinte.

Cette action directe exige, il est vrai, un apostolat, qui ne peut se traduire facilement en termes marchands.

Le transfert des techniques

Vers 1950, les préférences étourdiment accordées à l'industrialisation des pays agricoles avaient sous-estimé les obstacles. C'est à une époque plus récente qu'est apparue la difficulté de transférer les techniques. Toujours le proverbe chinois du poisson. Le problème est, sans doute, moins ardu que dans l'agriculture, une fois certaines conditions remplies.

Dans les deux cas, *le transfert des techniques est une façon d'éviter la migration des hommes.* S'il peuvent produire des richesses, chez eux, les habitants des pays pauvres y resteront volontiers. C'est le dénuement qui les poussera à aller vers les richesses, redoutable éventualité (voir page 240).

Longtemps proscrit (*cf.* le pacte colonial), le transfert des techniques industrielles fait aujourd'hui l'objet d'une imposante bibliothèque. Les formules usuelles, « clef en main », « technique en main » et même « marché en main », dissimulent les nombreux obstacles rencontrés par l'opération.

L'intérêt des sociétés multinationales est le plus souvent assez clair :

1. « *en communiquant nos techniques, pensent-elles, nous perdons un marché,* mais celui-ci le serait en tout état de cause, puisqu'un autre pays, capitaliste ou socialiste (ou même néo-industriel), prendra notre place ;

2. *en attendant, nous vendons une usine et nous conserverons un débouché* pour des pièces détachées, pour des machines nouvelles, pour les techniques futures. »

Le pays auquel appartient la société est, lui aussi, intéressé au transfert ; en donnant des emplois et en créant des richesses, il stabilise les citoyens.

Parti difficilement, le transfert a pris une assez large extension avec des conséquences sérieuses : d'importantes branches, comme les textiles, ont perdu dans les pays riches une partie de leur activité, au profit de branches exploitant des techniques plus évoluées, telles que la fabrication des machines textiles.

La difficulté créatrice

Pour le salut des pays pauvres et le soulagement des pays riches, les pronostics alarmistes se sont avérés, l'un après l'autre, trop pessimistes : dans tous les pays, en dépit de lourdes erreurs, de gestion comme de prévision, les hommes se sont refusés à mourir selon les règles. C'est le fruit de la *difficulté créatrice,* que nous allons souvent retrouver.

Quelques étapes

Voici, à titre documentaire, quelques jalons de cette grande aventure :

1949. Le « point 4 » du président Truman.
1951. Prévisions des experts des Nations unies, sur les investissements nécessaires pour atteindre un résultat donné. Elles s'avéreront trop sombres et de loin.
1951. Création de la Communauté européenne du charbon et de l'acier.
1957. Traité de Rome (Marché commun).
Vers 1957. Naissance de la pilule stérilisante.
1960. Création de l'O.P.E.P.
1962. Conférence des N.U. sur les conséquences économiques du désarmement. Tous les experts sont d'accord, y compris le représentant soviétique, pour déclarer que l'arrêt des fabrications d'armement n'entraînera aucun chômage, même dans les pays capitalistes, grâce au transfert des crédits et des hommes, vers des œuvres pacifiques d'intérêt général.
1962. Point de départ de l'aide à la limitation des naissances par les Nations unies. — Naissance du stérilet.
1964. Conférence des Nations unies : *Commerce et développement*. Fondation de la C.N.U.C.E.D.
1969. Le rapport Pearson.
1970. Reconnaissance de la Chine populaire.
1971. Première année de la « décennie du développement ».
1974. Première déclaration aux Nations unies sur l'établissement d'un « nouvel ordre économique mondial ».
1973. Quadruplement du prix du pétrole par l'O.P.E.P. Première victoire de pays peu développés.
1974. Conférence mondiale sur la population à Bucarest.
1979. Deuxième hausse du pétrole.
1980. Achèvement des travaux de la Commission Brandt.
1981. Conférence à Paris sur les pays « les moins avancés ». Conférence à Cancun (Mexique).

CHAPITRE V

Trente-cinq ans de gagnés ou de perdus ?

NOTRE homme de l'an 1500, qui, en 1945, s'était rendormi, après un premier sommeil de quatre siècles, a été, à nouveau, réveillé, à la date qu'il avait fixée. Le voilà sur pied, en 1982 :

« Mais c'est tout à fait remarquable, ce résultat ! Des bateaux, chargés de marchandises, sillonnent les mers, en tous sens, et des avions se croisent plus encore, à se demander comment ils font pour ne pas se rencontrer et tout cela vole, va, vient, dans et de tous les pays, en particulier dans tous ces pays, devenus libres, car il n'y a plus aucune colonie, n'est-ce pas ?

« Si l'on veut ; seulement, monsieur, si vous désirez porter un jugement plus sûr, regardez un peu plus profond. »

Se saisissant alors du si précieux *Annuaire démographique des Nations unies*, notre réanimé trouve de nouveaux accents d'enchantement :

« Plus remarquable encore ; je vais au fond, cette fois, tout au fond, c'est-à-dire sur la vie et la mort. Eh bien, au lieu de mourir jeunes, les hommes vivent maintenant jusqu'à cinquante ans, presque partout, et jusqu'à soixante, dans de nombreux pays. Et voilà que j'apprends sur une petite note la disparition de ce mal terrible, qui avait emporté notre " bon " Louis XV et tant d'autres, la variole ! Il est enfin permis de parler de civilisation ! Quels soins attentifs les plus avancés n'ont-ils pas dû prodiguer aux autres ! »

Conseillant à notre enthousiaste un peu d'attention, nous le promenons à travers les résultats.

Ni catastrophe, ni aurore

Aucun des deux tableaux, famine et félicité, qui, vers 1950, frappaient tant l'opinion et les milieux scientifiques eux-mêmes, ne s'est réalisé : la famine meurtrière, jugée « inéluctable », par des yeux perçants et bien pensants, ayant manqué le rendez-vous, les riches ont pu continuer à dormir — ou à s'inquiéter pour d'autres motifs — mais, en dépit de grandes victoires médicales, la science n'a pas pris le dessus sur l'ignorance et la pauvreté. Comme il avait été annoncé, le doublement du nombre des hommes a été ponctuel au rendez-vous ; seulement ils sont bien plus riches dans les pays riches et presque aussi pauvres dans les pays les plus pauvres. Le phénomène dominant de ce côté, c'est la *multiplication dans la misère.*

Tout aussi pauvres ? Encore faut-il s'entendre : si l'on compte en moyennes nationales et en espèces monétaires, de grands progrès d'ensemble apparaissent, mais un peu plus avant, la divergence est là, en quelque sorte béante.

La cassure

Voici, en effet, l'évolution depuis trente ans du P.N.B. par habitant, dans les trois grands groupes de pays (en dollars constants [1])

	1950	*1960*	*1980*
Pays industriels [2]	3841	5197	9684
Pays à revenu intermédiaire	625	802	1521
Pays à faible revenu	164	174	245

Les écarts entre pays étant fortement accrus par le calcul du P.N.B., basé sur les taux de change, c'est horizontalement qu'il

1. *Bulletin d'information de l'Ascofam,* décembre 1980. Chiffres sans doute établis par la Banque mondiale.

2. Cette appellation de pays *industriels* est plus appropriée que le terme ridicule *industrialisé,* adopté servilement, d'après l'américain. Parle-t-on de pays agricoles ou de pays agricolisés ?

faut lire ce tableau. D'ailleurs, voici les taux annuels de croissance :

	de 1950 à 1960	de 1960 à 1980
Pays industriels	3,1 %	3,2 %
Pays à revenu intermédiaire	2,5 %	3,3 %
Pays à faible revenu	0,6 %	1,7 %

La cassure apparaît, cette fois, plus nette : il est désormais assez vain de parler de « tiers monde » et même de « pays en développement ». Sans avoir résolu, et de loin, les problèmes sociaux les plus vifs, les pays du milieu ont démarré dans la voie du progrès. Contrairement à tant de prédictions pessimistes, leur P.N.B. par habitant a même augmenté, depuis 1960, plus vite que celui des pays industriels et l'écart peut encore s'accentuer.

Ainsi, dans notre pépinière, nous avons des arbres encore vigoureux, mais vieillissants, de jeunes pousses qui souffrent encore, mais ont pris le dessus, et d'autres sujets menacés de mort.

Une double illusion est à éviter :

1. Un homme d'État qui demandait à son conseiller : « Comment supprimer l'inégalité sociale ? » se vit répondre : « Un seul moyen, monsieur le ministre, calculer des moyennes nationales ! »

2. Le revenu moyen de chaque pays converti en monnaie américaine oblige à rêver un peu, car les dollars ne sont pas comestibles : dans les pays « les moins avancés », ce revenu moyen ne dépasserait guère 100 dollars par an. On ne voit pas bien combien de temps vivrait une personne, à Manhattan, avec cette somme, même en couchant sous les ponts de l'Hudson : c'est qu'aux produits et services consommés, ou auto-consommés, dans les divers pays a été appliqué un prix uniforme. D'où écartèlement de l'éventail. Pour avoir une idée plus juste des écarts entre les niveaux de vie, il faut faire une correction importante.

L'écart entre niveaux de vie

La fameuse théorie de la parité des pouvoirs d'achat reçoit aujourd'hui de nombreux démentis. Si, entre pays également développés, l'équilibre doit s'établir à la longue, par contre, il subsiste entre pays d'inégal développement un écart permanent, car les prix, et plus encore les services, sont moins coûteux dans les pays pauvres.

Les premiers travaux sur ce point ont été entrepris par Milton Gilbert, à la B.R.I. et à l'O.C.D.E. ; ce fut ensuite l'œuvre de M. Kirschen vers 1955. Les calculs ont été repris en 1975, aux Nations unies, sous la direction de M. Irving Kravis. Voici le « prix du P.I.B. » en 1970, pour quelques pays :

États-Unis	100	Hongrie	51
Allemagne	82	Kenya	47
France	80	Corée	44
Pays-Bas	74	Iran	41
Italie	73	Colombie	40
Angleterre	72	Philippines	32
Japon	67	Inde	30

Ainsi, *l'éventail des P.N.B. par habitant donne une idée excessive de la différence des niveaux de vie.* Voici un exemple :

	P.I.B. par habitant selon les taux de change	*Niveau de vie*	*Multiplicateur*
États-Unis	100	100	1
Allemagne	64,1	78,2	1,2
France	58,2	73,2	1,25
Japon	39,8	59,2	1,5
Malaisie	8,1	19,1	2,4
Colombie	7,2	18,1	2,5
Corée	5,4	12,1	2,25
Philippines	3,4	12,0	3,1
Inde	2,1	6,9	3,35
Kenya	3,0	6,3	2,1

Il peut y avoir des écarts propres à chaque pays, mais déjà une correction générale, selon le degré de développement, permet d'évaluer avec une certaine exactitude les conditions respectives. Pour les pays tout au bas de l'échelle, classés à 100 dollars par habitant en 1980, le multiplicateur à utiliser doit être voisin de 4. Le rapport du plus riche au plus pauvre est ainsi ramené de 40 à 10 environ, ce qui est en, termes de nourriture, déjà considérable. L'évolution des 35 dernières années se résume ainsi : *les riches mangent beaucoup mieux et les pauvres aussi mal.*

Encore ces chiffres sont-ils des moyennes nationales. Dans chaque pays pauvre, il y a des situations individuelles plus dramatiques encore que le suggèrent ces tableaux niveleurs.

Les écarts de niveau de vie entre personnes sont loin d'être une nouveauté ; entre un pharaon et ses paysans, entre Néron ou Hadrien et les esclaves, la distance était considérable. *Ce qui est nouveau, c'est l'important écart entre pays et, plus particulièrement, entre travailleurs de divers pays.*

Inégalité et exploitation

Laissons de côté pour le moment les pays pétroliers et même le pétrole.

Non seulement le nombre des pays dits « en développement » a, depuis la création des Nations unies, beaucoup augmenté, du fait de la décolonisation, mais la disproportion, en nombre d'hommes, est devenue plus accusée encore, ce qui, *a priori*, renforce l'idée d'une « exploitation » (au sens péjoratif du mot) de la masse des faibles, par une aristocratie très minoritaire. Dans ce domaine, plus encore que dans d'autres, le combat entre l'affectivité et le jugement tourne vite au profit de la première. Essayons d'éclairer un peu cette question explosive : quelle que fût l'inégalité dans le monde avant la découverte de l'Amérique, on ne pouvait l'attribuer à l'injustice des rapports commerciaux ou autres. Seuls étaient en cause la différence de ressources naturelles et le savoir-faire des habitants. Mais, du jour où existent des relations, même purement commerciales, elles peuvent être rendues seules responsables de l'inégalité. C'est ce pas qui a été franchi, non seulement dans des réunions internationales, comme il était normal, mais dans de nombreux ouvrages ou articles d'Occidentaux. L'argument le plus souvent mis en avant est, nous l'avons vu, le prix des matières premières, ou, plus exactement, *les termes de l'échange* entre pays industriels et pays peu développés.

Sur les termes de l'échange et les prix des matières premières (voir pages 33 à 35), les illusions sont loin d'être encore dissipées ; de façon plus générale, il est écrit souvent, notamment par des Européens, que le tiers monde est « mis au pillage », expression trop forte pour avoir une portée réelle. D'autres déclarent, de façon plus précise, que le gain réalisé par les pays riches est obtenu au détriment des pays pauvres, ceux-ci subissant une perte équivalente. Les résultats publiés plus haut (p. 42) infirment une telle déclaration. Du reste, les pays dont les résultats sont les plus décevants (« les moins avancés ») sont précisément ceux qui ont les échanges les moins actifs avec les pays occidentaux.

Si un pays perd vraiment aux échanges avec les pays riches, on peut se demander pourquoi il continue à avoir recours à eux. Certes, l'indépendance politique s'accompagne souvent de servitudes économiques, mais la politique doit avoir le dernier mot. L'Algérie, par exemple, qui a conquis sa pleine indépendance, politique par la révolte, économique par le pétrole, le Mexique, qui bénéficie lui aussi de cette précieuse ressource, d'autres encore, ont, avec les pays occidentaux, un commerce très actif, qui, si l'on prenait à la lettre les utilisateurs du mot « pillage », équivaudrait à un véritable masochisme.

Les pays socialistes, dits de l'Est, ne paient pas les matières premières à un prix plus élevé et ont les mêmes termes de l'échange. Néanmoins, ils ne sont pas compris dans l'accusation de pillage.

Il y a d'ailleurs un moyen d'éclairer cette question brûlante.

Partage inégal

Pour juger, moins affectivement, on peut formuler les observations suivantes :

Imaginons que l'ensemble des pays en développement disparaisse, tout à coup, englouti par quelque cataclysme ; faute de matières premières et d'énergie, le niveau de vie des Occidentaux diminuerait dans des proportions considérables : ce serait le retour à une vie agricole et artisanale et à une nourriture très modeste. *Les pays riches gagnent donc beaucoup aux échanges qu'ils ont avec les autres.*

Supposons maintenant que, par une autre catastrophe, ce soient l'Europe, l'Amérique du Nord, le Japon, etc. qui disparaissent sous l'océan. Le niveau de vie des pays en développement en souffrirait de façon importante. Ce serait, sous forme de panique, une migration, un reflux, des pays arabes d'Orient vers l'Asie et l'Afrique, accompagnés de famines meurtrières. En divers pays se ferait sentir le vide brusque résultant de la disparition des excédents de céréales de l'Amérique du Nord et de la France. Certes la fin du gaspillage des pays riches, notamment en protéines animales, apporterait une contrepartie positive, mais les écarts importants d'un pays à l'autre entraîneraient des désordres et sans doute des guerres, en dépit de l'arrêt bienfaisant des livraisons d'armements.

Ainsi, *dans les deux cas, il y aurait grave dommage pour le survivant.* La chute du niveau de vie serait moins forte chez les pauvres que chez les riches, mais le point de départ étant bien plus bas, la perte en vies humaines serait, sans doute, plus élevée.

Il est donc permis de juger ainsi :

Les deux blocs, pays riches et pays pauvres, gagnent aux échanges internationaux, mais le partage du gain commun réalisé profite bien plus aux pays riches. Aucun moyen scientifique ne permettant de juger ce que devrait être le partage idéal, chacun peut avoir son idée sur le degré « raisonnable » d'inégalité. En tout cas, aucune erreur sur le sens : *l'intérêt de tous et le souci d'équité concourent à suggérer une relative égalisation.*

Ce n'est donc pas d'*échange inégal,* expression courante, qu'il faut parler mais de *partage inégal.*

Le choc du pétrole

En construisant toute leur économie, même vitale, sur le pétrole (dans un élan quasi mystique, qui a conduit, en France, à noyer des mines de charbon utilisables) les pays riches ont tressé avec soin, autour de leur cou, un nœud coulant et tendu, aux Arabes, le bout de la corde. Le seul fait étonnant est que ceux-ci ne l'aient pas tirée plus tôt.

Le brusque multiplicateur quatre, en 1973-1974, a semblé donner raison aux partisans inconditionnels de la « revalorisation des matières premières ». En fait, le cas était très spécial :

1° *rigidité de l'offre :* La majoration du prix ne pouvait guère stimuler la production du fait de la limitation, réelle ou supposée, de la durée des gisements. Il devenait au contraire possible à chaque pays pétrolier de vivre mieux, tout en ménageant ses réserves.

2° *rigidité de la demande :* Si intense est devenu le besoin des pays occidentaux, que le précieux liquide a pris figure de drogue. Sa consommation n'a guère diminué, provoquant la deuxième hausse, celle de 1979.

Imaginons, au contraire, un quadruplement du prix du cacao ou du plomb : la consommation en baisserait fortement, au profit d'autres aliments ou de succédanés, devenus tout d'un coup plus rentables.

Quoi qu'il en soit, cette décision de monopole a bouleversé les conditions dans le monde et, du fait de l'entêtement des Occidentaux (voir page 131) réussi le tour de force de provoquer une dépression, phénomène jugé, depuis Keynes, « impensable ». (Voir l'évolution du prix en dollars et en francs page suivante.)

	Par baril en dollars	Par tonne en dollars	Par tonne en francs
1973	3,37	26,0	122
1974	11,25	86,7	384
1975	11,02	84,9	380
1976	11,89	91,6	455
1977	12,88	99,3	462
1978	12,88	99,3	415
1979	13,91	107,0	430
1980	31,03	238,5	1 005

La jungle subsiste

D'après les déclarations prodiguées aux Nations unies, on pourrait penser que la férocité est l'apanage des pays occidentaux. La grande explosion de 1974 a eu, au moins, le mérite de dissiper, sur ce point, toute illusion. Voici d'abord la croissance du P.I.B. par habitant de 1970 à 1980, selon les diverses catégories de pays :

Pays arabes pétroliers (sans l'Algérie) et Iran		63 %
Pays socialistes		45 %
Pays industriels		37 %
Pays à revenu intermédiaire		36 %
Pays à faible revenu	Asie	21 %
Pays à faible revenu	Afrique noire	2 %

Bien que les écarts soient atténués par les quatre années « normales » de cette période, le rôle du pétrole est bien marqué : *les pays pauvres en ont souffert plus encore que les Occidentaux*, en dépit des rétrocessions accordées, simples atténuations d'un lourd tribut sans justification.

De 1978 à 1980, la facture pétrolière des pays en développement est passée de 31,7 à 67,5 milliards de dollars. Dans les pays à faible revenu elle a monté de 4,5 à 9,7 milliards de dollars.

A la Conférence de Nairobi, en 1980, les pays peu développés ont protesté à nouveau contre les excès commis à leur détriment et ont réclamé un prix plus bas, en leur faveur. D'un autre côté, les organisations non gouvernementales (O.N.G.) ont rappelé que pour acquérir un baril de pétrole, il faut maintenant 250 % de plus de jute qu'en 1975, 180 % de plus de sucre, 101 % de plus de cuivre.

Le Premier ministre jamaïcain Ed. Seaga a confirmé cette spoliation :

« Cinquante-neuf pays sont ainsi contraints de recourir annuellement à de lourds emprunts à court terme pour payer leurs importations de pétrole. »

A Nairobi, le prix du supercarburant équivaut à ce qu'il serait si les Français devaient le payer 40 francs le litre.

Balance des paiements

En 1980, le solde des transactions courantes s'est présenté ainsi (en milliards de dollars) :

		Balance commerciale	*Transactions invisibles*	*Ensemble*
Pays occidentaux		− 83	+ 6	− 77
Pays en développement	non pétroliers	− 48	− 13	− 61
	pétroliers	+ 163	− 55	+ 108

Le déficit des pays en développement prouve que ces pays reçoivent plus de marchandises qu'ils n'en donnent, et que des efforts sont donc consentis en leur faveur. Tout investissement réalisé par une société étrangère ou par un crédit de la Banque mondiale se traduit par des importations. Mais ces avantages ont une contrepartie, *la dette publique ou privée.*

La dette

Voici l'évolution de la dette, publique et privée, des pays en développement, en millions de dollars[1] :

	Fin 1970	*Fin 1979*
Pays méditerranéens	9 194	67 000
Afrique noire	8 110	43 000
Afrique du Nord et Moyen-Orient	4 405	41 000
Asie de l'Est et Pacifique	8 928	53 000
Asie du Sud	11 963	32 000
Amérique latine et Caraïbes	21 540	140 000
TOTAL	64 139	376 000

A la fin de 1981, le total s'élève à 550 milliards de dollars environ, dont 430 dus aux pays occidentaux, 60 aux organisations internationales et seulement 25 aux pays socialistes (A.E.M.) et 30 à l'O.P.E.P. dont 30 % environ est de source publique et 70 % de source privée. La dette augmente plus vite que le P.I.B., ce qui suscite maintes alarmes. Que va-t-il arriver ? se demandent les augures avec angoisse.

Il arrivera ce qui est arrivé maintes fois dans l'Histoire, selon un cérémonial dont varie seulement la forme : le prêteur court quelque temps après sa dette, en prêtant davantage, payant en somme, lui-même, ses propres intérêts, jusqu'au jour où il renonce et n'est plus payé.

Le 28 et le 29 avril 1980, M. Edem Kodjo, secrétaire général de l'O.U.A., s'est exprimé ainsi, au congrès de l'Organisation à Lagos[2] :

« L'Afrique vit des temps difficiles, des temps tellement difficiles que sa survie est en question... Il faut reconnaître ce fait, dur et implacable, que dis-je, insupportable : oui, l'Afrique est en danger de mort. Oui,

1. *Nouvelles et opinions sur le développement,* janvier 1981.
2. Revue *Europe-Outremer,* avril 1980.

l'Afrique se meurt... On nous prédit allègrement que, si les choses devaient continuer ainsi, seuls huit à neuf pays, sur les cinquante africains, pourraient survivre d'ici quelques années. »

De tels propos, souvent tenus par des Occidentaux, ont pour effet, et par leur excès, de retarder encore une solution raisonnable. Aucun pays ne peut « mourir » et moins encore l'Afrique entière. Seuls les hommes peuvent mourir. Que la question de l'Afrique noire soit particulièrement grave n'est pas en question, mais, au vu des termes employés, on peut douter de leur efficacité, ce qui est l'objet essentiel.

L'augmentation de la dette et son annulation partielle probable peuvent s'interpréter ainsi à terme :

1. Les pays arabes pétroliers ont prélevé sur les pays occidentaux un lourd tribut, dont ils n'ont rétrocédé qu'une très faible partie aux pays pauvres.
2. Ils ont, en outre, infligé à ces mêmes pays un prélèvement très supérieur à leur aide.
3. Pour compenser cette surcharge les pays occidentaux ont prêté, à fonds probablement perdus, aux pays pauvres.
4. Comme ces prêts équivaudront, en fait, à des dons, moins le geste, il en résulte que *les Arabes ont prélevé, sur les pays occidentaux, un tribut plus lourd encore qu'il ne paraît.*
5. Du fait de la dépression économique, l'aide des pays occidentaux et, à sa suite, le développement général, ont été freinés et parfois arrêtés.

Deux fautes des Occidentaux

Dans cette aventure du pétrole, deux grandes erreurs ont été commises, ayant toutes deux même cause (voir p. 131 à 134) et pesant toutes deux lourdement sur le destin du monde, en particulier occidental.

1. *Les Occidentaux auraient dû eux-mêmes, dès 1965, frapper lourdement le pétrole*, ce qui aurait :

1° *entraîné une diminution de la consommation*, suffisante pour empêcher l'O.P.E.P. de réaliser son agression ;

2° *fourni des ressources pour financer le fameux plan Marshall,* dont on parle vainement aujourd'hui.

Ils auraient ainsi la bonne fortune d'être à la fois plus riches qu'aujourd'hui et plus généreux.

2. *Après la première hausse de 1973-1974,* ils auraient dû se garder de subventionner les carburants et de provoquer ainsi la deuxième hausse en 1979 et la dépression qui a suivi (nous allons les retrouver plus loin).

Aider

Depuis 1945, le pays riche tend largement la main au pays pauvre ; seulement, c'est dans l'autre main qu'il tient la clef de son coffre.

Établir un bilan de l'aide, c'est-à-dire de l'ensemble des aides accordées à divers titres, est une œuvre plus complexe que le problème de Fermat, si complexe en fait que nul encore ne l'a réussi. Certains organismes ou certaines personnes s'efforcent de juxtaposer une multitude d'opérations diverses, au caractère mal défini : bien souvent même, on ne sait s'il s'agit d'un don pur ou d'un prêt et, dans ce cas, à quelles conditions. Pour établir un bilan sérieux, il faudrait écarter les experts comptables, si prompts à additionner des nombres, pourvu qu'ils soient exprimés dans la même unité monétaire, et *adopter un mode de jugement.*

Le seul compte *relativement* bien défini et comparable dans le temps est celui de l'aide publique au développement. Elle aussi a eu ses malheurs. Le tableau ci-contre donne les résultats en 1980, dans l'ordre de « générosité », pour les pays du C.A.D. (Comité d'aide au développement).

Aux 26,7 milliards d'aide publique s'ajoutent 2,3 milliards de dons privés. L'aide publique au développement est elle-même composée, en forte part, de dons, mais non en totalité. Il a été maintes fois recommandé d'atteindre, au minimum, le pourcentage 0,7 % ; autrement dit, en faisant l'effort demandé, les pays riches ne conserveraient que 99,3 % de leur avoir. Cette proposition n'est atteinte que par les pays scandinaves et les Pays-

	Aide publique en milliards de dollars	*% du P.N.B.*	*Aide aux pays les moins avancés en % du P.N.B.*
Pays-Bas	1 577	0,99	0,29
Norvège	473	0,82	0,39
Suède	923	0,76	0,33
Danemark	464	0,72	0,34
France	4 041	0,62	0,10
Belgique	575	0,48	0,18
Australie	657	0,48	0,14
Allemagne	3 518	0,43	0,16
Canada	1 036	0,42	0,21
Angleterre	1 785	0,34	0,23
Japon	3 304	0,32	0,07
Nouvelle-Zélande	60	0,27	0,07
États-Unis	7 091	0,27	0,03
Suisse	246	0,24	0,12
Autriche	174	0,23	0,10
Finlande	106	0,22	0,12
Italie	678	0,17	0,08
ENSEMBLE	26,7	0,37	0,09

Bas. On remarquera le rang très modeste de la Suisse, des États-Unis et du Japon.

Du chiffre de la France, devrait être déduite l'aide accordée aux départements et territoires français d'outre-mer, ce qui ramènerait l'aide véritable jusqu'en 1980 à 0,4 % environ du P.N.B., soit 20 francs par habitant.

L'aide des socialistes

Que les pays socialistes préfèrent aider les pays soumis à un régime analogue peut se comprendre, mais c'est le montant de leur aide qui est en question.

Les versements d'aide publique au développement (A.P.D.) des pays socialistes (C.A.E.M.) sont très inférieurs en valeur absolue et en proportion à ceux des pays capitalistes.

En 1980, ils se sont élevés à 1,8 milliard de dollars, en baisse sur

1979, en valeur réelle ; ce chiffre représente 0,12 % du P.I.B., soit trois fois moins que les pays du C.A.D. (Comité d'aide au développement) : 0,37. En outre, ces derniers consentent des aides privées. L'apport net de ressources financières de toutes catégories (aide publique au développement, apports aux conditions du marché des secteurs public et privé et dons du secteur privé) a atteint, pour les pays du C.A.D., 73,2 milliards de dollars en 1980, soit 1,02 % du P.I.B.

Les « moins avancés »

Reconnaissant l'erreur des expressions trop globales, « tiers monde » ou « pays en développement », sources de confusion, la Banque mondiale a divisé le monde en huit parties relativement homogènes. Sans aller aussi loin, les Nations unies ont cherché à distinguer les pays qui sont réellement en développement et ceux qui restent à un très bas niveau.

Trois critères ont été retenus :

1. P.I.B. par tête inférieur à 100 dollars (au cours du change).
2. Part de l'industrie manufacturière inférieure à 10 % (l'erreur classique).
3. 20 % d'analphabètes ou davantage.

La liste, peu à peu grossie, comprend, en 1981, 31 pays :

8 en Asie : Afghanistan, Bangladesh, Bouthan, Laos, Maldives, Népal, les deux Yémen.

21 en Afrique : Benin, Botswana, Burundi, Cap-Vert, Centrafrique, Comores, Éthiopie, Gambie, Guinée, Guinée-Bissau, Lesotho, Malawi, Mali, Niger, Ouganda, Rouanda, Somalie, Soudan, Tanzanie, Tchad, Haute-Volta.

1 en Amérique : Haïti.

1 en Océanie : Samoa occidental.

Leur population ne représente que 270 millions d'habitants et semble donc une charge supportable. Cependant, si la barre avait été placée plus haut, par exemple en retenant tous les pays dont le P.I.B. par habitant était inférieur à 200 dollars par an et par personne, l'Inde et d'autres pays seraient entrés dans le lot.

L'attention portée à ces pays peut être interprétée de façon très différente :

1° *il était temps de distinguer les pays qui ont démarré* et dont le sort s'améliore chaque année, des pays « embourbés », en situation tragique ;

2° *classique est l'attitude du riche* qui reporte son attention sur les très pauvres, de façon à diminuer à la fois sa charge et les spectacles affligeants.

De ce fait, vive est la crainte de voir l'aide aux P.M.A. [1], prise en fait sur les 0,7 % du P.I.B. des pays riches, lesquels sont d'ailleurs loin d'être encore atteints.

En 1978, a été adopté, par la C.N.U.C.E.D. à Manille, un plan d'action (pléonasme accusant la faiblesse) appelé *Nouveau programme substantiel d'action pour les années 1980 :*

1. *Réformes des structures économiques,* pour permettre un développement rationnel et autonome des P.M.A., et, partant, accroître leur P.N.B. et le niveau de vie de leurs populations.
2. *Répondre aux besoins sociaux des P.M.A.* en matière d'alimentation, de santé, d'éducation, de logement et d'emploi.
3. *Favoriser les investissements,* dans les secteurs les plus rentables et les plus urgents.
4. *Prévoir des aides spéciales en cas d'urgence,* pour ne pas compromettre la réalisation globale du plan. Ces prévisions sont indispensables, étant donné que la plupart de ces pays sont souvent victimes de calamités naturelles (inondations, sécheresse, typhons, raz de marée, etc.).

Belles intentions, irréprochables, mais lorsqu'il s'agit de les concrétiser, dès l'essai d'application, les réticences s'accumulent. Les 0,15 % du P.I.B. prévus à Paris (1981) risquent, en fait, de mordre sur les 0,7 % qu'il faudrait donner et même sur les 0,4 % effectivement accordés jusqu'ici.

1. Pays les moins avancés.

Lomé

Une intéressante initiative :

La *Communauté économique européenne* a conclu, en 1975, des accords avec un certain nombre de pays, dont l'ensemble est appelé A.C.P. (Afrique, Caraïbes, Pacifique). La disposition la plus originale, dite Stabex, prévoit que les déficits des exportations de ces pays seront compensés par la Communauté.

Cet accord et son application sont à peu près le seul exemple d'aide qui ait bénéficié d'un jugement favorable. Mais les faiblesses sont vite apparues : en l'espèce, quelques pays très pauvres sont aidés par des pays très riches, pour une partie seulement de leur économie (produits agricoles surtout), tâche relativement légère, mais les demandes d'extension — nouveaux pays, nouveaux produits, nouvelles conditions — ont peu à peu débordé les possibilités ou, plus exactement, le volume de l'aide que veulent accorder les pays. Le Stabex est aujourd'hui complété par le Sysmin (1981).

Un premier pas intéressant, mais qui se prête mal à être suivi par d'autres.

En conclusion

Gagnés ou perdus, ces trente-cinq ans ? La réponse est incertaine. Avoir évité famines et fuites massives de population est déjà un résultat, qui n'était pas acquis. Et d'autre part, la baisse indispensable de la natalité est amorcée à un rythme qui aurait pu être plus élevé sans les maladresses des propagandistes, mais qui donne néanmoins à espérer une stabilisation à la fin du siècle suivant. Mais *la grande erreur commise sur l'agriculture peut se révéler d'un coût extrêmement élevé,* nous allons le voir.

CHAPITRE VI

Trop de riches ou trop de pauvres ?

C'EST au cours des années soixante que s'accentue dans le monde le contresens qui paraît le plus déraisonnable, dans un lot énorme d'extravagances ; tandis que les pauvres continuent à se multiplier dans la misère, pour se partager les bouchées de pain ou les mètres carrés de culture, les riches travaillent avec conscience à leur propre destruction, par la disparition de leur jeunesse.

La diffusion de la pilule, libératrice au possible, assure une efficacité jusque-là hors de question. Pour réparer les quelques défaillances non pas de la pilule, mais de son emploi, l'avortement, considéré jusque-là comme « criminel », est brusquement organisé dans les hôpitaux publics. Nous sommes devenus « humains ».

Il faut des milliers d'années de préhistoire pour entraîner un très léger changement d'habitudes ou de technique ; cette fois, en quelques années, le blanc devient noir et surtout le noir devient blanc.

Ainsi, au lieu de provoquer un nivellement opportun, entre peuples riches et pauvres, sur des bases normales, les pratiques antinatales efficaces ont encore accentué le contraste, dont les conséquences se profilent loin dans le prochain siècle.

Tout le monde devient plus riche, en somme, les uns en argent, les autres en hommes, et plus pauvre aussi, il suffit d'inverser.

Avant d'aller plus loin, ouvrons une brève parenthèse, sur les instruments courants de mesure.

Comment se mesure la vitalité d'une population

Pendant longtemps, le seul critère, ou à peu près, a été le nombre des hommes : « nous sommes plus nombreux que les autres » ou bien « notre population a augmenté », etc. Les hommes se comptaient comme des grains de blé ou des haricots.

Entre les deux guerres, petite révolution : « Si le nombre de vieux arbres augmente, se dit-on, mais qu'il n'y a pas de jeunes pousses, attendons-nous à voir disparaître notre forêt. » Et pour divers pays, c'est une révélation : « Nous augmentons toujours de nombre, mais c'est dans le haut de la pyramide, par les vieux. Autrement dit, nous vieillissons. »

Pour observer ce phénomène, divers instruments de mesure ont été créés, dont les deux principaux sont le *taux brut* et le *taux net de reproduction* (ou, mieux, de remplacement).

Avec ce dernier, on obtient le rapport de deux générations successives, tel qu'il s'est produit dans le passé ou bien tel qu'il se dessine : si les générations montantes se comportent aux divers âges comme aujourd'hui les femmes de divers âges, le taux de reproduction sera... positif, nul ou négatif. Le taux brut ne tient pas compte de la mortalité, mais le taux net tient compte du déchet qui en résulte (dans les pays évolués, 3 % à peine de perte, depuis la naissance jusqu'à vingt-sept ans, âge moyen de maternité).

Après la guerre, les jeunes et bouillants démographes français ont cru bon de rejeter ces instruments en raison de leurs imperfections bien connues. (Ils projettent le présent sur l'avenir.) Après cette condamnation irréfléchie, ils ont dû, bien entendu, reprendre ces mêmes instruments, mais pour sauver la face, sous des noms nouveaux, quelque peu barbares (tel le « taux synthétique de fécondité »).

Nous utilisons ici les deux instruments mondiaux, le *taux brut* et le *taux net de reproduction*, quitte à les interpréter correctement.

Reprise et effondrement

Nous sommes en Europe occidentale : après la guerre et même parfois un peu plus tôt, la natalité a notablement remonté, le taux net de reproduction passant à nouveau au-dessus de l'unité, étant souvent même voisin de 1,2 ou 1,3 (accroissement de 20 à 30 % d'une génération à l'autre, ce qui correspond à une augmentation de 0,8 % par an pour l'ensemble de la population). Cette période de retour à la jeunesse a été aussi une heureuse période économique. Faut-il s'en étonner ? Sans lancer ici aucune théorie, bornons-nous à observer qu'essor économique et progrès de population vont en général de pair, dans l'Histoire, mais que cette vérité « blessante » doit être mise sous le boisseau.

En 1965, comme au coup de sifflet d'un starter, la natalité baisse dans tous les pays occidentaux, si bien que les générations n'assurent plus leur renouvellement ; le taux net de reproduction va, selon les pays, de 0,6 à 0,95.

La cause de cette rechute a été plus claire encore que celle de la reprise précédente, sans être, pour autant, plus admise. Il y a, dans les esprits, comme une volonté de brouillard.

Jusqu'à la découverte ou à l'adoption des pratiques antinatales efficaces (pilule, stérilet, avortement), il naissait, dans tous les pays, un certain nombre d'enfants qui n'avaient pas été *voulus*. L'occasion, l'herbe tendre, le moment d'optimisme, la demi-seconde de trop et voilà admis dans le monde un petit « intrus ». Ce ne sera cependant pas le moins aimé de la famille, puisqu'il est souvent « le benjamin », donc le plus choyé. Mais du jour où la volonté est devenue efficace, une nouvelle ère était commencée. L'avortement, officiellement organisé, a permis d'éviter tous ces « resquilleurs » qui assurent la vie de la population. L'intérêt immédiat des ménages l'a emporté sur celui de la nation et, du coup, la marche a recommencé vers la vieillesse.

La vie d'une population en deux indices

Gouvernements, opinion, partis politiques, corps constitués, en Europe et en Amérique du Nord, ont, devant eux, deux témoins de leur temps, deux baromètres : l'un mesure les écus, c'est-à-dire le P.I.B. par habitant, l'autre les naissances, c'est-à-dire la jeunesse. « Que le second s'effondre, est-il dit, aucune importance, du moment que le premier monte ! » Un point gagné sur la décimale, voilà le sujet de triomphe.

Dans cette unanimité en faveur de l'immédiat et du refus de la vie deux mutations sont particulièrement remarquables : les Pays-Bas et le Québec.

Les Pays-Bas

Depuis trois ou quatre siècles, ce pays est cité en exemple, non seulement de tolérance et de libéralisme, mais de vitalité souriante : la longévité la plus forte du monde, une natalité satisfaisante, une population relativement jeune et de haute tenue, peu de chômage, des vertus millénaires, sans pruderie. Les femmes exercent certes peu de travail professionnel, mais y gagnent en niveau culturel.

Quinze ans après le déclic de 1965 : longévité toujours exemplaire, mais la natalité s'est effondrée (de 20,7 à 12,5 %) ; tandis que le chômage s'étend d'année en année, les vieux préjugés sautent les uns après les autres, si bien que les invertis, longtemps tenus à l'écart, demandent à se faire reconnaître : « l'Association royale des homosexuels » qu'Henri III lui-même n'eût pas osé consacrer. Nous allons retrouver, dans un moment, ces étonnants Hollandais.

Le Québec : trois siècles perdus en vingt ans

En moins d'une génération, le Québec est passé d'un régime médiéval, cléricocratique, assis sur la famille, la morale et... la maternité à un état hédoniste, d'individualisme et de vie immédiate. Les 5 millions issus de 15 000 paysans, bretons, normands et autres ont subitement cédé et compromis l'œuvre de trois siècles. L'essai d'indépendance politique, en vue de sauver la culture s'est heurté au plus redoutable des adversaires, l'argent. Le vieillissement fait maintenant son œuvre.

A l'opposé : l'excès de vie

Dans l'autre monde, démographique, sévit l'exubérance, la multiplication des bouches à nourrir. Il est long, le chemin de la prévoyance selon les étapes suivantes :

1. *Quelques intellectuels* nationaux, quelques bonnes âmes de culture protestante placés devant les perspectives de multiplication, songent à réduire la fécondité de leur pays.
2. *Quelques ménages*, de niveau culturel élevé, se risquent à limiter leur descendance.
3. *Le gouvernement*, un peu inquiet, adopte une politique propre à encourager la diminution des naissances.
4. *La majorité des ménages* sent l'utilité de limiter sa descendance.
5. *La majorité des ménages* a la volonté suffisante pour atteindre cet objectif.

L'évolution comporte un certain chevauchement, mais, de toute façon, requiert un temps assez long, en liaison avec le progrès économique et surtout culturel.

La culture, la libération de l'esprit jouent un tel rôle que la limitation des naissances est à peu près inséparable de la baisse de la mortalité infantile. Le test le plus éloquent a été fourni par les pays d'Extrême-Orient : Hong Kong, Singapour, Formose,

Corée du Nord, où l'ordre des opérations a été suivi comme à la parade. Les îles suivent le chemin bien plus vite que les continents.

Pour voir les difficultés rencontrées dans ces derniers, prenons l'exemple si remarquable de l'Inde où sont déjà atteints les 200 habitants au kilomètre carré.

Dès 1950, c'est-à-dire dès l'indépendance, Nehru, de culture anglo-saxonne, fait venir des États-Unis le grand spécialiste d'alors, le Dr Stone, pour faire les premiers essais et donner les premiers enseignements de contraception. Les esprits les plus simples, les plus naïfs ne se trouvent pas toujours dans le camp des illettrés. Les incidents les plus burlesques, en même temps que les plus dramatiques, jalonnent ces trente ans de lutte obstinée contre l'excès de vie, qui appelle, un jour ou l'autre, la mort. Tour à tour, continence périodique, pilule, stérilet, etc. procurent les plus vifs espoirs aux sombres lendemains, si bien qu'en désespoir de cause est adopté le principe « de la cafétéria » ; toutes les méthodes contraceptives vous sont offertes, à vous de choisir.

Danser, dépenser, stériliser

De tous les procédés antinatals, l'un finit par avoir cependant une indéniable efficacité, la stérilisation. Une intense propagande, des rémunérations aux volontaires, des commissions aux... fournisseurs de volontaires. Lors de son premier gouvernement, Mme Gandhi demande à un comité de salut public de trouver les moyens de survivre, en combattant la vie :

« Stérilisation obligatoire des pères de trois enfants », recommande, après réflexion, ce conseil de Sages.

Bien difficile à appliquer, ce procédé, pense Mme Gandhi. Comment emmener de force les récalcitrants et les attacher à leur lit d'hôpital ?

La contrainte physique ayant été refusée, ne serait-il pas

possible de recourir à une contrainte morale ? C'est, du moins, ce que pensent deux États, le Gujarat et le Kerala. D'où recours, en 1971 et 1972, à des camps de stérilisation massive, dans une atmosphère de kermesse et de festival. Au milieu des danses, chants et manifestations musicales, se dressent des cabines en bois, à l'abri de la pluie, où opère un chirurgien. Après l'intervention, l'homme se lève et rentre chez lui par les moyens du bord, le plus souvent un ami ou sa femme, avec un âne ou une carriole.

Cette curieuse pression psychologique souligne la détresse de ces populations... Pourvues, contre la mort seulement, de techniques occidentales, elles cherchent éperdument à lutter contre cet appareil génital que la nature a mis des centaines de milliers d'années à créer, en vue de compenser précisément la grande ennemie, la mort. Immense apparaît, sous cet angle, la dette des pays occidentaux : ils ne l'ont certes pas fait exprès, mais le résultat est là : une multiplication inédite, appelée explosion, mais qui ne l'est pas encore.

Coupez l'électricité !

Ils ne durent guère, les camps de stérilisation, dans la joie et la fête. Il coûte beaucoup trop cher, cet enfant évité. En outre, les stérilisés viennent souvent trop tard au sacrifice, après avoir eu cinq ou six enfants, alors qu'il fallait s'arrêter au troisième.

Moins onéreux, mais plus contestables, les procédés employés dans la suite : « Il nous faut des stérilisés, cherchons-les par tous moyens. » Voici, par exemple, ce district, qui doit tous les ans fournir à la vasectomie un nombre d'hommes déterminé, procédé qui évoque, étrangement, le travail obligatoire des Allemands pendant l'Occupation.

Et si le nombre d'hommes à fournir n'est pas atteint ? Qu'à cela ne tienne : diverses sanctions sont prévues, dont le plus simple consiste à couper l'électricité. Ingénieux, efficace ! Seulement du coup, Mme I. Gandhi est battue aux élections... Elle reviendra plus tard.

Et elle continue, la lutte contre la vie, acharnée, indécise, contrecarrée dans ses effets, par la baisse de la mortalité, qui, en dépit des pénuries et des épidémies, se poursuit lentement. Les 690 millions d'Indiens augmentent au rythme de 1,9 % par an (33 naissances et 14 décès pour 1 000 habitants), donc de plus de 13 millions ; une France, tous les quatre ans, le milliard vers l'an 2000.

Dans tous les pays, arrivent les petits hommes, ils poussent, dans les deux sens du mot. Et c'est ainsi que, par leur seule présence, les plus faibles, parmi les faibles, font et peuvent défaire le monde.

Jean qui pleure et Jean qui sourit

Voyant, dans la masse des spectateurs du drame, un homme qui pleure et l'autre qui sourit, nous leur demandons leurs raisons :

« La plus immense hécatombe de l'Histoire est en train de se préparer, nous dit Jean l'affligé, européen. Nous a-t-on assez reprochés les massacres d'Indiens au Pérou et au Mexique, il y a plus de trois siècles ! Mais à combien les chiffrez-vous ? A quelques millions. Tandis qu'avec " votre " chute de mortalité " par humanité ", dites-vous, ce sont des dizaines de millions, peut-être 100 ou 200, que frappera une famine atroce, à laquelle risquent de s'ajouter des massacres entre affamés et peut-être une guerre mondiale, pour couronner le tout. »

« Vous nous enterrez bien légèrement, répond Jean qui sourit, nous agissons, nous cultivons, taillant, dans cette immense carrière de richesses et de techniques nouvelles, qui est devant nous. Augmentons le niveau de vie et l'excès de vie s'atténuera, c'est dans l'ordre. Vous êtes d'ailleurs trop contents, dans votre stérilité, de recevoir nos vigoureux enfants, pour combler vos vides et soutenir nos vieux en peine. Nous, nous préférons miser sur la vie et la jeunesse. »

Combien coûte la croissance des pauvres ?

L'augmentation rapide de la population des pays pauvres est coûteuse, tout le monde le dit : la logique, les calculs d'investissements, la rumeur, les Américains, la limitation de l'espace et de la nature, les diététiciens, les écologistes, etc. Il était intéressant de mesurer effectivement l'étendue du handicap dont souffrent les populations à croissance rapide. A cet effet, M. J.C. Chesnais et M. A. Lefebvre ont suivi la méthode la plus simple et la plus probante [1].

Ils ont, pour les quelque cent pays développés, disposant des statistiques nécessaires, comparé :

1° la *croissance de la population* sur une assez longue période de dix à quinze ans ;

2° la *croissance pendant la même période, du niveau de vie,* mesuré par le P.N.B. par habitant.

Le résultat attendu est clair : « Nous allons trouver une forte corrélation inverse, cela va de soi. »

Surprise ! Aucune corrélation, les pays au rythme démographique de 3 % par an ont vu leur niveau de vie augmenter autant, sinon plus, que les pays à 1 % !

Répétée plusieurs fois, l'expérience a donné la même réponse. Pour plus de sûreté, le P.N.B. par habitant a été remplacé par la production agricole par habitant. Cette fois le pronostic ne fait pas de doute : « Manque de terres et rendements décroissants, donc travaux d'irrigation nécessaires, donc meilleurs, bien meilleurs résultats pour les pays à faible augmentation ! » Erreur, cette fois encore, résultat nul, aucune influence !

Pourquoi le « bon sens » est-il un défaut ? Pourquoi la croissance rapide n'a-t-elle pas été un handicap ?

1. Voir *Population,* notamment 1975, n° 6 ; 1978, n° 6.

La difficulté créatrice

La réponse doit être cherchée dans les forces morales, toujours absentes des modèles. Nous retrouvons ici des conclusions conformes à celles qui résultent de la consommation alimentaire. Les observations de Mme Boserup (la pression crée l'innovation technique) peuvent être encore étendues et généralisées. C'est l'effet de la *difficulté créatrice,* déjà souligné par Dupréel (phénomène qu'il serait certes bien imprudent d'évoquer dans une réunion publique électorale). C'est cette force qui a détruit les pronostics, logiques, d'apocalypse et de famine, formulés il y a trente ans.

Cette force bienfaisante, cette force de vie, a cependant ses limites. Elle aurait sans doute été incapable de compenser les charges d'une croissance de 5 à 6 % par an, d'autre part, le temps reste le grand maître, dans le défi des exponentielles. Et déjà, selon les calculs des dernières années, l'influence de la croissance rapide commence à se faire légèrement sentir.

La vie en formules selon Malthus et Marx

Le marxiste pur s'indigne de voir des pays dépenser plus pour diminuer les naissances que pour lutter contre la mortalité infantile.

« Pour éviter la mort d'un enfant supplémentaire, on décide de dépenser plus d'argent que pour éviter la mort d'un enfant qui existe déjà... Dans le concret, ces décisions en arrivent à de telles monstruosités[1]. »

Cependant le calcul qui ménage le plus les vies humaines doit tenir compte aussi des enfants qui mourront, victimes de leur trop grand nombre, soit dans leur famille, soit dans le pays. Devant les 200 habitants au km^2, qui risquent de devenir 400 ou d'être victimes de famine, avant ce chiffre, on conçoit que Mme Gandhi

1. Yves Lacoste, *Unité et diversité du tiers monde,* vol. I, p. 75, Éditions F. M. Hérodote, 1980.

et d'autres cherchent à atténuer les affres de la mère de famille devant le drapeau noir au-dessus de la marmite. Du reste, l'État de Kérala, communiste, va souvent encore plus loin qu'elle. Tout calcul en vies humaines est déplaisant, pourtant toute famille est obligée de le faire.

Les malthusiens font eux aussi des comptes, mais d'une autre façon, plus « diabolique » encore : les démographes américains comparent le prix d'une boîte de pilules au coût de l'élevage et de l'éducation d'un homme de plus. Disproportion énorme, donc, pilules, pilules ! Calcul sauvage, lui aussi, et pas toujours juste qui en arriverait à faire la chasse au dernier petit homme, sa suppression étant moins coûteuse que sa vie.

L'horizon

Il peut sembler peu sérieux de prévoir, dans 120 ans, le nombre des hommes, alors qu'on ne le connait même pas aujourd'hui et cependant, tout est question d'échelle : sur quelle durée peut-on lancer des prévisions raisonnables ? Sur quelques minutes, à la Bourse ou sur l'hippodrome, sur un an, à la Direction du budget, sur cinq ans, au Commissariat du Plan ? Quant aux démographes, ils vont, de génération en génération, prennent sa durée pour unité, avec, pour précieux auxiliaire, l'inertie. Utilisant ce pouvoir, M. Léon Tabah, lointain successeur de John Durand, n'a pas hésité à reculer l'horizon classique d'une ou deux générations. Voici le chemin suivi :

> « Nous nous proposons non tel ou tel horizon *a priori*, mais de voir combien de temps il faudra pour que la population de toutes les régions parvienne à l'état stationnaire. Nous en déduirons quel sera alors le nombre des hommes sur la planète. »

Si étonnant que cela soit, il n'a guère eu besoin que d'une hypothèse :

A quelle époque, telle ou telle région (l'Afrique par exemple) sera-t-elle parvenue au stade des deux enfants par famille [1] ?

1. Plus exactement, le nombre d'enfants nécessaire (en moyenne) pour assurer le renouvellement des générations va de 2,1 à 2,5 selon l'importance de la mortalité.

« Si je me fixe cette date, s'est-il dit, le reste est à peu près écrit. Comme d'habitude cependant, pour bien assurer mes flancs, j'entoure l'hypothèse centrale de deux variantes, l'une " optimiste " l'autre " pessimiste ", le sens de ces deux termes étant laissé à votre appréciation. »

Il y a donc, pour chaque région, supposée homogène, deux étapes, deux périodes :

1. La marche vers le stade de la famille de deux enfants.

2. La progression résiduelle. En effet, au moment où le ménage moyen n'a que deux enfants, la population ne sera pas encore stationnaire : par un phénomène de « lenteur acquise », il faudra attendre que les générations du bas, plus nombreuses, soient arrivées aux grands âges de stérilité. Pendant un demi-siècle au moins, la progression va donc se poursuivre, en même temps que le vieillissement, s'accentuer.

Comme la première étape dure, pour l'Afrique tout au moins jusque vers 2050, la population du monde ne peut, dans cette optique, être stationnaire avant le début du XXIIe siècle, disons en 2100. C'est un hasard qui conduit à ce chiffre et non l'attraction des nombres ronds.

Ces chiffres des Nations unies ont été légèrement rectifiés par nous, pour l'Europe occidentale en 2100 (en millions).

Vue sur un siècle

Voici donc comment se présenterait la population des grandes régions vers l'an 2100 (en millions) :

	1980	*2100*
Pays développés	1 131	1 363
Pays peu développés	3 301	9 135
Monde	*4 432*	*10 498*
Europe occidentale	344	317
Europe socialiste et U.R.S.S.	404	575
États-Unis Canada	248	318
Océanie	23	41
Asie	2 579	5 871
Afrique	470	2 189
Amérique latine	364	1 187

Ces calculs sont faits, comme d'usage, dans l'absence de migrations internationales ou, du moins, intercontinentales. Simple hypothèse de travail évidemment, mais travail utile, car il montre précisément les disproportions *qui dicteront de grandes migrations;* l'Europe occidentale ne ferait plus guère que le 1/30 du monde, tandis que l'Asie, déjà fortement peuplée, verrait le nombre des hommes qu'elle porte et qu'elle doit nourrir plus que doublé et qu'en Afrique il serait multiplié par cinq.

Dans les pays peu développés, le nombre des vieux augmenterait plus encore que l'ensemble de la population, le multiplicateur approchant sept !

Trop de pauvres ?

Tous ces changements sont à la fois lents et précipités. Dans de nombreux pays, ils n'intéressent guère les pouvoirs politiques, toujours plus préoccupés de la prochaine conférence internationale du mois suivant, non plus que les opinions publiques, absorbées elles aussi par les soucis immédiats. Seuls les démographes suivent, inquiets, en regardant le lointain horizon, dont personne ne se soucie.

Peut-on imaginer une route très différente, toujours sans les migrations ? Quelque découverte d'une pratique antinatale, facile et de haute efficacité, pourrait, sans doute, accélérer la baisse de natalité dans quelques pays, tout en créant de nouveaux troubles, notamment par le vieillissement rapide qui en résulterait.

En tout cas, peu à peu, de nombreux pays entrent dans le jeu diabolique et salutaire, recommandé par les riches : tantôt, c'est quelque ministre de la Santé, inquiet de ces maternités répétées et de la mortalité infantile qui en résulte, tantôt c'est le ministre de l'Éducation ou de l'Économie, qui, affolé, chancelle devant la masse des investissements nécessaires ; tantôt ce sont les citoyens eux-mêmes, qui, bourgeoisement, font leur petit calcul de dépenses ménagères — autre révélation — et limitent en conséquence leur famille. Le pittoresque est partout, le drame aussi.

Deux visages

Nous sommes au Mexique, en 1970 ; il n'y a, depuis Cortès, aucune inquiétude, en matière de population : pays immense, en partie non exploré et, en quelque sorte, illimité. D'autre part, bien que la religion catholique soit contestée, sa morale persiste, comme aussi le machisme.

A quelques milliers de kilomètres, le démographe français J. Bourgeois-Pichat, désireux de montrer l'absurdité du principe énoncé aux États-Unis : arrêt brusque de la population, prend, un peu au hasard, le Mexique pour exemple et se lance dans les projections[1]. Même si le taux de remplacement baissait jusqu'à 1 en l'an 2000, dit-il, la population mexicaine pourrait en l'an 2050 atteindre 130 millions d'habitants. Or cette hypothèse est bien optimiste. Mais ce chiffre de 130 millions affole les autorités ; jamais il n'a été envisagé, l'illimité ne faisant jamais peur. Tout est changé : il faut, non seulement voter en hâte une loi, pour favoriser la limitation des naissances, mais changer même la constitution qui s'opposait à des mesures aussi « sacrilèges ». Depuis ce moment, la natalité diminue lentement, en commençant par les villes et la bourgeoisie. Néanmoins, les 100 millions de Mexicains seront sans doute atteints avant l'an 2000.

Au Brésil, résultat analogue, mais par une voie bien différente : conscient de la nécessité politique de peupler ses immenses territoires et aussi de transformer « l'archipel » en un puissant pays d'un seul tenant, soucieux enfin d'entreprendre une industrialisation de grand style, le gouvernement voit, pendant longtemps, d'un œil très favorable, s'accroître le nombre des travailleurs. Au diable, la pilule ! Seulement l'urbanisation, une légère amélioration du niveau de vie et même de l'instruction dans le sud industriel, font leur œuvre classique : la natalité diminue spontanément à Sao Paulo, à Santos, etc., jusqu'au niveau de 20 ou 25 ‰ ; puis le mouvement s'étend.

1. « Un taux d'accroissement nul pour les pays en voie de développement, en l'an 2000. Rêve ou réalité ? », *Population*, 1970, n° 5.

Néanmoins, toujours par la lenteur acquise et aussi la prolificité du nord-est féodal, les 120 millions ont été dépassés en 1980 et l'on escompte les 200 millions, à la date fatidique de l'an 2000.

Algérie, Maghreb

Sous le double effet du pétrole et de l'indépendance, l'Algérie poursuit son rêve, illimité lui aussi. Non seulement il est écrit, dans le Coran, que « Dieu nourrira les hommes », non seulement la fécondité est un bien en soi, mais l'industrie est là et plus encore les projets : la Charte de 1976 est un immense acte de foi. A 3,2 % par an, la population doit doubler en vingt-trois ans et quadrupler en quarante-six.

En 1981, un bilan des logements est établi, aussi affligeant pour le présent que terrifiant pour l'avenir : pour assurer aux 34 millions d'Algériens de l'an 2000, toujours lui, un logement modeste, il faudrait, nous dit Djilali Benamrane[1], construire 4 millions de logements en vingt ans.

Se loger bien sûr, mais il faut aussi manger : si, dans ce délai de 20 ans, de nouveaux gisements de pétrole ne sont pas trouvés, il faudra arracher des trésors à la nourrice, à la terre, qui, pour le moment, ne nourrit que deux habitants sur trois.

Sans avoir les mêmes vues grandioses, le Maroc suit un chemin assez parallèle. Quant à la Tunisie, les efforts vigoureux de Bourguiba n'ont eu qu'un effet très partiel, alors même qu'il a été jusqu'à autoriser l'avortement, expressément réprouvé par le Coran. La natalité reste aux environs de 35 ‰, trois fois supérieure à celle de quelques pays européens.

Tous comptes faits, au sens bien concret du mot, le *Population Council*, installé, à des fins antinatales, avec de grands espoirs a dû, devant la faiblesse de ses résultats, abandonner le Maghreb, ce Maghreb qui, dans un siècle, aura trois fois la population de la France[2].

1. *Crise de l'habitat*, C.R.E.A., Éditions S.N.E.D., Alger, 1980.
2. Tous ces calculs, rappelons-le, ne tiennent pas compte des migrations, dont ils suggèrent précisément la nécessité ou l'inéluctabilité.

Au Bangladesh, comme ailleurs, le vaccin a de loin précédé la pilule. La limitation des naissances ne fait que commencer et on peut s'attendre, pour l'an 2000, à une population supérieure à 150 millions et une densité supérieure à 1 000 par km^2.

Mais, dans toute l'Afrique noire, surtout dans les pays francophones, la tradition reste ferme et l'accroissement de la population n'est limité que par une forte mortalité des jeunes.

Le seul pays qui ait obtenu des résultats importants et rapides, avec des moyens extravagants et inapplicables, est la Chine ; nous la retrouverons (p. 194).

Les riches ont peur des pauvres

Un bébé de plus en Algérie, au Pakistan, en Colombie, inquiète bien plus les grands des pays riches que les dirigeants de ces pays pauvres. Depuis l'alerte, lancée par Vogt, la frayeur est restée aussi intense. Et comme la diminution de l'exubérance, obtenue grâce au *Population Council*, semble trop lente, de nouvelles méthodes antinatales ont été imaginées et suggérées[1].

Des hommes éminents ont proposé des procédés inédits, appelés « au-delà du plan familial », parmi lesquels le moins extravagant consistait à introduire dans l'eau des villes (Ehrlich) — d'autres disaient, dans le sel de cuisine — un stérilisant, bien dosé : « Ce qui a réussi à empêcher la mort, a-t-il été dit, doit servir aussi à empêcher la vie. » Surmontant les difficultés techniques, telles que « il faudra préserver les animaux et les plantes », un participant a objecté que des gouvernements des pays en question pourraient s'opposer à cette contraception involontaire. « Raison d'État, fut-il répondu, ou plutôt raison du Monde, il faudra passer outre. »

Selon d'autres, toutes les filles devraient être stérilisées temporairement, par des capsules à terme, ce qui permettrait de délivrer des « autorisations de maternité ». Il faudrait délivrer des bons

1. Voir notamment *Studies in family planning*, organe du *Population Council* qui a été souvent mieux inspiré.

valant un déci-enfant, la présentation de 10 bons, acquis personnellement ou achetés, permettrait d'avoir un enfant (Kenneth E. Boulding, Shokley).

Les riches des pays riches ne sont pas seuls à avoir peur des pauvres. Pour des raisons bien différentes, des révolutionnaires non communistes vont dans le même sens. C'est ainsi que René Dumont, ce grand défenseur des humbles, s'indigne, dans leur propre intérêt, de voir la croissance de leur nombre se prolonger aussi longtemps et croit possible l'arrêt total de l'accroissement de la population au Mexique en l'an 2000[1].

Trop de riches ?

Dans le monde riche, l'effondrement de la natalité, la perspective d'un vieillissement intense de la population ne créent guère d'émotion. Ce qu'on gagne sur les jeunes moins nombreux, affirment les augures, servira à entretenir les vieux. Les écoles pourront être transformées en hospices ou dispensaires ; l'essentiel est de ne pas perdre un millième sur le pouvoir d'achat vénéré. Et les hommes de se battre pour les décimales, comme à Verdun, pour des mètres carrés.

Le sentiment remplace ici toute expérience. Oubliée la série de « miracles » après la guerre, « miracle allemand », « miracle autrichien », « miracle hollandais », « miracle européen », oubliée la coïncidence entre la prospérité économique et la fécondité des « vingt glorieuses ».

Vis-à-vis de l'extérieur, aucune ombre d'inquiétude... Loin d'un souci quelconque d'équilibre dans le monde, les hommes oublient ou ignorent que les tempêtes ne résultent pas de fortes pressions, mais de différences de pression.

Devant la montée certaine, lourde, de la vieillesse, les efforts les plus remarquables sont accomplis, non pour l'équilibrer par plus

1. L'auteur n'est pas familier avec les mécanismes qu'il s'agit de modifier et avec les secousses extravagantes, sur plus d'un siècle, que donnerait un mouvement trop brusque. Voir page 70 l'article de M. J. Bourgeois-Pichat.

de jeunesse, mais pour contester les données les plus claires. Plus de vieux ? Peu importe, disent les augures, puisque la diminution du nombre des jeunes rétablira l'équilibre dans la balance de la Sécurité sociale. L'essentiel, a-t-il été annoncé, est que la proportion des personnes actives reste la même ; autrement dit, le remplacement de jeunes par les vieux ne présente aucune importance.

Même en termes comptables financiers, ce calcul est d'une regrettable légèreté. En France, le coût moyen d'un vieux est, pour la santé, environ trois fois plus élevé que celui d'un jeune et la différence va toujours en montant. Pour les prestations, le rapport est environ 2,5. En outre, du fait de conceptions affligeantes sur l'emploi, l'âge de mise à la retraite devrait diminuer, selon les idées de l'opinion.

Dans les autres pays, où les prestations familiales sont plus faibles et les retraites souvent plus élevées, la disproportion doit être plus forte encore. Mais aucune émotion collective ne se manifeste. Combien plus préoccupant pour l'opinion est ce que l'on appelle « la crise », sans bien savoir ce que cela veut dire.

Et nous retrouvons ici les Hollandais, dans un curieux épisode.

Géographie et Histoire

Vers 1975, une émotion se manifeste enfin parmi les membres du gouvernement hollandais. Un Comité supérieur, composé de sociologues, économistes, démographes, politologues éminents, est chargé d'examiner l'avenir de la population et de proposer des mesures propres à l'améliorer. Réponse inattendue : « A quoi bon ? Nous sommes si nombreux, dans notre territoire, que la construction d'un aéroport, d'une autoroute pose un problème d'espace, nous disons bien d'espace. Laissons donc diminuer la population jusqu'à un niveau raisonnable et, à ce moment, il y aura lieu de favoriser la venue des enfants. »

Ces hommes éminents, sages, consciencieux, ont produit un *tissu* remarquable, affligé toutefois d'étonnantes contradictions.

On pourrait leur demander :

« Puisque vous vous estimez trop nombreux aujourd'hui et menacés de manquer d'espace, pourquoi ne manifestiez-vous pas cette même crainte, lorsque, vers 1960, avec une natalité de 21 % vous alliez rapidement vers les 20 millions d'habitants ? » Il n'y a pas de réponse, ou plutôt celle-ci : « Nous n'y pensions pas. » C'est seulement après la baisse que celle-ci a été justifiée.

L'idée de laisser la population diminuer, jusqu'au moment où le nombre des habitants sera ramené à 10 millions, puis de reprendre, à ce moment, une fécondité normale de deux enfants par famille est tentante. Répondant à une logique serrée, elle résulte d'un calcul arithmétique impeccable, mais insoutenable. Lorsque la population, bien vieillie, sera réduite à cet effectif rayonnant de 10 millions, accablée par la lourde charge matérielle et morale de 20 % de vieillards, elle sera incapable de reprendre le chemin de la vie. Tous ces vieux, puissants politiquement, songeront-ils à s'imposer des sacrifices ou à moins se soigner, pour que le pays ait plus d'enfants, qui, pendant vingt ans, leur feront concurrence, dans la vie et dans le budget, avant de les aider ?

Il y a plus : loin d'être nouvelle, la situation a de célèbres précédents : depuis mille ans, les Hollandais manquent de terre et s'efforcent de gagner sur la mer. C'est précisément dans cette tâche qu'ils ont acquis de méritantes vertus. Or, cet art de constituer de la terre a fait de remarquables progrès : grâce aux moyens techniques du jour, il est devenu possible de rattacher les îles de la Frise au continent et de gagner ainsi de précieux milliers de km^2. Pourquoi donc, en 1980, la recherche millénaire de la vie est-elle abandonnée ?

C'est que *la maladie, la plus sournoise de toutes, a fait son œuvre, le vieillissement ; nous le retrouvons partout, il ne pardonne nulle part.*

Au pays des pionniers

Il ne s'agit plus, aux États-Unis, d'hommes manquant d'espace, de 400 habitants par km^2. Une partie du territoire est déserte, la production d'aliments pourrait être doublée, des réserves considérables d'énergie existent sous diverses formes.

M. Donald Marin est président de la Société pour *une diminution de la population des États-Unis* (*negative population growth*). Voici le cheminement qu'il propose sans ignorer le vieillissement qui résultera de la diminution du nombre de jeunes Américains :

	(millions d'habitants)	
	1980	*2085*
Population totale	224	114
0-19 ans	30,4	24,5
20-64 ans	57,3	54,3
65 ans et plus	12,3	21,1
ENSEMBLE	100,0	100,0

Une fois ainsi réduite, la population doit rester constante. Il est affirmé ensuite que la charge matérielle sera très supportable et qu'une population âgée n'est pas plus conservatrice qu'une population jeune. L'essentiel disparaît une fois de plus, sous les affirmations. Après nous... le désert.

Aucun désert n'est d'ailleurs en vue : il n'est pas tenu compte des voisins, les Mexicains, ni des voisins des voisins, lesquels seront, eux, plus nombreux et plus tentés encore de franchir les frontières.

Indifférents aux leçons de l'Histoire, ces comptables, au cœur monétarisé, rejoignent les Chinois dans la volonté antisociale, sans en avoir les justifications. La jeunesse, voilà l'ennemi.

Cette mystique atteint les milieux scientifiques : plus d'une enquête sociale, aux États-Unis, en apparence de pure observation, est menée et présentée de façon préjugée, déviée, toujours dans le but de dissimuler les inconvénients du recul du nombre et du vieillissement.

Et les hommes de se faire stériliser « pour l'exemple », des femmes aussi, à l'exemple des apôtres M. et Mme Ehrlich.

A quoi bon ?

Revenons en Europe. Pourquoi l'opinion est-elle si peu inquiète de cette infécondité, qui, en d'autres temps, eût provoqué une forte réaction ?

1. *Le nationalisme guerrier* et le souci d'avoir des soldats ont à peu près disparu.

2. *Le chômage est couramment attribué à un excédent d'hommes,* par une optique arithmétique aussi naturelle que contraire à l'expérience : les pays les moins peuplés (États-Unis, Canada, Australie) ont, en général, plus de chômeurs que les pays très peuplés (Pays-Bas, Suisse, Autriche, Japon), eu égard à leurs ressources.

3. *Idée de faire une sorte de compensation* à la forte progression démographique des pays pauvres. Cette attitude est comparable à celle de l'anémique, qui, voyant un obèse dans la maison d'en face, déciderait de maigrir pour « faire une moyenne ».

4. *A quoi bon faire des enfants, puisque nous trouverons toujours des hommes tout faits,* prêts à compléter ce qui nous manque, c'est-à-dire à remplir les tâches basses ? Trop choquante pour être exprimée à haute voix, cette idée est bien présente, au moins dans le subconscient.

Autrement dit, les pays riches entendent profiter même de leurs faiblesses pour maintenir ou accentuer leur supériorité de niveau de vie sur les pays pauvres.

Visées sur le siècle qui vient

Ces 10 milliards d'êtres humains que nous assènent les calculs et les visées démographiques posent diverses questions tant par leur masse que par leur répartition sur la planète. Elles peuvent prendre trois formes :

1. *Ces hommes pourront-ils être nourris ?* Posée dès la fin de la guerre, sous la forme brève « la faim du monde », cette question

est « suivie », depuis un tiers de siècle, avec des alternatives diverses. La menace reste permanente.

Elle fait l'objet du chapitre suivant.

2. Derrière cette première question, mais surtout en cas de réponse négative ou dubitative, s'en profile une deuxième, bien moins étudiée jusqu'ici, pour une large part, *par peur de regarder*, par couronnement de l'autruche, à la tête de nos affaires.

Les contrastes que présentent dès maintenant les pressions démographiques vont être encore fortement aggravés par l'infécondité des pays riches et l'exubérance des pays pauvres. Dès lors, des migrations sont inévitables, fatales ; elles soulèvent deux interrogations :

Quelles seront ces migrations ?

Quelles formes prendront-elles ?

Si la réponse à la première question se lit de façon assez claire sur la carte et dans les prévisions démographiques, au cours du XXIe siècle, par contre, la forme que prendront les mouvements d'hommes est incertaine, pouvant aller de l'invasion violente à l'accueil volontaire, en passant par diverses formes d'infiltration et de pénétration. C'est l'objet propre de ce volume, mais la réponse à cette grande question ne pourra être tentée qu'après diverses approches, à la fin de ce volume, et en particulier dans le dernier chapitre : *la lutte pour l'espace*.

CHAPITRE VII

Des bouches par milliards

Dès la découverte de l'*implosion* démographique, le souci de ne pas la voir se transformer en *explosion* a porté au tout premier plan la question de la nourriture, *primum vivere,* mais cette primauté est restée purement théorique. Nous avons vu, au chapitre IV, la meurtrière et obtuse priorité accordée à l'industrie lourde. L'agriculture est restée le parent pauvre, dans les pays pauvres, éblouis par la lumière des riches. Les conséquences, mortelles et autres, en découlent.

Sous-nutrition

Qu'appelle-t-on un « mal nourri » ? On peut le juger sur des carences, mais, préventivement, il vaut mieux le définir par rapport à une norme alimentaire.

On admet souvent que l'adulte masculin a besoin de 2 400 calories par jour, s'il ne fait qu'un travail musculaire léger. Seulement, dans le doute, les diététiciens ont préféré faire bonne mesure. Leurs normes sont un peu trop fortes, lorsque la ration est bien équilibrée. En outre, dans les pays chauds, les besoins sont moindres.

Les différences de consommation sont frappantes d'une région à l'autre :

Alors que, dans les pays industriels, où l'effort musculaire est cependant modéré, la consommation moyenne dépasse 3 400 calories, elle reste peu supérieure à 2 000 calories, dans une large partie du monde ; c'était à peu près la ration moyenne des Européens, au début du XIXe siècle, un peu plus élevée qu'à l'époque de la Révolution. Une telle ration ne permet pas un véritable travail musculaire. Elle est, en outre, dans ces pays, fortement déficitaire notamment en protéines animales.

Depuis la création des Nations unies et de F.A.O., le menu des pauvres n'a pas changé. Le seul progrès à mettre à l'actif de l'ordre nouveau, créé vers 1945-1950, est la disparition des grandes famines, jusqu'ici du moins, car elles restent toujours menaçantes.

Selon l'agronome français J. Klatzmann, la répartition de la consommation des aliments dans le monde s'établit ainsi (pour 100 personnes) :

Excès alimentaires nuisibles à la santé	10
Alimentation satisfaisante	30
Alimentation qualitativement déficiente	30
Sous-alimentation	30
État de famine	10
TOTAL	100

Ainsi, le nombre d'habitants en situation de « famine » (terme un peu fort) s'élèverait à 450 millions environ. Ce chiffre correspond à peu près à celui des hommes que F.A.O. juge « mal nourris ». Il est notablement inférieur à ce qu'il a été dans le passé, du moins en proportion, mais supérieur si l'on tient compte de nos ressources et de nos aspirations humanitaires.

Deux questions se posent :

1. *Combien d'habitants meurent, chaque année, dans le monde*, pour insuffisance alimentaire ?

2. *Pourquoi l'alimentation ne s'est-elle pas améliorée*, depuis 30 ans, alors que le niveau de vie, ou, tout au moins, le P.I.B. par habitant a augmenté de moitié, dans les pays les plus mal pourvus ?

Combien de « morts de faim » par an ?

Les informations lancées sur le nombre de personnes qui décèdent chaque année dans le monde « du fait de la faim » (50 ou 60 millions) sont dépourvues de base et même de signification. Elles sont publiées dans le but d'impressionner, et peut-être aussi dans une sorte de disculpation personnelle ou une atténuation de ses propres remords.

Sur les 3 440 millions d'habitants (1982) vivant dans les pays en développement, Chine comprise, il en meurt actuellement, pour toutes causes, un peu plus de 40 millions par an. Si les conditions traditionnelles avaient persisté, ce nombre serait supérieur à 120, grandes famines et épidémies exclues. Le gain réalisé dépasse donc 80 millions de vies humaines par an.

Mais, sur les 40 millions de décès annuels, combien sont dus « à la faim » ?

Dissipons d'abord une confusion : le mot *faim,* si communément employé, est presque dépourvu de signification. Un Européen, mis au régime sain de 2 400 calories par jour, se porterait bien, mais souffrirait de la faim, alors qu'un bébé africain, bourré de manioc, n'a pas faim, mais n'en est pas moins sérieusement carencé. La sous-alimentation et la malnutrition rendent l'organisme plus sensible à certaines maladies, de sorte que la cause de décès peut manifester des formes très diverses. Il est plus logique et, en tout cas, moins aléatoire de calculer le nombre d'hommes qui meurent, chaque année, des suites de leurs mauvaises conditions, en général. Plus précisément, de combien diminuerait le nombre de décès, dans le monde « en développement », si les conditions de l'existence étaient les mêmes que dans les pays riches, toutes précautions prises eu égard au climat ? L'exemple

1. Voici une citation de *Les Etats-Unis et la stratégie alimentaire mondiale* par Alain Revel et Christophe Riboud (Calmann-Lévy), ouvrage excellent par ailleurs : « En 1979, près de 50 millions d'êtres humains, dont 17 millions d'enfants, sont morts de faim dans des zones sinistrées par la guerre, les tremblements de terre, les inondations ou la sécheresse. »

de l'Australie et de l'Afrique du Sud montre d'ailleurs que l'hypothèse est plausible.

L'alignement des pays pauvres sur les riches, en matière de longévité, permettrait de diminuer la mortalité d'un peu plus de moitié. Ainsi, les 40 millions de décès actuels pourraient être ramenés à 20 et le gain de vies humaines serait lui-même légèrement supérieur à ce chiffre. C'est le tribut payé, au sens propre de l'expression « sous-developpement ». Il s'agit même là d'une limite un peu inférieure, car dans les pays riches, la mortalité est elle-même légèrement acrue par la suralimentation et quelques excès. Il n'est guère possible de déterminer, à l'intérieur de ces 21 millions de pertes, la part due à la sous-alimentation, mais elle est sans doute forte, par ses répercussions indirectes.

Admettons le chifffre de 15 millions et comparons-le aux 450 millions déclarés « sous-nourris » par la F.A.O. et « en état de famine » par J. Klatzmann. Cela représente une proportion de 3,3 %, ou un peu moins, car il doit y avoir aussi des décès de carence parmi les 30 % classés en état de sous-alimentation et même parmi les 30 % classés en état d'alimentation qualitativement déficiente. Ces chiffres soulignent la force de résistance de l'organisme humain, tout en montrant l'influence de l'aide médicale, si insuffisante qu'elle soit en de nombreux pays.

En outre, l'amélioration « financière » du niveau de vie, depuis trente ans, montre que des vies humaines pourraient être gagnées, si la répartition des efforts et des ressources était modifiée dans un sens favorable à l'agriculture.

Ces 400 millions de personnes sous-alimentées, donnons-leur à chacune 250 grammes de céréales, qui compléteront à peu près leur ration quantitative. Le monde va-t-il crouler sous cette charge ? Cela représente 36 millions de tonnes par an, 40 % de la production de la seule Amérique du Nord susceptible de larges progrès. Seulement, une fois de plus, il faut rappeler le proverbe chinois : « Donne à un homme un poisson, il mangera un jour, apprends-lui à pêcher, il mangera toute sa vie. » Quel que soit le chemin suivi, on en revient toujours là.

Où meurent-ils ?

Les quelque 100 millions d'enfants qui naissent chaque année sont, avant même leur entrée dans le berceau, durement marqués par l'inégalité. Voici, pour l'année 1979, les résultats concernant leur poids[1] :

	Poids moyen en grammes	*Pour 100 nouveau-nés combien pesaient moins de 2 500 g*
Asie	2 900	20
Afrique	3 000	15
Amérique latine	3 100	11
Union soviétique	—	8
Europe	3 200	8
Amérique du Nord	3 200	7

Ces moyennes, par grandes parties du monde, recouvrent des écarts bien plus élevés encore. L'O.M.S. conclut, non sans quelque ingénuité, que devant l'insuffisance des moyens cliniques, qui permettraient à ces enfants de rejoindre une vie normale, c'est à l'insuffisance du poids initial lui-même qu'il faut s'en prendre. Autrement dit, c'est à la F.A.O. qu'est renvoyée la balle, non sans raison d'ailleurs. « Mieux vaut prévenir que guérir », est-il dit opportunément, en toute occasion, mais de tels regrets ne satisfont que la conscience.

Ce ne sont pas nécessairement les pays les plus peuplés qui souffrent le plus de carences. Si grave que soit la situation de l'Inde et du Bangladesh, celle de plusieurs pays d'Afrique noire l'est plus encore. Mme E. Boserup a montré, rappelons-le, que l'accroissement de la pression démographique est un puissant stimulant pour l'emploi de meilleures techniques. C'est dans les

1. Organisation mondiale de la santé, 1981.

pays où la terre est surabondante que se pratique le *brûlis* dévastateur, cause d'érosion, puis de carences.

Alimentation et niveau de vie

D'où vient la rupture, depuis trente ans, entre le niveau de vie général (en grands progrès) et le niveau alimentaire (stagnant) ? Elle pourrait, *a priori*, être attribuée à un changement de répartition, dans un sens antisocial. Le riche, devenu plus riche, ne mange pas davantage. Il est difficile d'en juger, mais seul un changement important pourrait expliquer une telle différence. En dépit des exactions commises, cette cause ne semble pas déterminante.

Il pourrait aussi s'agir d'un phénomène de *promotion* sociale, la pyramide des revenus prenant du ventre, comme cela s'est produit dans l'Europe du XIXe siècle. Cette explication n'est pas plus convaincante.

Il n'en reste pas moins une constatation curieuse : au bout de 35 ans et pendant toute cette période, les *efforts accomplis pour augmenter la production de nourriture ont à peu près exactement compensé la multiplication des bouches à nourrir, sans la dépasser. Est-ce là seulement l'effet du hasard ?*

Il ne semble pas : du haut en bas de l'échelle sociale, joue un mécanisme d'autorégulation, certes fragile et peu recommandable, mais réel :

1° *tout en haut*, les gouvernements et les pays riches ne s'intéressent vraiment à la question que lorsqu'elle devient dramatique ;

2° *tout en bas*, l'individu qui parvient à améliorer légèrement son revenu est attiré par tant de tentations, qu'il sacrifie, en valeur relative, son alimentation vitale. Jamais, d'ailleurs, les hommes dans le dénuement n'ont respecté la hiérarchie des besoins, dictée par les moralistes ou les diététiciens. L'attrait du transistor, de la bicyclette, etc. est d'autant plus fort que ces acquisitions provoquent un sentiment d'évasion. Et ainsi, s'établit un certain équilibre naturel, à un niveau très insuffisant.

Ce phénomène ne jouait pas ou jouait beaucoup moins dans l'Europe du XIXe siècle, parce que aucune perturbation ne pouvait venir de l'influence de pays plus avancés. Les classes les plus humbles des pays peu développés sont influencées par la radio, la télévision et l'existence de produits à leur main, mais pas à leur bourse.

Divers phénomènes peuvent donner à penser, non certes à un équilibre parfaitement assuré, mais à un certain ajustement des efforts accomplis aux dangers ressentis. Lorsqu'une crise importante se dessine, les individus, comme le monde, se remuent quelque peu et font appel à l'élasticité des ressources. Dès que la situation s'améliore ou semble le faire, les ressorts se détendent. L'épisode le plus curieux et le plus mal connu peut-être est celui qui a reçu le nom de « révolution verte ».

La révolution mal comprise

En 1964 se précise une menace de famine, particulièrement en Asie. En février 1965, M. Sen, directeur général de la F.A.O. (Organisation pour l'agriculture et l'alimentation), se rend aux Nations unies à la Commission de la population et, demandant au président la parole, pour une communication grave, avant même l'ordre du jour, s'exprime en ces termes.

« Nous, F.A.O., ne sommes pas parvenus à assurer la nourriture des hommes, c'est à vous, Commission de la population, qu'il appartient d'en limiter le nombre. »

C'est à cette même époque que paraît l'ouvrage du grand agronome René Dumont, *Nous allons à la famine,* auquel d'autres cris d'alarme font écho.

Nous nous retrouvons dix-sept ans plus tard, dans une situation non certes meilleure, mais pas plus mauvaise. Entre-temps, la population a fortement augmenté. Dans l'Inde, pays jugé le plus menacé, l'augmentation a été de 39 % et la densité est passée de 160 à 222 par km².

Il y eut même une année (1977, sauf erreur) où, suprême

paradoxe, l'Inde a vendu du blé à l'Union soviétique. Cela valait du 1 000 contre 1, à l'avènement de Lénine.

Nous nous attendons à un concert d'éloges et de vive satisfaction. Bien au contraire, le chœur a largement honni cette opération. Que s'est-il passé ?

Un bienfait maudit

Les semences à haut rendement, produites par l'institut Borlaugh au Mexique, ont été appelées d'abord *blé miracle* et *riz miracle,* par besoin persistant de mettre le surnaturel dans nos questions les plus matérielles. Dans la suite, le terme « révolution verte » l'a emporté sur l'expression plus juste de « semences à haut rendement ». Seulement agronomes, sociologues et économistes ont uni leurs voix pour dénoncer cette évolution. Sans qu'on puisse parler de mystique, il s'agit d'une psychologie collective, chargée d'affectivité. Les vertueux critiques s'appuient presque toujours sur le fait que les semences à haut rendement exigent des façons (irrigation, engrais) auxquelles peuvent surtout recourir les cultivateurs riches ou ayant des terres riches. Dans ces conditions, l'opération aurait été manquée, parce que antisociale.

Du point de vue de l'équité et aussi du résultat quantitatif, il eût mieux valu, évidemment, que tous les agriculteurs soient en mesure d'utiliser les nouvelles semences, mais, telle qu'elle a été, *la mesure a été très bénéfique*.

Toujours moralisantes, les âmes pieuses ont commis l'erreur, bien classique, de raisonner en *argent,* alors qu'en période de pénurie alimentaire, ce qui compte, ce sont les quantités de nourriture produites et leur répartition [1]. Les cultivateurs riches ont eu des excédents de production, qui se sont déversés, par le

1. Les historiens et les économistes eux-mêmes ont commis de grandes erreurs de jugement, sur le système féodal du Moyen Age et sa suite, jusqu'au milieu du XIXe siècle. En période de pénurie — et celle-ci était chronique — l'inégalité sociale et particulièrement le dommage causé par les riches aux pauvres ne se mesure pas en espèces monétaires, mais en consommation de produits du sol et de terres utiles.

commerce, vers les villes. Grâce à cette augmentation des quantités de grains, des ouvriers de Bombay ou de Calcutta ont pu être nourris ou moins mal nourris. Il n'y aurait pas eu d'amélioration, si les cultivateurs bénéficiaires du progrès avaient consommé eux-mêmes ce supplément de production.

Si le résultat ne peut plus être contesté, il reste à formuler une interprétation.

Équilibre des forces extérieures ?

L'arrivée « providentielle » des semences à haut rendement, à ce moment tragique, est-elle une simple coïncidence ? On peut émettre l'hypothèse suivante :

La menace de famine était déjà à l'horizon deux ou trois ans plus tôt. Dès lors, on peut penser que l'Institut Borlaugh a précipité les recherches, accéléré le dénouement et, en particulier, libéré des semences qui, en temps normal, auraient demandé encore quelques expériences et améliorations. Après les premières livraisons, l'effort a dû être encore accentué.

De cette interprétation peuvent être tirées des conclusions opposées, optimistes ou alarmistes, selon le caractère de chacun :

« Lorsque le danger s'aggrave, dit l'homme qui voit la vie en rose, les précautions s'accentuent elles aussi, un effort supplémentaire est accompli, mais, dès que la situation s'est améliorée, survient une détente. L'organisme animal n'est-il pas muni d'un tel système de défense ? A d'autres reprises, mais à une échelle bien moindre, en Ouganda par exemple, l'apparition d'une situation critique a provoqué des réactions salutaires. »

Qu'une telle suite d'actions et de réactions se produise ne peut pas être contesté, répond l'homme qui voit la vie en noir, mais, loin d'être supprimé, le risque d'accident grave en est encore accru. Le monde va s'endormir, dans cette confiance du « tout s'arrangera » et, un jour donné, la réaction salutaire « automatique » sera trop tardive ou insuffisante. Le refus de constituer des réserves positives peut avoir un coût extrêmement élevé.

Dix milliards de bouches

Voyons maintenant la question sous un jour différent : la population du monde va augmenter de façon importante et (page 66), selon les hypothèses les plus raisonnables, il faut envisager le chiffre de 10 milliards. Ce chiffre dépasse-t-il la capacité alimentaire du globe ?

Sous cette forme, cette question sous-entend déjà un optimiste résolu, en admettant une solidarité entre les hommes qui est loin d'être atteinte, non seulement entre les nations, mais entre les unités administratives. Dès qu'une disette menace, dans l'Inde, le réflexe de tout gouverneur ou président est de conserver les grains, *à l'intérieur* de l'Etat dont il a la responsabilité[1].

Lorsqu'il est question des 6 milliards d'hommes de l'an 2000, on semble imaginer une énorme cantine mondiale, où, avec une grosse louche, le cuisinier déverse, dans les six milliards de gamelles, la ration règlementaire.

Il n'en est pas moins utile de tenter le calcul : le procédé le plus utilisé consiste à appliquer à toute la surface arable du globe les rendements par hectare obtenus dans une région donnée (en général européenne), où sont utilisées les meilleures techniques agronomiques. Colin Clark, toujours optimiste, a estimé que la terre pourrait nourrir 150 milliards de personnes. D'autres ont cité des chiffres compris entre 40 et 50 milliards. Comme en toute question chiffrée, se pose d'abord une question de définition.

Les recherches les plus sérieuses sont celles de M. J. Klatzmann[2] : examinant toutes les terres arables du globe, il a estimé quel pourrait être le rendement de chacune, si les meilleures façons lui étaient données. La réponse est claire :

Si, dans le monde, la question alimentaire recevait la première priorité, en actes et non en paroles, il serait possible, avec les techniques

1. En juin 1940, des préfets du midi de la France ont interdit la sortie de grains hors de leur territoire. Il a fallu un décret du ministre de l'Intérieur pour condamner cette pratique.

2. *Nourrir dix milliards d'hommes*, P.U.F., 1975.

actuelles, ou en vue, de nourrir, assez convenablement, 10 milliards d'hommes.

Assez convenablement, signifie « avec une proportion suffisante d'aliments animaux ».

Ainsi, non seulement les 10 milliards de l'an 2100 pourraient recevoir chacun sa ration, dès aujourd'hui, alors qu'ils ne dépasseront guère les 6 milliards en l'an 2000, mais leur sort serait amélioré, pour nombre d'entre eux.

Cette constatation réconfortante doit cependant être accompagnée de ses conditions de réalisation : il faudrait que, dans tous les pays et notamment dans les pays riches, une priorité absolue soit accordée à cet objectif, ce qui supposerait des sacrifices considérables, une solidarité quasi monacale, une diminution de la consommation des Occidentaux, l'abandon de la plus grande partie des armements. En outre, des migrations seraient, sans doute, nécessaires pour obtenir partout le meilleur rendement des terres, l'aspect financier cédant le pas, dans cette hypothèse, au souci de produire.

Or le temps du gouvernement mondial, entrevu vers 1950 s'est singulièrement éloigné. Pour que le monde fasse un effort véritable — on en revient constamment là — il faudrait que la situation s'aggrave suffisamment. Toujours cette idée d'équilibre qu'on peut traiter de cercle vicieux ou vertueux, selon son humeur !

Tout sauf l'agriculture

Que les divers pays en difficulté alimentaire n'aient pas eux-mêmes fait l'effort nécessaire — et de loin — ne peut être mis en doute. René Dumont, toujours lui, a dans plusieurs ouvrages retentissants mis l'accent sur le double problème des classes sociales et des techniques agricoles. On peut aussi dénoncer l'attitude générale de la ville et du gouvernement : au haut de l'échelle, les hommes sont suffisamment nourris pour avoir des nuits tranquilles. Même lorsqu'ils sont consciencieux et compétents, ils sont loin de faire porter le principal effort sur les campagnes. Cernés par des bidonvilles, dans leur ghetto princier, ils pensent, en quelque sorte, plus au ravitaillement qu'à l'agriculture. Dans la plupart des cas, l'effort sur celle-ci est très insuffisant.

Et tout y concourt : ces campagnes sont bénies, parce qu'elles nous nourrissent, mais maudites parce qu'il est dur d'y travailler et peu dangereuses parce que les hommes y sont dispersés. Dès lors tout reste à la ville : les dirigeants, les crédits et même... les agronomes. Que d'experts envoyés par les Nations unies à grands frais, dont l'effort de recherche se limite, redisons-le, à un séjour d'une semaine dans le Hilton du centre et une promenade en voiture, dans une région suffisamment routière ! D'abandon en abandon, de faiblesse en faiblesse, la priorité de l'agriculture se transforme en sacrifice, en dépit des études, montrant une rentabilité des investissements supérieure à celle de l'industrie, conséquence directe du retard même de l'agriculture.

En divers pays, surtout en Amérique latine, la réforme agraire indispensable se heurte à la résistance d'une classe sociale, intraitable et meurtrière. Voici, selon la Banque mondiale, la production selon la dimension de l'exploitation, vers 1960 (unités monétaires nationales par hectare)[1] :

	Petites exploitations familiales	*Grandes exploitations*	*Rapport*
Argentine	2 492	304	8,20
Brésil	1 498	170	8,80
Chili	334	41	8,20
Colombie	1 198	84	14,30
Équateur	1 862	660	2,80
Guatemala	63	16	3,90

1. Banque mondiale, *Réforme foncière*, 1975. Voir aussi, pour l'Amérique latine, René DUMONT et M. F. MOTTIN, *Le Mal Développement en Amérique latine*, Le Seuil, 1981.

La fuite

Abandonnée par les puissants, cette terre va l'être aussi par les humbles ; c'est la fuite, sans intention agressive, vers les grandes villes, où, paradoxalement, les hommes viennent chercher leur nourriture.

Ces bidonvilles sont donc grossis constamment d'un exode de paysans, qui, de producteurs possibles, se transforment en bouches inutiles. Dans cette famille, où il y a deux ou trois fils et où le père survit, grâce aux prodiges de la science médicale, si insuffisamment utilisée soit-elle, le cadet va tenter « sa chance ». Au lieu de compter marginalement pour zéro, en termes de production, il pourra là-bas mendier, voler et peut-être même travailler. Voici quelques chiffres significatifs [1].

		Population urbaine	*Population des taudis et bidonvilles*
Rio de Janeiro	(1961)	3 326 000	900 000
Lima	(1969)	2 800 000	1 000 000
Mexico	(1966)	3 287 000	1 500 000
Karachi	(1970)	3 000 000	1 000 000
Manille	(1968)	2 950 000	1 100 000
Ankara	(1965)	979 000	460 000

Ces chiffres, déjà anciens, sont très largement dépassés. On estime couramment que dans un pays dont la population augmente de 2 à 3 % par an, la population des villes s'accroît de 10 % et celle des bidonvilles périphériques de plus de 12 % par an. A Calcutta, elle atteint déjà près de 50 % de la population totale. Dans plusieurs villes, la densité des secteurs incontrôlés doit dépasser 1 000 à l'hectare. Pour réduire la misère le gouvernement maintient à un niveau bas les prix agricoles, ce qui a pour effet de décourager encore la production.

1. Bernard Granotier, *La Planète des bidonvilles*, Le Seuil, 1980.

Perspectives explosives

En matière de vues d'avenir, même en chiffres, le monde va vers l'avant, sans peur. Ces grandes fourmilières, nous ne connaissons pas bien leur population actuelle, mais, nous supputons celle de demain. Jamais l'extrapolation n'a été jugée plus facile. Voici, pour les dix principales agglomérations des pays en développement, la population actuelle et celle de l'an 2000 :

	(en millions)	
	1980	*2000*
Chang-hai	14,4	23,7
Mexico	14,3	31,0
São Paulo	12,4	25,8
Pékin	10,4	20,9
Rio	10,2	19,0
Calcutta	9,3	16,4
Bombay	8,4	16,8
Le Caire	6,9	12,9
Djakarta	6,8	15,7
Manille	5,4	11,4

De telles masses, autour desquelles se forment constamment de nouveaux anneaux, posent les problèmes éternels du logement et de la nourriture. Pour le prouver, après les rêves des absolutistes (« Il faut construire, pour tout le monde, des logements « modernes » »), une période de relative sagesse est venue de milieux réprouvés, réalistes dans leur idéologie libertaire. M. Turner, architecte anarchiste, qui a enseigné au M.I.T. et à Oxford, veut appeler les intéressés, non au pouvoir, mais à la collaboration. De meilleurs résultats sont alors obtenus et, plus encore, attendus.

Ces efforts intelligents laissent entièrement la question de nourriture, doublée de plus en plus, d'une difficulté de transport et d'approvisionnement, au péril de la sécurité. Une émeute générale, suivie de pillage des magasins du centre, peut, un jour d'orage, se traduire par une rupture des arrivages, suivie d'une fuite et de razzias dans les campagnes, à la recherche du vital.

Le menu des riches

Il y a bien des façons d'être, en toute innocence, coupable et même meurtrier. Le reproche suivant a souvent été formulé, contre les habitants des pays riches :

« Vous consommez des aliments animaux en excès, comportement nuisible non seulement à votre santé[1], mais à la vie des autres dans le monde. Or, pour produire 1 gramme de protéines de viande, il faut de 3 à 10 grammes de protéines végétales (selon qu'il s'agit de porc, de bœuf ou de poulet). Pour produire les quelque 80 à 100 kilos de viande que vous croyez nécessaire, il faut consommer divers produits estimables, comme les tourteaux, qui manquent alors à l'alimentation des hommes. Sur les quelque 1 200 millions de tonnes de céréales produits dans le monde, le tiers sert à alimenter le bétail des pays riches. Pour la seule alimentation de son bétail, l'Europe importe la production de 25 millions d'hectares. La terre du pauvre nourrit la vache du riche. »

A cette surconsommation s'ajoute celle des animaux domestiques. Chiens et chats, nourris naguère des restes qui aujourd'hui vont dans les poubelles, sont devenus bien plus délicats et exigent, du moins leurs maîtres l'affirment, une nourriture spéciale, prise elle aussi sur les réserves alimentaires mondiales[3].

Elle est déraisonnable au possible, la comptabilité en argent, en dollars : comme au Moyen Age et même comme au XIXe siècle à sinistre réputation, l'exaction dans une économie de subsistance se mesure non en espèces monétaires, mais en nature et en produits de la nature, surtout en aliments. Condamnez les multinationales, vouez-les en pensée aux pires châtiments, mais les bénéfices qu'elles réalisent sont minimes à côté de la consommation alimentaire du milliard de riches, si légale et « morale » qu'elle soit, qui, elle, se chiffre en vies humaines.

1. Pendant la guerre, la mortalité a diminué, dans les pays européens, où la diminution de la consommation est restée dans les limites raisonnables.
2. C. R. CONDAMINES et J.-Y. CARFANTAN, *Qui a peur du tiers monde ?*
3. Une émission de radio-télévision, qui dénonçait de tels excès en novembre 1981, a été suivie d'une publicité pour un produit d'alimentation des chats.

Seulement, ni M. Reagan, ni M. Mitterrand, ni M. Brejnev ne peuvent, un instant, songer à demander à leurs citoyens un effort de ce côté, si faible qu'il soit. A notre connaissance un seul homme a prêché l'exemple : René Dumont, toujours lui.

En attendant, moins du tiers de la population du globe consomme les 3/5 des ressources alimentaires. Et dès que l'on prend la grosse boule pour spectacle et pour champ de recherches, la seule façon d'éviter l'indignation et l'épouvante est de refermer vite le livre et la pensée. Les occasions de se détourner ne manquent pas.

Le grenier et l'arme alimentaire

En entendant parler de *stocks de blé mondiaux*, l'esprit de l'Européen est quelque peu libéré. « A tout le moins, vont-ils nous laisser quelque temps tranquilles grâce à ces stocks. » Certains en arrivent même à s'imaginer que la F.A.O. détient, à Rome, une bonne réserve dans quelque grenier, dont le directeur range soigneusement la clef tous les soirs. Ce que l'on appelle « stocks mondiaux », ce sont les excédents, le plus souvent privés, de quelques pays et surtout des États-Unis. De telles ressources donnent, ou peuvent donner, à leur possesseur un pouvoir politique, que l'on appelle l'*arme alimentaire*. C'est seulement des États-Unis qu'il est question, pour le moment.

Plus elle est efficace et plus elle est difficile à manier, cette arme : lorsque le président Sadate s'est réconcilié avec Israël, en dépit de tous les risques de l'aventure, le Sinaï n'a été ni le seul objectif, ni la seule compensation. Il vaut mieux être du côté du grenier plein que du côté des granges vides.

Plus ouverte a été l'action de blocus, lors de la mainmise des Soviétiques sur l'Afghanistan ; les dommages pour eux ont peut-être été plus sensibles qu'il n'a été dit. Mais, aux États-Unis, la pression des cultivateurs et des stocks a conduit à relâcher la rigueur et à reprendre les ventes. L'intérêt économique pousse à utiliser les richesses et non à les enfermer.

Quoi qu'il en soit, l'arme alimentaire est un sujet propre au débordement des passions. Si les États-Unis entendaient vivre en vase clos, ils ne risqueraient pas les mêmes invectives, tout en méritant davantage le reproche. Grands consommateurs de ces fameuses réserves mondiales, les Soviétiques sont bien plus responsables d'une famine à venir que les États-Unis. Étonnante contradiction [1].

Dégradation ou progrès ?

L'avenir, les changements en vue ? En rose ou en noir ? Tout dépend de votre lecture et de votre humeur.

Si vous désirez dormir en paix, cessez de voir en rêve ces millions d'enfants affamés, carencés, prenez les ouvrages ou articles offrant du bonheur, à en avoir le vertige. Ce sont les semences qui vont multiplier les rendements, la houe qui fera place aux labours de profondeur rationnelle, les pays illettrés qui apprendront à ne plus brûler les engrais, la nature asservie. Ce sont les terres irriguées par la désalinisation de l'eau de mer, à des coûts de plus en plus bas, grâce à la chaleur solaire, les microbes dociles serviteurs de l'homme, la télédétection spatiale, la nourriture synthétique... C'est, par la réforme agraire, la culture intensive, remplaçant le semi-abandon des latifundias d'Amérique latine. Ce sont, grâce à la génétique, les vaches donnant 5 000 litres de lait au lieu de 500, c'est la science fertilisant terres et cerveaux. Et ce sont, comble de l'ivresse, les microprocesseurs de J.-J. Servan-Schreiber qui suppriment la famine en Ouganda.

Mais vous pouvez plus souvent tomber sur des lectures alarmantes : ce sont les terres arables qui fondent, les forêts tropicales qui disparaissent, laissant le champ à l'érosion, les surpâturages, créateurs de sècheresse et de stérilité, c'est la marche implacable du désert, qui gagne quelques kilomètres chaque année. Dans cette action dévastatrice, c'est une compétition continue entre la nature elle-même et les hommes qui la massacrent.

1. Dans le même esprit, l'opinion en veut moins au commerçant improductif, mal organisé, qu'à celui qui, par sa bonne gestion, réalise des bénéfices.

Mêmes vues de paradis ou d'enfer pour les mers : sous l'action dévastatrice des appareils de pêche de plus en plus efficaces, l'océan se dépeuple et, déjà, sont en voie de disparition certaines espèces ; pour certains écologues, la mer devient un immense champ de mort, sous l'action des acides du pétrole, du D.D.T., etc.

Le relais est pris par les conquérants :

« Sachez regarder devant vous, l'humanité en est encore, sur la mer, au temps de la cueillette et de la chasse ! Une révolution comparable à celle du néolithique est à venir, multipliant par dix, ou bien plus, les ressources de cette masse immense en friche. »

Il ne manque que l'action. Cette armée puissante est plus riche en trompettes qu'en combattants.

En conclusion

Cette grande aventure a pour guide un misérable équilibre et pour risque d'immenses catastrophes. L'humanité joue avec la vie et la mort, incapable de prendre parti. On en vient alors à souhaiter une alerte sérieuse, propre à accélérer la tendance à plus de solidarité et plus de dépendance.

CHAPITRE VIII

Apôtres et bien-pensants

DANS ces vastes échanges internationaux, d'un caractère inédit, les intérêts en jeu, du moins directs et immédiats, sont assez faciles à discerner, à comprendre, même lorsqu'ils ne sont pas adroitement défendus. Les résultats sont de mieux en mieux mesurés.

Il n'en est pas de même des attitudes, des sentiments qui se manifestent, des jugements qui se forment.

Les deux camps appelés Nord et Sud ne sont pas séparés uniquement par la différence de richesses et cela même en dehors de l'influence du pétrole. C'est ainsi que le P.I.B. par habitant de l'Uruguay, du Brésil, de Costa Rica, n'est pas très différent de celui du Portugal et que ceux de Singapour, de l'Argentine, de la Yougoslavie, lui sont supérieurs. Parmi les 77, figurent les pays les plus riches du monde. C'est que le présent est moins lourd que le passé. Quatre siècles et demi de colonisation ne disparaissent pas par de simples signatures ni par l'égalité juridique dans la maison internationale.

Les faits et la morale

Séparer l'observation pure et le jugement est toujours délicat. Dans le domaine économique et social, l'ordre suivi le plus souvent est à l'inverse de la norme. Jugement de valeur d'abord, et ensuite seulement faits, plus ou moins déformés, en vue de le satisfaire. Nous essayons ici de saisir les faits d'aussi près que possible, quitte à laisser ensuite le champ libre aux jugements de valeur et de caractère moral.

Feu le colonialisme

Déjà, en 1919, des formes nouvelles avaient présidé au partage des dépouilles de l'Allemagne : la Société des Nations avait attribué à la France, à l'Angleterre et à d'autres, un *mandat* sur certains territoires, leur confiant une œuvre de progrès, qu'on n'appelait pas encore le développement.

En politique, il n'y a pas de crimes, mais seulement des anachronismes : quand Mussolini a envahi l'Éthiopie en 1935 « pour lui apporter la civilisation », il a été surpris par l'opposition de principe de l'Angleterre, grande puissance coloniale. C'est qu'il commettait justement le crime d'anachronisme. Retardant d'un demi-siècle, il opérait à une époque où « ça ne se faisait plus ».

C'est la grande colonisatrice l'Angleterre qui a, du reste, donné le signal de la décolonisation. Promise, en 1941, dans une période de détresse et accordée en 1947, l'indépendance de l'Inde a sonné l'heure du grand changement. Mais les autres pays coloniaux ne l'ont pas compris et ont, dès lors, été voués à des anachronismes sanglants. Pour la France, dix-sept ans de guerres folles ont résulté d'une attitude qui n'avait plus, pour sa justification, ni les faits, ni la morale.

La décolonisation a apporté au décolonisé, à ses débuts, plus d'honneurs que de profits. Quant au colonisateur, il a bénéficié d'avantages immenses, tant la charge pour lui était en passe de devenir insupportable.

Le « mauvais vieux temps »

Toute époque bénéficie, une fois écoulée, de la mythologie du passé béni, du bon vieux temps. C'est ainsi que le début du siècle, aux multiples horreurs sociales, a reçu le nom de « Belle Époque ».

L'ère coloniale échappe cependant à cette mythologie : loin d'être recouverte du voile rose traditionnel et de suggérer le sourire nostalgique, elle donne lieu à une réprobation unanime et persistante ; c'est l'époque du Mal, sans nuance, ni débat, puisque ceux mêmes qui ont exterminé les autochtones, dans les territoires qu'ils ont conquis, n'ont pas été les derniers à dénoncer les tares de la colonisation.

Les officiels des pays colonisateurs essaient aujourd'hui de détourner l'attention de cette période, bien que l'attitude de ces pays fût conforme à l'*esprit* de l'époque. Les critiques formulées au XVIIIe et surtout au XIXe siècle contre le système colonial prenaient surtout appui sur son coût. Au moment où Abd el-Kader a lancé sa révolte, il y avait, au Parlement et dans l'opinion, un fort courant pour abandonner cette terre sans or, mais non sans coût. Mais, une fois la révolte vaincue, le recul n'était plus possible ; c'est l'aventure du boa.

Regrets ou remords

A la période impériale, triomphante, a succédé, surtout chez les jeunes, une attitude assez confuse, chargée d'autocritique. Comme il arrive le plus souvent, l'excès passe à l'opposé.

C'est ainsi qu'aux États-Unis, après avoir longtemps sous-estimé les populations précolombiennes, et, par là, les pertes subies par elles du fait de l'invasion, les historiens sont tombés — du moins un grand nombre d'entre eux — dans l'excès opposé, surestimant ces populations, au-delà des limites permises par les techniques culturales du temps. L'opinion américaine est, elle-même, passée par une phase de culpabilisation qui explique la parution et le succès d'ouvrages tels que : *Et les bisons brouteront à Manhattan* [1].

1. Saisie d'une réclamation émanant des descendants des Indiens de Manhattan, relative à la vente de l'île, pour 60 florins à Peter Minuit, la Cour Suprême

Deux interprétations critiques

Parmi les critiques qui s'élèvent contre cette forme de domination, deux thèses se distinguent et se retrouvent dans discours et ouvrages.

1. *Le colonialisme a fortement enrichi les colonisateurs et appauvri les colonisés*, l'essor des uns n'étant dû qu'aux prélèvements et exactions sur les autres.

2. *La civilisation occidentale n'avait, au moment de la découverte du monde, aucune prépondérance, aucune avance propre sur les autres, et n'a résulté que de la conquête.*

Toujours soucieux de déculpabilisation personnelle, des historiens européens ont suivi et cultivé cette idée. Comme il s'agit surtout de faits, la thèse se prête assez bien à sa vérification. Il ne s'agit d'ailleurs ici que d'une analyse sommaire, propre à éclairer la suite de l'ouvrage. Voyons d'abord la première thèse.

Enrichissement et appauvrissement particuliers

Si le colonialisme a bien eu les effets annoncés :

1° *les pays non européens, restés politiquement indépendants*, ont dû connaître une progression plus rapide que les pays colonisés et bénéficier d'un niveau de vie plus élevé ;

2° *les pays colonisateurs* ont dû, en revanche, être plus riches que les pays européens, privés de colonies.

reconnaît le bien-fondé de cette réclamation et ordonne de restituer l'île, ce qui est bientôt fait. Nouvelle réclamation des Indiens : « Lorsque vous nous avez pris l'île, elle était couverte d'herbe, pour faire paître nos moutons. Enlevez donc tous ces bâtiments qui nous gênent, ces pavages, de façon que l'herbe repousse. »

Indépendants et colonisés

Les pays restés politiquement indépendants : Siam (devenu Thaïlande), Perse (devenue Iran), Éthiopie, Afghanistan, Liberia, Turquie, n'ont pas accusé de supériorité économique sur les autres, non plus que l'Amérique latine. Si celle-ci n'a pas suivi l'essor de l'Amérique du Nord et de l'Australie, ce n'est pas du fait de la colonisation ; l'Argentine était, au départ, aussi bien placée que l'Australie. La dépendance économique, où elle est tombée plus tard, a été la conséquence et non la cause de son moindre développement.

Tous les exemples concourent : Haïti, indépendant, n'a pas devancé la Martinique ou la Guadeloupe ; la République dominicaine n'a pas davantage pris le pas sur la Jamaïque ou Porto-Rico.

Celui qui examinerait la situation des divers pays, vers 1950 ou après, sans savoir ce qui s'est passé avant, aurait du mal à distinguer les colonisés des autres et si une différence était décelée, elle serait plutôt en faveur des premiers. Déjà en 1930, l'Inde et l'Indonésie avaient un meilleur réseau ferré que la Perse, l'Afghanistan ou la Thaïlande.

Les mines de zinc du Mexique ou d'étain de la Bolivie ont été exploitées d'une façon à peu près identique que les mines de fer d'Algérie ou les mines de cuivre du Katanga. Ces minerais n'intéressaient guère les habitants des pays en question.

L'interdiction initiale de construire des usines, dans les colonies, aurait pu entraîner un retard de celles-ci, mais finalement d'autres mécanismes ont prévalu, tels que le désir de faire des profits dans les pays colonisés.

Le test le plus significatif est celui de la population : dans un pays en économie de subsistance, une baisse du niveau de vie doit se traduire par une diminution de sa population. En dehors des massacres du début ou de l'expulsion brutale, le colonialisme d'exploitation n'a pas eu cet effet : la population musulmane de l'Algérie, par exemple a progressé autant, sinon plus, que celle de la Tunisie et du Maroc, avant leur protectorat. On doit certes reprocher aux colonisateurs de n'avoir pas fait plus d'efforts en faveur de la santé des peuples colonisés (c'était d'ailleurs leur intérêt), mais, l'évolution n'a pas été meilleure sous la direction de gouvernements nationaux. Et même aux États-Unis, la mortalité des Noirs n'était pas supérieure à celle des « pauvres Blancs ».

Laissons de côté les exactions initiales : en Amérique, l'économie des pays colonisés n'a reculé, ni en valeur absolue, ni au regard des pays non colonisés ; ceux-ci ont souffert autant, sinon davantage, des rigueurs de leurs propres gouvernements et des classes supérieures.

Chez les colonisateurs

Voyons maintenant du côté des pays européens : les uns ont eu, pendant deux ou trois siècles, des colonies, d'autres non.

Non seulement l'Espagne et le Portugal, grands colonisateurs, n'ont pas bénéficié de ces conquêtes pour leur développement, mais ce fut, au contraire, pour eux, le commencement de leur décadence relative.

L'essor des pays d'Europe s'est fait selon une toute autre loi :

1° *déplacement du Sud vers le Nord*, pour diverses raisons, à partir du XVIe siècle et relatif sous-développement du Sud ;

2° *propagation progressive du développement d'Ouest en Est* et de la côte vers l'intérieur ;

3° *obtention à bon compte des matières premières nécessaires à l'industrie*.

En 1914, et encore en 1939, le niveau de l'Angleterre était un peu plus élevé que celui des autres pays, ce qui pourrait justifier la thèse du pillage colonial. Mais cette supériorité, du reste légère, a précisément commencé à l'époque précoloniale. C'est, redisons-le, grâce au progrès antérieur de l'industrie et surtout de l'agriculture[1] que l'Angleterre a pu acquérir la prépondérance des mers et ensuite des terres.

Parmi les pays d'Europe continentale, aucun gain économique supplémentaire n'apparaît pour les colonisateurs. Le revenu par

1. On peut se reporter ici aux excellents ouvrages de M. Bairoch.

habitant, l'instruction étaient en 1913, en 1939, ou en 1950, aussi élevés dans les pays scandinaves ou en Suisse qu'aux Pays-Bas, en Belgique et en France. L'échelle des niveaux de vie n'a d'ailleurs été déterminée en Europe ni par les possessions coloniales, ni par les ressources naturelles, mais par le niveau culturel, au sens très large du mot. Le Danemark couvert de sables longtemps réputés incultes, dépourvu de mines, a réussi aussi bien que la Suède ou la Norvège.

C'est *l'ensemble des pays européens,* colonisateurs ou non, puis des États-Unis qui a bénéficié de l'ouverture sur les nouveaux mondes : matières premières échangées contre des objets fabriqués, selon un mécanisme apparenté à celui que l'on observe aujourd'hui, appelé parfois *l'échange inégal,* mais qui nous semble mieux mériter l'appellation de *partage inégal.*

La décolonisation

Elle a apporté une confirmation supplémentaire : aucun des pays colonisateurs, l'Angleterre mise à part, et pour d'autres raisons, n'a subi les graves dommages annoncés. En particulier, la « perte de l'Algérie » n'a entraîné, pour la métropole française, aucun arrêt de la croissance.

La colonisation de terres africaines a sans doute coûté à l'Allemagne, en termes financiers, plus qu'elle ne lui a apporté.

Le Japon a fourni un exemple tout aussi probant : le progrès de l'ère Meiji a résulté essentiellement des progrès de la technique et de la culture. Après 1945 et la perte de ses colonies, réputées enrichissantes, l'économie a, contrairement à la thèse classique de l'impérialisme, générateur de débouchés, connu un brillant essor.

Mais, cette fois encore, le cas de l'Angleterre ne confirme-t-il pas la thèse ? Non ; le recul de ce pays, depuis la guerre, est dû à des causes morales plus qu'à des facteurs physiques. Il faut citer, en particulier, l'effet de la sous-productivité dans l'industrie, maintenue traditionnellement par les syndicats, sous l'effet de la conception arithmétique du chômage, qui a tant fait pour répandre ce fléau. Longtemps favorisée, ou plutôt permise, par les gains réalisés sur l'extérieur, cette sous-productivité est aujourd'hui mortelle.

Finalement, et en excluant toujours le jugement moral, nous voyons la fragilité de thèses simplistes « rafraîchissantes » sur la colonisation.

Inversement, la décolonisation n'a pas provoqué un essor subit des pays décolonisés vis-à-vis des autres : Brésil, Mexique, Thaïlande ont progressé autant que l'Inde, le Pakistan, l'Afrique du Nord, etc. D'autres facteurs ont été prépondérants.

Finalement, sans modifier, toujours, le jugement moral, nous voyons la fragilité de la thèse :

1° *les pays d'Europe, colonisateurs ou non, ont tous bénéficié de l'ouverture sur le monde,* des matières premières du monde entier ;

2° *les pays d'Asie, d'Afrique, d'Amérique latine* sont restés à leur niveau antérieur ou ont accusé de légers progrès, qu'ils fussent ou non colonisés.

Voyons maintenant la seconde thèse, plus sévère encore.

Les origines de la civilisation occidentale

Elle a été exprimée par divers auteurs, notamment par l'historien français Charles Morazé.

Nous trouvons, en particulier, dans un ouvrage que ce dernier a préparé pour la Conférence des Nations unies sur la science et la technique au service du développement, en août 1979, le texte suivant :

> « Ce n'est pas grâce aux sciences modernes que le capitalisme commercial, industriel et militaire de l'Europe a pu coloniser le monde ; tout au contraire, c'est parce que l'Europe a traversé les océans, émigré vers les continents neufs et spolié des peuples, dont elle avait reçu bien des savoirs, qu'elle a ensuite (*sic*) inauguré et promu l'essor des sciences et se les est ainsi appropriées. »

Sans doute, la plume affective de ce remarquable historien a-t-elle dépassé sa pensée. Emporté par le mouvement de libération des idées, il s'est engagé dans une voie plus difficile, sur le plan scientifique, que politique. L'Histoire ouvre certes de larges galeries, elle présente un grand nombre de témoins, d'une diversité et d'une flexibilité complaisantes ; néanmoins et, sans nourrir le moindre amour-propre d'Européen (c'est le climat et l'environnement qui ont permis son essor, comme, en d'autres temps, celui de l'Égypte et de la Grèce), il n'est même pas nécessaire d'ouvrir une large chronique et de retracer l'essor de base. Gutenberg et bien d'autres sont, tout comme les frères Bureau, antérieurs à Colomb, et Copernic n'a guère dû profiter des pillages de Cortès.

Cette thèse déconcertante, de la part d'hommes de poids, est nourrie par une réaction viscérale contre les croyances, longtemps entretenues dans les manuels d'Histoire, vantant la supériorité raciale des Blancs et sous-estimant leurs méfaits. Le vent a tourné à l'opposé, aussi bien chez les Occidentaux que dans le reste du monde. Il n'est pas sûr que ce vent soit favorable à la construction commune que chacun juge nécessaire. Pour cette tâche, l'avenir semble plus utile que le passé, mais celui-ci mérite d'être fidèlement retracé.

« Non, car... »

La meilleure tactique, pour justifier la modestie de l'aide, est d'en parler le moins possible et de détourner le débat. Lorsqu'il faut absolument se disculper, le bon ton est de dire : « Je suis tout prêt à donner bien davantage, seulement...

1° l'aide que je donne n'est pas bien utilisée ;

2° je ne peux me mettre en état d'infériorité vis-à-vis des pays “ partenaires ”, c'est-à-dire concurrents ;

3° du fait de leur refus à peu près total, les pays socialistes peuvent armer encore davantage à notre détriment ;

4° ma situation actuelle est très difficile. »

Pour défendre, en 1981, les réductions de l'aide accordée par les États-Unis, le représentant aux Nations unies Jean Kirkpatrick a précisé que :

> « La meilleure façon d'améliorer les perspectives de croissance économique des pays en développement est de rétablir la santé de l'économie américaine. »

Argument classique : le chef d'entreprise annonce qu'il augmentera volontiers les salaires et l'aide sociale... le jour où son affaire sera plus prospère. Et inversement, charger le cavalier, c'est aussi charger le cheval...

Chez les gouvernés des pays riches, Ponce Pilate est roi. Aider, il faut le faire, bien sûr, mais c'est au gouvernement qu'il appartient d'agir, avec ses propres moyens. Toujours le mythe de la cassette du seigneur. Chaque classe sociale glisse comme une anguille entre deux obligations et chaque génération aussi ; tandis que les vieux se jugent hors d'affaire, les jeunes trouvent que cela passe par-dessus leurs têtes. Cela dit, personne ne refuse les 5 francs donnés à la quête d'un dimanche, pour soulager la conscience, au moindre coût.

« Moi, je... »

Le bien-pensant classique, qui cherche le confort d'esprit dans la vertu, a changé de camp, à la faveur, si l'on ose dire, des deux guerres : le souci, si bourgeois, de paraître a fait place au snobisme de la modestie (« mes quatre sous ») ; et les relations flatteuses sont plutôt du côté des artistes vedettes, voire des réprouvés, que des milliardaires. Serrant sa haire, avec sa discipline, le bien-pensant contemporain protège ostensiblement les humbles, tout en fraudant fiscalement « de tout son cœur » si l'on peut dire et en défendant avec acharnement ses intérêts. Honnie, bien entendu, la révolution verte. Les multinationales — cette providence des bons esprits — il faudrait les inventer, si elles n'étalaient pas leurs tentacules. Abondante et d'entretien facile est alors la littérature pharisienne, tant le souci de savoir est de mauvais ton.

Ainsi satisfaite, la conscience est cependant mise parfois en éveil par des faits nouveaux. C'est alors la reprise et la rénovation de quelques clichés, pour communier dans la bonne pensée. C'est que le bien-pensant est aussi dépourvu de courage que maître en ignorance.

Tombant un jour sur les tables de survie dans le monde, l'un d'eux s'est indigné de voir dix ans d'écart entre la vie moyenne d'un Européen et celle d'un Asiatique. S'il avait seulement bien lu, il aurait vu que la différence atteint jusqu'à 30 ans pour l'Afrique et s'il avait eu quelque idée de la question, il aurait su que le gain réalisé en une génération dans la plupart des pays peu développés est de loin supérieur au chemin parcouru pendant des millénaires.

Courant est le cliché vengeur : « Les riches deviennent de plus en plus riches et les pauvres de plus en plus pauvres. » Affirmation simpliste et démentie (p. 92), mais de « haute tenue morale ».

Le bien-pensant se garde d'attaquer les onéreuses autoroutes, de faire quelque allusion à la nourriture, trop riche, des pays riches (voir page 93), ou à sa voiture, logée de façon illicite dans la rue, qui oblige l'éboueur marocain à la contourner, poubelle en main.

Évitant avec soin les clichés officiels, ce grand moraliste préfère des formules creuses telles que « faire de ces sacrifiés des hommes à part entière » ou bien « le centre et la périphérie », quitte à les abandonner, lorsqu'elles sont passées dans le domaine courant.

La profession de Mme Warren

Hautement moralisatrice, cette pièce « amorale » de Bernard Shaw : Mme Warren, bourgeoise riche et respectable, élève sa fille dans le luxe et la vertu. C'est seulement une fois le milieu bien décrit, que nous apprenons l'origine de la fortune et des revenus : des maisons de prostitution en divers pays. Troublée par cette révélation, la fille ne modifie pas pour autant son existence, en quelque sorte de droit naturel. Et l'ami de la maison de lui faire observer que son appartement, ses bijoux, ses robes ont cette même origine, dont elle se tient pour innocente.

Les syndicats britanniques ont eu, un jour — assez tard il est vrai —, le bon esprit de reconnaître que la supériorité de leurs salaires, sur ceux de l'Europe continentale, prenait sa source dans la puissance commerciale et maritime qu'ils réprouvaient en toute occasion, de façon vertueuse et sincère.

Si exploitation des cent pays pauvres il y a, nous en sommes tous bénéficiaires, par les larges retombées du jeu économique. Les profits des multinationales sont dépensés chez nous, créant emplois et revenus. Et, en tous pays, les salaires sont en étroit rapport avec le revenu national.

Le pétrole

En brisant l'ordre établi, l'aventure de 1974 a troublé ces consciences pures. La souffrance a dû être vive. Quoi qu'il en soit, des seigneurs féodaux, n'ayant eu aucun mérite créateur, comme jadis les maîtres de forges ou les « rois » des États-Unis ou un Dassault, exploitent les plus humbles prolétaires du monde à la limite, souvent franchie, de la sous-nutrition, sans encourir la réprobation de ces âmes vertueuses. Dès l'instant que ces puissants se prononcent contre les gouvernements occidentaux, ils entrent dans le cercle de la bonne pensée, à l'abri des querelles mesquines.

Les pays de l'Est

Il serait vain de les accuser, cette fois, de versatilité opportuniste, tant leur position est d'une pureté permanente : « La misère des pays pauvres ne nous concerne pas, étant le fruit de l'exploitation coloniale ou postcoloniale. » Cette attitude singulière oublie que les républiques populaires, jusqu'en 1939, et la Russie elle-même jusqu'en 1914, ont bénéficié de l'exploitation, tout autant que les pays non colonialistes, scandinaves, Suisse et Grèce. Et il est difficile de dissocier la R.D.A. de l'Allemagne de l'Ouest du moins jusqu'en 1945...

Quant à la situation contemporaine, rappelons simplement que les termes de l'échange Est-Sud sont, dans leur ensemble, plus désavantageux encore pour le Sud que les termes maudits de Ouest-Sud.

La bonne pensée est sans défaillance.

CHAPITRE IX

Enfants gâtés

Les plus mécontents de leur sort, dans le monde, quels sont-ils ? Les affamés, les affligés de misère, de maladies, de parasites ? Nullement ; ce sont les nantis les bien nés, les Occidentaux. Exceptionnelle est leur aptitude à oublier les violents efforts et les souffrances de leurs pères, comme aussi le dénuement du reste du monde. Après s'être déchirés sans pitié, s'être à demi exterminés dans des guerres monstrueuses, que personne ne comprend plus, les Européens goûtent maintenant une paix de fin de civilisation ; avec le niveau de vie plus élevé qu'il n'a jamais été, en aucun pays, ni aucun temps, c'est la plainte continuelle, en pleine antinomie. « Ras le bol » est l'expression la plus commune. Combien de pays, dans le monde, dont les habitants faméliques souhaiteraient voir leur bol (de riz ou de soupe) rempli au ras !

Que les bénis, les pourvus, soient, dans chaque pays, divisés en patriciens et plébiens, en propriétaires et en sans-avoir, en personnes de haute culture et semi-illettrés est dans l'ordre des choses, ou plutôt des hommes. Cette lutte permanente de classes, de catégories sociales, donne une apparence de vitalité et serait bienfaisante, progressiste, si elle était éclairée. La démocratie ne consiste pas à s'unir, comme le disent naïvement des conservateurs, mais à *savoir se diviser*. Et comme ils ne savent pas le faire, ces hommes, leur bataille reste stérile, coûteuse, dans le noir et la confusion. C'est que, mystère parmi d'autres, cette société, qui connaît tout et se pique d'enseigner aux autres à tout connaître, ne se connaît pas elle-même et éprouve, de ce fait, les déboires les plus humiliants. Les scientifiques les plus éminents, mathématiciens, physiciens, chimistes, biologues, qui dans leur propre domaine poussent jusqu'au scrupule le souci de *savoir* et la crainte de l'erreur sont, dès qu'ils abordent le champ économique et social, plus affectifs encore que les autres et affirment, à l'abri de leur renom, des faits qu'ils ne songent pas à vérifier.

Loin d'éclairer, l'instrument le plus remarquable, parmi les remarquables, la télévision, entretient les erreurs, répète les plaintes des uns et des autres, et contribue à l'extrême à renforcer le mythe — révolutionnaire ou stérile — du Seigneur.

L'emploi, à qui perd gagne

Si, parmi les fruits les plus amers de ce refus de savoir, de cet accueil pervers aux seules choses agréables, il fallait choisir le plus significatif, c'est sans doute la montée continue du nombre des sans-travail qu'il faudrait désigner. Alors que les tâches à accomplir, présentes devant nous, criantes parfois, s'accumulent, alors que les besoins non satisfaits sont immenses, illimités, le « travail manque » à un nombre croissant de personnes. Ce monstre d'illogisme répond à une parfaite logique : refus de connaissance, refus des moyens jugés indésirables, refus du salut. Combien il est plus facile aux partis, aux classes, de s'accuser réciproquement et de s'en prendre aux gouvernements. Il est bien placé sur le siège, le pilote, l'homme appelé au pouvoir, bien assis, les mains au volant, les pieds sur les pédales et les yeux sur le tableau de bord. Seulement, ses bras, ses membres sont saisis par de multiples mains, de l'épaule aux ongles, du fémur aux orteils, tandis que pleuvent de tous côtés les conseils opposés, les *Verboten* contradictoires, les menaces divergentes. Qu'elle était limpide la démocratie de 1789, qu'elle était claire, l'idée du peuple souverain ! Nul ne pensait qu'un jour viendrait où le souverain ignorerait tout de ses propres affaires.

C'est sur la question, certes délicate, de l'emploi, que cette impuissance prend le plus une allure autodestructive. Dans ce domaine, le sottisier s'enrichit, tous les jours de perles recueillies aux meilleures bouches, sous les meilleures plumes.

Voici par exemple, l'avis de la très sage Commission nationale de la technologie, de l'automation et du progrès économique créée, en 1964, par le président Johnson et composée d'éminents experts :

« La montée du chômage depuis la guerre de Corée est due à l'action réciproque de l'élévation de la productivité, de la croissance de la population active et de la croissance insuffisante de la demande. »

Experts en effet, ils le sont, ces hommes puisqu'ils ont réussi à faire tenir, en deux lignes, les trois contresens essentiels, communs dans l'opinion. C'est grâce aux conseils de tels « experts », imbus des mêmes idées, sortis des mêmes universités et soucieux de plaire plus que de connaître, que les sociétés occidentales ont réussi le cumul de l'inflation et du chômage, jugé longtemps « impossible » selon les mêmes théories par les mêmes experts. Et, depuis cette sentence des experts, le sottisier a beaucoup gagné en volume, comme aussi le monde des sans-travail.

La déraison à flots

Ne disons pas que les idées sur l'emploi sont incertaines, et à côté des réalités ; elles sont *à l'opposé de la raison*, au point qu'elles en viennent à considérer l'homme inactif comme un être utile, presque bienfaiteur, et l'actif, le producteur de richesses comme un homme gênant, sinon dangereux. Dès lors, tous les coups — les mauvais surtout — sont permis. Le secteur productif est chargé, surchargé, jusqu'au moment où il plie et renvoie des créateurs de richesses parmi les si bienfaisants inactifs.

Ce sujet délicat qu'est l'emploi est le terrain de choix où personnes de haute culture et illettrés se rencontrent enfin, goûtant les mêmes sophismes. Sur les quelque 200 enseignants en économie, en France, combien en est-il qui aient pris le problème à bras-le-corps ? Deux peut-être ? « C'est beaucoup » dirait Martin.

Mais quc font-ils donc ces « médecins », ces hommes chargés, par la société, d'étudier les maux économiques et de transmettre leur savoir ? Leur activité est grande, mais elle évite ce sujet maudit, traité quand c'est nécessaire à la sauvette, ou noyé dans l'abstraction des calculs refuges. Que dirait-on si l'ensemble des professeurs de la faculté de Médecine décidaient d'étudier tous les maux qui affligent l'homme, excepté toutefois ceux qui affectent le poumon ? C'est à peu près ce qui se passe pour les économistes et l'emploi.

Le seigneur et maître

Pour l'ensemble de l'opinion, c'est à l'État qu'il appartient de fournir à chacun non certes un emploi, mais l'emploi *que l'individu désire*. Ce contresens apparaît déjà dans la Déclaration des droits de l'homme ; l'homme a droit à un emploi, dans la profession qu'il a choisie. Si cette absurdité n'a pas été dénoncée, c'est surtout en raison de cette attitude générale d'enfant gâté. Dans une vue plus claire, les emplois sont la contrepartie de besoins qu'il s'agit de satisfaire. Dans l'état d'avilissement contemporain, l'emploi doit être fourni par « le seigneur ». C'est un but en soi, l'efficacité n'est pas en jeu. Le Premier ministre français, Pierre Mauroy, qui décrète une croisade en faveur de l'emploi n'a fait aucune allusion à cette efficacité.

Dans ces conditions, les résultats n'ont rien pour étonner : le fléau chômage est plus grave encore par le dérangement qu'il provoque dans les esprits que par le dommage économique bien apparent et souvent dénoncé, l'indignation dans la voix. La majorité des moyens employés et la quasi-totalité des remèdes proposés sont propres à aggraver ce fléau social, ce qui donne un espoir de mieux faire.

Cette défaillance du jugement, qu'accompagne inévitablement la stérilité politique, est liée à un mal plus profond encore qu'il faut déballer au grand jour, la faiblesse générale des Occidentaux, ce péché capital plus que mignon qu'ils veulent à tout prix cacher.

Relaxe, relâche, laxisme, détente ?

Que chaque époque réagisse contre les excès de la précédente est dans l'ordre des choses et des hommes. Si le XIXe siècle a aujourd'hui une réputation de rigueur et même d'insouciante cruauté, c'est par souci de disculpation propre : « Nous, au moins, nous sommes humains. » Le libéralisme triomphant a lui-même, par réaction contre les règlements paralysants, été sévèrement darwinien. Que le meilleur gagne et l'emporte ; ramasser les épaves, les soustraire le plus possible aux yeux, cela va de soi, mais la lutte est, par elle-même, salutaire.

Chômage, inflation, crise, déficits, drogue, refus de l'enfant, criminalité, terrorisme, nuages qui s'accumulent, ont tous une même cause claire et générale : *la faiblesse.*

Pour être bien sûrs de ne pas défaillir, les divers pays s'étaient, au début du XIXe, placés sous l'autorité d'un despote impitoyable, l'étalon or. C'est seulement dans le respect de ce dieu que se concevait la liberté, créatrice et dépourvue de pitié. Il n'a pas été remplacé depuis la chute de l'étalon or, il n'y a plus de maître, plus de règle, mais une dérive continue. Nous sommes gentils, humains.

Sans savoir gré aux hommes de ce siècle maudit, du démarrage le plus extraordinaire qu'ait jamais connu l'humanité (la longueur de la vie à peu près stationnaire, pendant des millénaires, a doublé en un siècle de vingt-cinq à cinquante ans et le niveau de vie a, lui, bénéficié d'un triplement), nous leur reprochons ces rigueurs, cherchons, en bons pharisiens, à nous disculper, tout en relâchant les liens, en rejetant les devoirs. S'agit-il simplement d'une détente, d'un adoucissement des redoutables disciplines, d'un sourire, prenant enfin la place d'une mine crispée ? Il est permis de voir la chose ainsi et de se féliciter de cet adoucissement, car il a, répétons-le, grands mérites : affranchissement de la femme, des enfants, des serviteurs, etc. Seulement la pente est gentiment enivrante ; d'autres peuples sont passés, dans l'Histoire, par ce stade.

Que ce relâchement appelle un jour ou l'autre des conséquences sévères (la forte hausse du pétrole et l'augmentation du nombre de chômeurs ne sont qu'un prélude) ne conduit nullement à renoncer à lui ; il entraîne au contraire, à sa suite, de nouvelles facilités, dont la cruauté n'est qu'indirecte, donc attribuée à d'autres et à d'autres causes.

Conséquence logique de ces faiblesses : la diffusion de la drogue chez des jeunes, oisifs et désemparés, et le progrès de la criminalité, dans ces pays où tous les jours sont votées des lois, prises des mesures, en vue d'adoucir le sort des citoyens.

La révolution de mai 1968, commencée par les plus fortunés, dans les Universités et poursuivie par l'ensemble de la société, donnerait à croire, à l'envoyé de Sirius, que quelque Caligula s'était emparé du pouvoir, multipliant les exactions. La seule lecture des journaux, de toutes nuances politiques, de toutes idéologies et de toutes professions ne ferait que confirmer notre visiteur dans ses vues, appelant la chute et le châtiment de l'odieux tyran.

Le relâchement s'accentue, mais pas un seul gouvernement n'accepte seulement d'en reconnaître l'existence. Valéry Giscard d'Estaing et Raymond Barre se sont souvent exprimés devant l'opinion, sans jamais faire la moindre allusion à ce mal qui s'étend. Et François Mitterrand, partisan général « du changement », n'a même pas jugé utile de le dénoncer, ce qui eut été facile, en en attribuant la responsabilité au gouvernement précédent. Fidélité, continuité, lâcheté.

Jusqu'ici l'effet négatif du relâchement a été plus que compensé par le progrès technique, qui poursuit son chemin dans l'agriculture et dans l'industrie. Ce que créent le cultivateur, l'ouvrier, l'ingénieur, couvre encore pendant quelque temps les pertes, résultats de l'inaction et du laisser-aller des services publics, comme aussi des erreurs économiques.

Silence et discrétion

Lorsqu'une civilisation se désagrège lentement, se contentant de jouir des efforts antérieurs et des apports extérieurs et se laissant aller au seul souci d'éviter les épreuves, le mot le plus apte à résumer cet état de choses est décadence, mais précisément, il faut se garder de le prononcer. De vigoureux tribuns des divers bords s'entendent, en quelque sorte, pour condamner ces pleureurs, ces défaitistes, alors que « de toute évidence », la responsabilité des malheurs aujourd'hui, des catastrophes demain, incombe à ceux de l'autre camp, soit à ces réactionnaires qui s'attardent dans un monde dépassé, soit à ces idéologues naïfs, qui ignorent les réalités les plus franches, jusqu'au jour où celles-ci prennent leur cruelle revanche.

Les mots bannis sont toujours les plus directs ; c'est pourquoi, il est devenu bien difficile de prononcer les mots de *lâcheté* ou d'*hypocrisie*. Non moins interdit est le mot redoutable de *décadence*, qui troublerait nos consciences et risquerait de provoquer une réaction de vie.

Dans quel sens, la vie ?

Comment entendre cette notion de réaction vers la vie, quand c'est précisément la vie qui se retire de ce corps vieillissant ? Cette société qui entend jouir de son reste, qui annonce, sans cesse, son intention d'aider les jeunes, n'aime pas les enfants et les refuse. Toutes les institutions sont dirigées contre eux ou, ce qui revient au même, conçues de manière à se passer d'eux. Depuis plus de vingt ans, les efforts, les lois ont été édifiées en vue de les éviter. Alors que deux époux sans enfant bénéficieront de deux retraites, la femme écrasée par la charge de quatre enfants qui *assureront la retraite des autres* n'a, elle, pas droit à une retraite, n'ayant pas fourni de *travail marchand*. Que, dans ces conditions, les générations n'assurent plus leur propre renouvellement n'est qu'une suite logique et, en somme, *voulue*.

Bien entendu, ce refus de la vie se voit attribuer bien des justifications. « Les temps sont si durs », est-il dit, que notre société ne peut pas assurer sa propre continuation. Toujours le grand maître Jérémie. Et, du coup, 2 millions d'enfants ont été refusés et en quelque sorte remplacés par 5 millions de chiens, combien plus fidèles et moins onéreux...

Les plus grands efforts que consent, dans ce domaine, la société, elle les déploie à refuser de voir la cause fondamentale de la faiblesse, le vieillissement, et va jusqu'à contester l'existence de ce phénomène gênant [1], la donnée la plus sûre, la plus implacable de toutes. Pressenti et dénoncé par Péguy, ce vieillissement se traduit par un affaissement de la volonté et un refus de la réalité. L'objectif est d'assurer à tout le monde une retraite paisible et cela à un âge aussi bas que possible. Le mot *retraite* a alors une résonance sinistre : c'est l'ensemble de la nation qui cherche refuge dans la retraite.

Ainsi cette société qui prévoit tout, qui crée des assurances contre toutes les épreuves, est assez altruiste pour s'oublier elle-même, en sacrifiant son propre avenir.

Les seules populations d'Europe occidentale qui assurent encore leur propre survie sont précisément celles qui sont attardées dans l'évolution technique et sociale : Irlande, Portugal, Espagne et Italie méridionales. Quant aux pays socialistes, ils réagissent vigoureusement, telle la R.D.A., qui, *grâce à des lois familiales,* a obtenu un progrès de 46 % sur le taux de natalité.

Le plus troublant, dans cette question vitale, est de voir que les partis, les idéologies les plus avancés, donc, en principe, les plus tournés vers l'avenir, sont les moins soucieux de retrouver le chemin de la jeunesse. Les communistes eux-mêmes qui, naguère (Maurice Thorez et Jeannette Vermeersch), étaient les plus ardents à lutter contre tout malthusianisme, se sont, dans ce domaine, « embourgeoisés », sans presque s'en apercevoir. « C'est la vie, comme on dit. » « A chacun selon ses besoins », formule remarquable, mais dont il faut exclure les enfants !

Il est vrai que l'arrière-pensée est claire : nous manquons d'enfants, mais nous aurons toujours la ressource de prendre les enfants des autres, comme nous l'avons fait systématiquement, en appelant les jeunes des pays pauvres à venir servir chez nous. La migration est, juge-t-on, moins coûteuse que l'élevage.

1. Dans le rapport *Vieillir demain* publié en 1980, on peut lire : « Ni la France, ni sa population ne vieillissent réellement. » Ce n'est pas comme on pourrait le penser une faute d'impression. L'auteur de ce texte étonnant est aujourd'hui ministre d'État.

Les bureaux et le noir

Pour assurer à tous ses membres les moyens de vivre, la société ex-libérale a multiplié les lois protectrices : les hommes au pouvoir essaient de tout prévoir, de tout garantir, y compris bien des privilèges de ceux du dessus.

Bien entendu, le « protégé » universel entend conserver le droit de régler sa vie comme il l'entend et, par exemple, de refuser un travail qu'il estime ne pas lui convenir. C'est l'attitude universelle : être aidé tout en restant libre. La contradiction s'accentue d'année en année. Comme le réseau serré des lois et des règlements rend les mouvements difficiles, comme il ne parvient même pas à bien les connaître, ce « protégé » viole les propres lois conçues pour l'aider : c'est le *travail noir,* à l'opposé de la *rigidité,* qui paralyse l'économie.

Le travail noir, c'est un curieux retour à la « jungle libérale », mais, cette fois, dans la clandestinité et la peur d'être pris. Devant sa montée en tous pays, en tous régimes, les économistes, plus terrorisés que jamais, n'osent pas se prononcer. C'est qu'une fois de plus, la morale et l'efficacité ne rendent pas le même jugement.

Sans prétendre formuler un jugement de large portée il est curieux de comparer deux pays aussi distants que possible : la Suède et l'Italie :

En Suède, ordre remarquable, syndicats intelligents et soucieux de progrès économique, peu de grèves, patrons sociaux, lumière partout.

En Italie, désordre profond, brigades rouges et violences, travail noir étendu, souvent toléré.

Prenons le test le plus significatif, le progrès du P.I.B. par habitant de 1960 à 1980 : le rythme annuel moyen a été de 2,9 % en Suède et de 4,6 % en Italie. Sans doute est-il plus difficile de progresser pour un pays très développé ; néanmoins la différence est frappante et inattendue. Le travail noir a réglé un grand nombre de problèmes, permis de multiples activités qui ont profité au travail régulier. Cette constatation n'est pas une approbation : comme le libéralisme lui-même, le travail noir est cruel ; de son fait, des vieux n'ont pas la retraite qu'ils pouvaient espérer, des jeunes sont proprement « exploités », dans le sens péjoratif du mot, etc.

De droit divin

Des cinq parties du monde, les matières premières du monde entier affluent dans les pays riches, pour le bien-être élevé de ces privilégiés. Loin d'apprécier cet avantage, les intéressés considèrent leur situation comme un droit, un droit divin. C'est la psychologie du robinet : « D'où vient le café ? — De l'épicier. — D'où vient le vêtement ? — Du magasin. — D'où vient l'essence ? — De la pompe. » Ce concept de droit divin est le résultat d'une carence affligeante de l'enseignement et de l'information, sur ce point vital.

Ce n'est pas un hasard, si la première atteinte à ces vues béates s'est faite sur l'essence et les carburants, c'est-à-dire sur le terrain de la plus grande illusion d'enfant gâté.

Assurés tous risques sauf...

Dans cette étrange aventure, l'observateur va de surprise en surprise.

Toute l'activité, toute la vie de l'Europe, la santé de ses habitants, tiennent au flux de pétrole qui vient d'une région qui ne passe pas pour être d'une sûreté absolue. En 1979, M. H. Aujac a décrit, en chiffres dramatiques, le sort de la France dans le cas où le flux cesserait subitement de couler. Encore a-t-il été volontairement très indulgent, en attribuant aux Français une docilité exemplaire, dans des conditions explosives. Cet ouvrage a distrait les uns et les autres, selon une attitude classique des jeunes enfants : « Fais-moi peur. — Hou ! — Oh comme tu m'as fait peur. » L'émotion n'a pas dépassé celle que l'on ressent au spectacle d'un film d'épouvante et aucune mesure n'a suivi[1].

Le Français, l'Allemand, le Hollandais, le Suédois sont, de la naissance à la mort, couverts par un réseau d'assurances : maladie, accident, incendie, gel, inondation, grêle, tout est assuré... excepté la catastrophe qui menace. Que l'Arabie Saoudite, travaillée de multiples côtés, subisse un sort analogue à celui de l'Iran et nos vies sont en danger. Mais aucune prime, aucune précaution, n'est seulement envisagée.

La nature

Éloignés de plus en plus de l'ingrate *nature,* les enfants gâtés consomment de plus en plus de nature, celle des autres, d'ailleurs, largement gaspillée. Il y a certes des opposants de bonne volonté, les écologistes, mais ils ont, avec leurs adversaires, une qualité commune, si l'on peut dire, le manque de courage. Mieux intentionnés d'ailleurs qu'informés, ils maudissent la seule industrie qui ne tue pas, l'énergie nucléaire. Sans faire un pas pour compenser la perte d'énergie, énergie qu'ils demandent (toujours la mythologie du seigneur) ils ont laissé détruire des centaines de milliers d'arbres de la région parisienne, pour les autoroutes 86 et 87. Intervenant sans discernement un peu partout, donnant l'illusion au pays qu'ils jouent un rôle protecteur, ils détruisent, par leurs faiblesses, la pureté de leurs intentions. Sancho Pança déborde largement Don Quichotte.

Les robots

Sans être nouveau, le mot connaît une nouvelle fortune, prenant aux yeux de l'opinion tantôt la figure du malfaisant destructeur d'emplois, tantôt celle de la fée généreuse semant

1. En 1981, François FEDER a traité le même sujet sous forme de roman : *La Crise ultime* (Economica), sans provoquer plus d'émotion.

l'abondance. Les croyances, les légendes sont aussi vivaces qu'au Moyen Âge.

Telle est la peur de regarder bien devant soi que les deux hommes éminents que sont Simon Nora et Alain Minc, chargés d'explorer les terres nouvelles de l'informatique, n'ont pas osé examiner les conditions futures de l'emploi, plus satisfaisantes du reste que le donnent à croire les vues limitées de l'opinion et des grands prêtres.

Même abstention chez les économistes ; aucun n'ose se mettre en travers des automatismes, mais aucun n'a la volonté de construire un modèle, celui d'une société qui confronterait ses possibilités et ses besoins.

Ce cher corps

C'est le grand succès de cette société, le plus glorieux et le plus humain. Non seulement l'art de protéger la vie et de la prolonger a fait des progrès considérables, mais ses bienfaits ne sont plus le monopole d'une faible minorité de privilégiés. Le résultat est l'œuvre de la primauté de la science, d'une sorte de dictature et du recours continu à l'expérience. Loin de ces méthodes, l'économie 1982 est l'équivalente de la médecine du temps de Molière.

Se profile maintenant la « menace » de résultats meilleurs encore : le coût de plus en plus élevé des thérapeutiques : les 50 000 Américains qui survivent grâce à un rein artificiel ont coûté à la collectivité plus d'un milliard de dollars en 1980, auquel s'ajoute la charge de leur inactivité. Le coût d'une prothèse cardiaque s'élève à près de 200 000 francs, somme nécessaire également au traitement annuel d'urémiques ou de diabétiques.

A ce poids croissant, impossible à refuser, s'ajoute celui qui résulte du vieillissement de la population pendant le siècle qui vient. Dans la meilleure hypothèse, il absorbera les gains permis par le progrès économique et non détruits par les bureaux et le laxisme. Dans une vue plus réaliste, il entraînera une extension discrète de l'euthanasie passive, accompagnée des disculpations usuelles.

La douce minute

L'enfant gâté recherche, en somme, une époque tout agréable, souriante et facile, où il est libre et aidé. Il la trouve dans le commencement de la fin d'un régime social. Alors, entre l'ordre et le désordre, règne un moment délicieux. C'est l'heure de la jouissance et de la consommation. Le corps social perd doucement son lendemain.

« Les yeux se perdent et se ferment. La durée sans contacts s'affaiblit. L'esprit s'ouvre les veines dans un rêve [1] .»

C'est l'heure de la jouissance... et des lamentations.

1. Paul VALÉRY, *Le Bain*.

CHAPITRE X

Le passé et le sacré

TOUTE religion, abandonnée par une société, est vite remplacée par d'autres croyances, plus discrètes, mais non moins solides. Les nouveaux articles de foi sont, comme les précédents, hors de l'observation scientifique et à l'abri de toute dénégation rationnelle.

Le caractère sacré, qui touche certains aspects de notre vie sociale, ne s'accompagne d'aucune mystique, d'aucune extase, mais entraîne des attardements, aussi onéreux qu'ignorés. Parmi les sanctuaires contemporains, citons les plus respectés : la propriété ; le syndicat ; la durée du travail professionnel ; la voiture et la route.

La propriété

Elle a certes ses adversaires, du moins pour les biens de production, mais plonge si profondément ses racines, qu'elle ne subit sur les points essentiels que de légères atteintes et que celles-ci troublent néanmoins fortement la société. Autant le droit d'*ajouter* une consommation gagnée par le travail paraît élémentaire (c'est le propre de l'épargne et de l'accumulation pendant la vie et un peu au-delà, comme pour les droits d'auteur), autant la transmission indéfinie, de génération en génération, est oppressante. Si vive est, en France, la résistance aux droits de succession, que la société entière en souffre stoïquement et que les partis les plus avancés n'osent pas trop s'aventurer sur ce terrain.

Résistance analogue contre l'impôt foncier ; donc défense de l'appropriation du sol national et notamment du sol urbain. La séparation du sol et des bâtiments construits dessus, souvent proposée, s'est toujours heurtée au sanctuaire, si bien qu'une rente injustifiée se prolonge d'année en année, de siècle en siècle. Ne pouvant s'attaquer au sacré, l'action s'exerce contre les résultats (la législation des loyers par exemple, dont le coût national dépasse toutes les évaluations tentées jusqu'ici) ou par des voies illégales (occupants sans titre, que l'autorité n'ose expulser).

Les Français ignorent les vertus créatrices de l'impôt foncier sur la terre. C'est grâce à l'impôt fixe élevé (georgisme) que le paysan danois a cherché des rendements élevés et réalisé une performance, jugée hors de portée. C'est en vertu du respect au sacré que l'agriculture française est encore attardée sur ses voisins, plus imposés. Et que dire des forêts ?

Communisme, capitalisme ? La société pourrait éviter les deux maux résultant de ces deux régimes. Il faudrait seulement que le domaine public soit géré en vue du profit. Sacrifice d'amour-propre bien plus que d'argent.

Le syndicat

Pour résister à l'oppression de la propriété privée, les travailleurs n'ont eu longtemps pour seul recours que l'union, sous la forme de syndicats. La pression exercée ainsi sur l'entreprise a largement contribué au progrès technique, le chef d'entreprise cherchant à défendre ou à reconstituer son profit menacé. Dans les pays où le travailleur est satisfait, comme en Inde, son sort reste misérable.

La société a toutefois évolué et, par sa solidité même, le système de défense a dévié : la décision de quelques hommes sans mandat peut aujourd'hui suspendre la vie économique d'un pays, mettre des vies humaines en danger et compromettre toute application de la loi. Le pouvoir, sans responsabilité. Du fait même qu'elle a été longtemps le seul recours, la grève a un caractère sacré même lorsqu'elle touche un service public. Or, il n'y a aucune institution qui crée autant d'inégalité entre les travailleurs. Sanctuaire.

N'étant pas reconnu, défini, par des textes législatifs ou constitutionnels, le syndicalisme n'a d'autre limite que ses propres excès. La lutte contre le pouvoir politique est inégale, puisque seul celui-ci est contenu, dans des limites bien définies.

En France, en Angleterre et ailleurs, les syndicats ne peuvent être mis facilement en accusation, même s'ils violent le Code civil, même s'ils attentent à une personne (séquestration) et lorsque, néanmoins, un tribunal les condamne, la sentence n'est pas exécutée.

Ni les conservateurs (Edward Heath, Margareth Thatcher) ni les travaillistes (Harold Wilson, James Callaghan) n'ont pu faire triompher le pouvoir légal, issu du suffrage universel. Le caractère sacré du syndicat est ainsi pleinement accusé.

Même terreur glacée en France : les constitutionnels apeurés ont laissé aux parlementaires le soin de défendre leurs droits, mais ceux-ci n'ont même pas osé user des leurs.

En Suède, les veto des syndicats, tous justifiés par quelque souci légitime, s'entrecroisent et parviennent à l'immobilisation.

Le syndicalisme a une puissante raison d'être. Alors que, depuis deux siècles, la société marche vers la démocratie et admet parfaitement le terme, dans l'entreprise, c'est, dans bien des cas, la monarchie absolue, héréditaire. Ainsi le syndicat est le monde du paradoxe : fortement opposé à l'avancement au choix il est le seul domaine où l'on puisse percer, s'élever, par sélection. Mais ces hommes de grande intelligence ne peuvent, une fois au sommet, l'utiliser.

Contester le syndicalisme, ce serait revenir en arrière. Aussi celui qui s'en prend à un syndicat, ou à l'ensemble, est vite classé comme réactionnaire et voué à l'isolement. Sur toute cette affaire, plane le remords de la société bourgeoise vis-à-vis de l'oppression du XIXe siècle, oppression qui n'a pas été plus sévère que vis-à-vis des paysans de l'ancien ou du nouveau régime, mais combien plus visible et culpabilisante. Devant cette puissance quasi divine, les ménages de toutes conditions tremblent de froid et de peur, un jour de grève de l'E.D.F., devant leur radiateur glacé, tandis que des malades, au moral déjà peu solide, sont tourmentés dans leur abandon par le personnel hospitalier, sans oser se plaindre. L'infirmière la plus humaine n'ose pas enfreindre un veto du syndicat. Sacré !

Le plus dramatique de l'aventure est que les chefs de la centrale syndicale sont, eux-mêmes, prisonniers, prisonniers de leur base. Impossible pour eux de suivre une véritable tactique, un calcul à moyen terme ; à tout moment, il leur faut agir directement, au plus près, se préoccuper du salaire immédiat plus que de la marche vers l'autogestion, etc., d'où l'extrême rigidité du système social, cause essentielle du chômage qui monte.

Le syndicalisme n'est pas seulement ouvrier ; une fois de plus, les plus mal placés sont ceux de la terre, parce que la nature ne refuse jamais de sécréter ses richesses. Les chefs d'entreprise peuvent, plus discrètement, unir leurs forces, consolider le mur d'argent, ce qui justifie les nationalisations, longtemps tenues pour le mal en soi. Ce sont les transporteurs routiers qui ont, en fait, renversé le régime Allende.

Peut-on parler de régime féodal ? En aucune façon ; c'est une crispation, dont personne n'est responsable, dès l'instant que le présent, hérité du passé, est sacré.

Pour construire la maison socialiste, il faudrait environ deux ans, période pendant laquelle nous vivrions un peu à la diable. Le syndicalisme ne le permet pas. Tension partout, tension permanente, rigidité stérile.

La durée du travail

C'est, cette fois encore, une persistance cristallisée du XIXe siècle qui résiste à tout argument rationnel. La diminution de la durée du travail est, affirme-t-on, « dans le sens de l'Histoire ».

Ceux qui emploient cette expression, empreinte de soumission, ignorent malheureusement l'Histoire.

Aux débuts de l'industrie, le travail à l'usine a, à l'image de la campagne, occupé toute la journée du lever au coucher du soleil ; cela donnait, surtout en été, des journées de douze ou treize heures. Mais il ne s'agissait pas de travail, au sens où nous l'entendons aujourd'hui.

Le menu des travailleurs ne dépassait guère 2 200 ou 2 300 calories par jour, ce qui, déduction faite du métabolisme basal, ne laissait guère que 700 à 800 calories disponibles pour l'effort musculaire. Lorsque la journée a été réduite à 10 heures et même à 9, les travailleurs ont pu aisément maintenir leur production, puisque *celle-ci dépendait non de la durée du travail, mais de l'énergie musculaire disponible*.

De cette évolution est restée une idée naïve. « A chaque réduction de la durée du travail, les patrons et les économistes ont annoncé des dommages, voire des désastres, qui ne se sont pas produits. Cela s'est toujours arrangé ».

Il n'y a pas un Français sur mille, ni un ministre sur les quarante, qui connaisse en 1982 les conséquences de la semaine de 40 heures, décidée en 1936, sans réflexion, mais sous le souffle du « sens de l'Histoire ». Rechute d'une production qui montait en flèche, baisse et freinage dramatiques de la production d'avions, non-prolongement de la ligne Maginot... Voici, en France et en Allemagne, la production d'avion :

	France	*Allemagne*	*Allemagne / France*
1935	240	1 800	13,3
1936	280	2 880	10,3
1937	450	4 320	9,6
1938	500	6 600	13,2
1939	2 002	8 400	4,2

Écartèlement en 1938 et progrès considérable de la France en 1939, après l'assouplissement, mais trop tard. Ce progrès aurait pu et dû être plus important encore. Les Français croyaient naïvement que l'allongement de la durée du travail en question ne concernait que l'armement lui-même, oubliant la nécessité, pour celui-ci, d'un important soubassement économique. La semaine de 48 heures, dans l'industrie aéronautique, n'a donné, au début de 1939, qu'un appoint équivalant à 18 000 personnes. La semaine de 48 heures, *dans l'ensemble de l'économie*, aurait fourni l'équivalent de 2 millions de personnes. Le vingtième seulement de cet effectif, avec les transpositions nécessaires, aurait donné 100 000 travailleurs pour l'aviation, soit plus de cinq fois plus.

Jamais le respect du sacré n'a joué avec plus d'intensité que sur ce drame. Périsse la défense nationale plutôt qu'un principe. Sur cette aventure, un voile épais a été ensuite jeté, *que personne n'a songé à soulever.*

Les services publics

Dans ce secteur d'importance croissante, la productivité horaire ne peut pas augmenter comme dans l'industrie ; d'ailleurs, le laxisme entraîne sa diminution dans les bureaux.

Si, dans certains services, comme le téléphone, la technique a permis des progrès considérables (en rapport avec les besoins), par contre la distribution urbaine des lettres se fait toujours de la même manière ; la suppression des concierges à Paris et ailleurs a même encore accru leur tâche. Dans l'enseignement, dans la santé, dans la police, dans la recherche, les progrès matériels réalisés sont compensés plus encore par l'augmentation des besoins, et comme il a fallu, néanmoins, réduire la durée du travail les effectifs sont partout inférieurs aux nécessités ; *il n'y a pas un seul service public dont le directeur ne se plaigne de manquer de personnel.* Il y a, en fait, *dégradation des services rendus.*

Le temps perdu dans une poste, une gare, une mairie, vient en déduction du gain réalisé sur la durée du travail professionnel et le dépasse parfois. Il n'y a plus d'agents dans les rues, ce qui accroît le nombre d'agressions et de cambriolages. Le nombre des agents ne pourrait-il être augmenté ? Assurément mais en rognant sur le budget d'un autre secteur par une compensation financière, en un autre secteur ?

Bref, il serait nécessaire de faire un bilan total des gains et des pertes, mais, cette fois encore, un seul plateau de la balance est observé. Sanctuaire. Son coût, dans les années 80, va se révéler très élevé, mais personne ne le saura, car d'autres causes seront invoquées.

La voiture et la route

Et voici le quatrième sanctuaire, le plus récent sans doute, mais le plus solide et le plus onéreux aussi.

Dans tous les secteurs de l'économie, dans tous les domaines sociaux, s'élève un débat bienfaisant, où s'opposent le pour et le contre, les dominants et les dominés. Une exception : la route, la voiture et les carburants. Il ne s'agit pas seulement d'intérêts, mais de religion. C'est le seul domaine, en effet, où l'opinion publique se trouve du même côté que les plus puissantes entreprises et où aucune lumière n'est possible. De ce fait, les deux tiers supérieurs de la population oppriment, certes sans le savoir, le tiers inférieur, incapable de se défendre, n'ayant ni avocats, ni porte-voix, ni même conscience de son infortune ; les transports en commun sont, eux aussi, sacrifiés à la divinité.

L'enseignement de la religion s'appuie sur deux dogmes :

1° *la voiture est victime* de l'État et, en particulier surimposée ;

2° *l'industrie automobile est l'industrie pilote*, qui assure la prospérité économique générale, en particulier par les emplois qu'elle procure.

Il ne faut pas toucher à ce tabou ; d'où l'inviolabilité du dogme, en particulier dans la presse de *toutes opinions et sur les ondes de toutes chaînes*.

Incroyants ou critiques

Du fait du caractère sacré et de la puissance des grands prêtres, il ne peut y avoir d'opposition organisée, concertée. Seuls quelques isolés s'efforcent de combattre telle ou telle conséquence dommageable, mais ils sont dépourvus de porte-voix.

Quiconque a la possibilité et le désir de pénétrer le vrai découvre avec étonnement que le vrai est à l'opposé du dit et de l'écrit. Voici quelques exemples :

Sur la *question fiscale*, des bilans financiers de la route ont été établis à diverses reprises par des chercheurs soucieux du vrai (... Lammers, G. Malignac, C. Gotchac...). Loin des chiffres extravagants prodigués par la profession et notamment l'Union routière, le bilan est, pour l'État, plutôt négatif. Le rapport officiel de la Commission des comptes des transports de la nation, lui-même, donne un solde positif faible en faveur de la collectivité, bien qu'il ait négligé un facteur aussi important que l'espace ! Les bilans privés n'ont jamais été reproduits et le bilan de la Commission, semi-sacrilège, ne bénéficie, lui-même, que d'une très faible publicité.

Le privilège est partout : habitez-vous une maison, un logement même modeste ? Vous devez une taxe d'habitation. Pour un simple lavabo, ne parlons pas d'une douche, votre taxe est majorée. Mais si vous avez une caravane de luxe, avec salle de bains, vous ne payez rien. Des promoteurs commencent même à installer des parcs de caravanes, pour bénéficier de cette gratuité, également étendue aux motocyclettes, pour la plupart japonaises.

Et toute recherche, nécessairement sacrilège, permet de découvrir les sacrifices consentis à l'objet sacré, prétendu surimposé.

Sur la question de l'espace (encombrement notamment) non seulement le bilan officiel néglige ce facteur, mais l'étude de M. J. M. Beauvais[1] sur le coût de l'encombrement de la région parisienne a été passée totalement sous silence. Ce coût est très supérieur au déficit financier de l'ensemble de la R.A.T.P. et de la S.N.C.F. (région parisienne). Les pouvoirs publics eux-mêmes n'ont pas osé se servir de cette révélation sacrilège d'où pertes considérables en argent, en temps et en intelligence.

Et tous les jours, les dollars partent en fumée, dans le respect général de la religion.

Sur la question de droit public : les rues appartiennent à l'État ou aux municipalités. Ce droit, toujours respecté jusqu'ici, a été violé par les voitures, sans soulever la moindre objection.

Installez votre machine à laver sur la chaussée, même sur une plate-forme roulante, la police vous conseillera vite d'aller la chercher à la fourrière. Cependant, si votre plate-forme possède un moteur, même peu apte à la marche, vous pouvez rester ainsi

1. « Coût social des transports parisiens », *Economica,* 1977.

indéfiniment, en changeant votre appareil de place, dans les formes réglementaires.

Il y a plus, car, en ce domaine, nous allons de miracle en dévotion : sous la pression de la profession, le gouvernement français a non seulement autorisé la fermeture à clef des véhicules (appropriation d'un bien public), mais interdit à la police de demander l'ouverture éventuelle des voitures en stationnement, disons plutôt en *logement*. Cette interdiction, précieuse pour les truands, a assimilé la voiture à un domicile, consacrant ainsi l'*appropriation d'un bien public*. La chaussée ne suffisant pas, passages pour piétons et trottoirs sont occupés, qui pourrait se plaindre ?

Les dieux ont soif

Sur les morts, la dissimulation n'a pas été possible. Mais le respect envers les vies humaines n'a pas tenu devant le sacré. Les hommes les plus éminents de la profession qui, en toute occasion, ne manquent pas de dénoncer les progrès de la criminalité, luttent de tous leurs moyens — puissants — contre les mesures propres à réduire le massacre, la limitation de vitesse, qui a fait ses preuves dans les autres pays et même l'alcool au volant. Il s'agit bien d'un *holocauste*, d'un sacrifice volontaire à la déesse exigeante.

L'O.M.S. a dénoncé quelque peu brutalement, elle aussi, ce massacre[1] :

> « L'automobile est une calamité pire que les grandes pestes du Moyen Âge. La grande nouveauté, c'est que l'opinion accepte ces hécatombes, comme s'il s'agissait d'un fléau naturel, cyclone ou séisme. »

Le Comité national d'action pour la sécurité des usagers sur la route (C.N.A.S.U.R.), doté de moyens fort modestes, a écrit :

> « Le C.N.A.S.U.R. s'indigne de voir aujourd'hui un véritable lobby de l'antisécurité routière remettre en cause ces mesures qui ont permis à des dizaines de milliers de Français d'échapper à la mort et à la mutilition. »

1. « Les accidents de la route », *Santé du Monde*, octobre 1975.

En vain[1].

Déjà plus légères que dans les autres pays, les amendes de ces meurtriers en puissance ne sont que très partiellement payées et ammistiées de temps à autre.

Les écologistes, nous l'avons vu, manifestent avec violence, contre la seule industrie non meurtrière (l'énergie nucléaire) et ménagent celle qui tue le plus (la voiture). Sacrée.

De Giscard à Marchais

Tous les partis politiques communient dans le respect du sacré. Dès son accès au pouvoir, le gouvernement Mauroy a, par un réflexe bien naturel, décidé les augmentations suivantes : 2 % sur l'essence, 15 % pour l'électricité, 20 % pour le gaz domestique.

Depuis 20 ans, l'essence a augmenté moins que le ticket de métro ! Silence...

Quel que soit le domaine de recherche, toute exploration met à jour un chef-d'œuvre d'organisation, de dissimulation, pour prévenir tout sacrilège.

Dans le domaine du caché, du non connu ou du mal connu, il faut mettre au jour, maintenant, l'aventure, si mal connue, du pétrole et de la prétendue « crise ».

Le contresens

Profitant de la lourde faute des Occidentaux, les pays arabes ont, fin 1973, tiré sur le bout de la corde (page 47) et majoré fortement le prix du pétrole.

Au début de 1974, situation claire : les pays industriels doivent réserver le précieux liquide en priorité à la production de

1. En 1981, M. Claude Chambonnaud, président de l'Association française des automobilistes, défend les grandes vitesses, croit ou feint de croire au poids de la fiscalité automobile et ajoute : « Le safari aux chauffards n'a que trop duré. » Responsabilité...

richesses. L'industrie doit donc l'emporter sur la consommation directe, sur la promenade. De même, le chemin de fer, qui, pour un même transport, consomme quatre à cinq fois moins d'énergie que la route, doit voir le trafic se modifier à son avantage. Le dommage économique sera limité et le rythme de croissance de 5 % doit être vite retrouvé. *Tel est le chemin tracé.*

Non ! La force réunie de l'opinion et des secteurs intéressés l'emporte. Incapables de construire une économie nouvelle, correspondant aux conditions du moment, les enfants gâtés refusent tout effort d'adaptation. Dès lors, ces pays commettent l'erreur affligeante qu'ils ont si souvent reprochée à d'autres moins évolués (Pologne, Égypte, etc.) : *subventionner un produit rare*, un produit de consommation.

En tous pays, l'industrie est alors, par le jeu des tarifs, sacrifiée à la route ; le trafic ferroviaire économe est réduit, au profit du plus dépensier[1].

Dès son avènement au pouvoir, le président Carter, bien conseillé, propose cependant des mesures salutaires, conformes aux nécessités, mais elles sont balayées par le Congrès.

Résultat logique : le rythme de croissance qui atteignait en moyenne près de 5 % par an, dans l'ensemble des pays, tombe au-dessous de 3 %[2]. Mais, du fait de la faveur accordée au mode de transport le plus consommateur, la demande de pétrole se maintient.

Résultat toujours logique, la deuxième hausse du pétrole en 1979.

La crise ou une troisième hausse du pétrole ?

Sans économies sérieuses de pétrole, une troisième hausse se profilait déjà, mais cette économie nécessaire, au lieu de la

1. Voici les hausses décidées en janvier 1974 en France : gas-oil routier + 21 %, essence + 29 %, fuel domestique + 46 %, fuel industriel + 91 %. Ces écarts sont maintenus dans la suite ou encore amplifiés.

2. De 1973 à 1981 la part de la consommation routière dans la consommation de pétrole est passée en France de 20,1 % à 31,6 %. Tout se tient.

localiser au secteur le plus gaspilleur d'énergie, les *pays l'ont faite sur l'ensemble de l'industrie :* obligés de réduire la demande globale pour limiter le déficit budgétaire, les pays occidentaux ont sacrifié l'économie entière.

L'industrie automobile, dite industrie pilote, souffre finalement, elle aussi, parce que des entreprises en difficulté, des hommes en chômage, n'achètent pas de véhicules.

Trois autorités sacrilèges

Trois voix importantes se sont élevées pour dénoncer les subventions accordées aux carburants, sous forme de baisse de l'impôt.

Le 9 juin 1980, se souvenant peut-être de la proposition faite par l'ingénu président Carter, au Congrès, au début de son mandat, le directeur général du F.M.I., Larosière, a prononcé devant la Conférence monétaire internationale une allocution où il critiquait le bas prix de l'essence, du fait du niveau insuffisant des taxes spécifiques. Silence... religieux.

Dans son rapport 1980, la Banque mondiale dénonce fortement les méfaits du recul relatif de la taxe, lequel équivaut à une subvention au produit rare. Même silence glacé.

Poussant plus loin le sacrilège, l'*Observateur de l'O.C.D.E.* de mai 1981 publie les hausses des prix réels de l'énergie, pour les utilisateurs finals, en 1974 et en 1980 dans les sept grands pays : fort avantagés, les transports ne subissent une hausse de l'énergie que de 28 %, alors qu'elle est de 44 % pour les ménages ordinaires et 89 % pour l'industrie. Encore le chiffre 28 % serait-il bien plus faible pour les seuls transports routiers, car le prix du fuel payé par le fer augmente la moyenne.

Voici d'ailleurs pour la France, au 5 août dernier, l'indice des prix des produits pétroliers, base 100 en 1973 :

Essence	349
Gas-oil	394
Fuel domestique	750
Fuel lourd	720

Résultat logique, cette fois encore : depuis 1973, baisse de 15 % sur le trafic ferroviaire, augmentation de 10 % de la consommation d'essence et de 47 % pour le gas-oil, lequel représente à peu près le trafic routier. Le contresens s'accentue, ainsi que son coût.

Payer l'impôt chez soi où le verser à l'étranger ?

Le résultat de cette politique à contretemps est éloquent :
1° *dépression économique générale* et montée du chômage ;
2° *déficit extérieur important ;*
3° *paiement à l'étranger d'un impôt, jadis intérieur.* Il fut un temps où les autorités algériennes se plaignaient des taxes françaises sur l'essence, alléguant que c'était proprement leur enlever non le pain, mais l'impôt de la bouche. Satisfaction leur a été donnée, puisque *nous, Européens, avons réussi à transférer à l'extérieur cet impôt refusé à l'intérieur.* « Guérir la crise » entraînera une consommation plus forte d'énergie, donc une troisième hausse du pétrole. Le dogme entraîne des pertes insoupçonnées.

Vue d'ensemble sur le sacré

Tout objet sacré est, en économie, suspect. Quant aux attitudes, elles sont toutes défendables, sauf si elles sont chargées d'une contradiction interne. Si les pays occidentaux souffrent, c'est qu'ils détruisent leur vif désir de progrès par la consécration de sanctuaires. Ils se trouvent alors plus déraisonnables que les tribus les plus primitives, soumises à des tabous, déroutants pour nous, mais cadrant bien avec l'ensemble de leur civilisation.

CHAPITRE XI

Racisme et pureté

Le terme racisme, à définition aujourd'hui incertaine, n'existe que depuis la théorie des nazis, proclamant l'inégalité génétique des races[1], mais le concept ou le préjugé raciste a de lointaines origines. L'idée d'infériorité (ou du moins de différence) fondamentale, héréditaire, collective, d'autres peuples, remonte aussi haut qu'on le voudra. Aristote, et, sans doute, l'ensemble des Grecs de même rang, attribuaient aux Barbares une infériorité naturelle suffisante pour justifier l'esclavage. La noblesse médiévale s'attribuait quelque origine divine, méprisant les bâtards et cherchant à conserver la pureté de la caste[2]. Au XVIe siècle, les Espagnols ont utilisé des arguments analogues à ceux d'Aristote pour justifier les massacres d'Aztèques ou d'Incas. La traite des esclaves noirs a été également innocentée par des hypothèses semblables.

Le terme *race* a longtemps concerné, plus spécialement, la descendance d'un individu. Peu à peu, cependant, le terme a concerné davantage des populations présentant des caractères différents : le *Journal des Sçavants,* du 24 avril 1684, s'exprime ainsi :

« Les géographes n'ont divisé le genre que par les différents pays ou régions qui s'y trouvent. Ce que j'ai remarqué, dans les hommes, en tous mes longs et fréquents voyages, m'a donné la pensée de le diviser autrement. J'ai remarqué qu'il y a surtout quatre ou cinq espèces ou

1. Le dictionnaire Robert fait naître les termes « racisme » et « raciste » vers 1930.

2. On cite telle dame de haut rang qui se déshabillait devant des domestiques mâles, disant que cela n'avait aucune importance, car ils n'étaient pas de la même espèce.

races d'hommes, dont la différence est si notable qu'elle peut servir de juste fondement à une nouvelle division de la terre.

« Je comprends sous la première espèce, la France, l'Espagne, l'Angleterre, le Danemark, la Suède, l'Allemagne, la Pologne et, plus généralement, toute l'Europe, à la réserve d'une partie de la Moscovie. On y peut encore ajouter une partie de l'Afrique (...) de même qu'une bonne partie de l'Asie (...). Car, quoique les Égyptiens, par exemple, et les Indiens soient fort noirs, plutôt basanés, cette couleur ne leur est pourtant qu'accidentelle et ne vient qu'à cause qu'ils s'exposent au soleil (...) »

De telles idées ont longtemps prévalu.

Craignant sans doute de s'aventurer dans un domaine scabreux, l'*Encyclopédie* de Diderot ne consacre au mot *race* qu'une vingtaine de lignes, inspirées surtout par le sens initial de lignée, descendance. Au mot *population* (d'Amilaville), la matière est beaucoup plus abondante, mais l'idée de supériorité raciale intrinsèque, est absente : lorsque, par exemple, il est question de la décadence de Rome, après l'afflux des étrangers et la montée des esclaves, il est prudemment spécifié que la responsabilité doit être attribuée à la dissolution des mœurs.

Hérédité et milieu

La distinction entre *hérédité* et *milieu* ne s'est affirmée qu'à une date récente et est encore loin d'être générale, même dans les milieux cultivés. Dès lors, la confusion était fatale ; dès l'instant que les membres de certaines populations manifestaient une infériorité sur quelque point, celle-ci était attribuée si logiquement et commodément à l'hérédité, que ce terme n'était même pas prononcé.

Ainsi, jusqu'à la réaction contre la théorie nazie ou plutôt contre la mise en application de celle-ci, des différences que nous attribuons aujourd'hui au milieu étaient imputées à l'hérédité, à une sorte de permanence fatale. Cette inégalité foncière n'était pas toujours affirmée, définie de façon nette, mais le comportement, lui, en résultait d'une façon conforme.

Jusqu'à la Deuxième Guerre mondiale, par exemple, les Noirs et les Arabes étaient, selon l'opinion courante, « paresseux », peu aptes à l'effort. Il a fallu l'expérience en France, c'est-à-dire le travail des Algériens dans les usines, pour qu'apparaisse l'importance fondamentale de l'alimentation.

« Améliorer l'espèce humaine »

Les progrès considérables des sciences naturelles au XVIIIe siècle, les découvertes de Buffon, qui, cependant, hésite parfois à braver les foudres de l'Église, suggèrent à divers auteurs « d'améliorer la race humaine », idée d'autant plus séduisante qu'ils admettent, plus ou moins explicitement, l'hérédité des caractères acquis.

Ch. Vandermonde (1697-1762), doyen de la faculté de Médecine de Paris, entend améliorer l'espèce humaine, par des croisements dirigés [1]. Et il prend pour base la création, au gré des hommes, de nouvelles espèces de chiens et la destruction des espèces qui ne sont plus profitables.

> « C'est à nous de les débrouiller (les variétés) du cahos où elles sont, de créer, en mettant notre industrie à profit et en combinant avec intelligence, les différentes productions de la nature. »

Ces idées cheminent ensuite pendant le XIXe siècle, sans progresser, mais certains s'indignent, à nouveau, de voir les efforts déployés pour améliorer des races animales, alors que rien n'est fait pour l'homme. Le progrès social, si fréquemment successeur de l'utopie, semble se trouver dans cette direction.

Génétique culturelle

L'évolution de la pensée, vers la fin du XIXe siècle, donne un exemple intéressant des lois de la génération culturelle, quelque peu apparentées à celles de la génération physique : les idées se transmettent et évoluent, de « génération » en « génération », ce

1. *Essai sur la manière de perfectionner l'espèce humaine*, Paris, 1976.

terme ne s'appliquant qu'au figuré ! Tous semblables à ceux des généalogies, les arbres de pensée se divisent en branches, qui tantôt s'entrecroisent et tantôt s'éteignent. Métissage et pureté persistante coexistent et se recoupent.

Vers 1860, deux portes sont ouvertes dans le domaine anthropologique par des esprits bien différents et dans des orientations bien différentes, Ch. Darwin et Arthur de Gobineau.

L'ouverture de Gobineau

Bien avant Jospeh Arthur de Gobineau (1816-1882) des hommes avaient dressé quelque hiérarchie des races ou des populations. Mais ce diplomate est le premier à l'avoir fait, sous une forme aussi documentée et d'apparence scientifique.

Apparence et forme scientifique ne signifient pas nécessairement esprit scientifique, mais la distinction ne se fait souvent qu'après coup et selon les événements ultérieurs. Chez maint homme éminent, classé aujourd'hui au panthéon de la science, plus d'une affirmation est prodiguée, sans appui bien vigoureux. Sans chercher, pour le moment, à séparer le bon grain de l'ivraie, suivons la curieuse évolution de la pensée, pendant le siècle qui suit la « révélation » de ces deux hommes.

Dans son *Essai sur l'inégalité des races humaines* (1853), antérieur à *l'Origine des espèces* de Darwin, Gobineau formule deux propositions essentielles :

1° la race blanche européenne, germanique même, est supérieure aux autres ;

2° elle est perdue, condamnée, parce qu'en voie d'hybridation.

« Tout ce qu'il y a de grand, de noble, de fécond sur la terre, en fait de créations humaines, la science, l'art, la civilisation, ramène l'observateur vers un point unique, qui n'est issu que d'un seul germe... n'appartient qu'à une seule famille, dont les différentes branches ont régné dans toutes les contrées policées de l'Univers [1]. »

Dans cette famille, les Germains ont joué un rôle prépondérant :

1. *Essai sur l'inégalité des races humaines*, dédicace, p. VII.

« Là où l'élément germanique n'a jamais pénétré, il n'y a pas de civilisation à notre manière[2]. »

L'inégalité entre les peuples n'est pas le fait du gouvernement ni des mœurs, mais découle de la race, de la différence et de l'inégalité des races.

« Dans le progrès ou la stagnation, les peuples sont indépendants des lieux qu'ils habitent[3]. »

Nous voilà loin de la théorie des climats de Montesquieu !

Sans avoir eu et de loin le retentissement et l'éclat de la théorie de Darwin, ces vues de Gobineau correspondaient à trop d'apparences et d'idées reçues, pour ne pas susciter de nombreux échos. Son érudition, sa bonne foi, disons sa conviction jouaient aussi en leur faveur. Si ces idées n'ont pas pris caractère d'universalité, c'est en raison :

1° *de leur fond pessimiste :* « Nous sommes supérieurs, mais nous tombons », le déclin fatal passant par l'hybridation en cours ;

2° *du fait que plus d'un disciple possible pouvait craindre personnellement*, notamment en France, ne pas se trouver dans le rang des supérieurs.

L'ouverture de Darwin

C'est en 1859 que Ch. Darwin (1809-1882), inspiré par le libéralisme économique, qui améliore l'ensemble, en sélectionnant les forts (et non l'ordre inverse, comme on le croit souvent) publie *De l'origine des espèces, par voie de sélection naturelle*, grande rupture, qui ouvre un champ immense à la pensée, soudain libérée de dogmes millénaires, mais aussi, va-t-on souvent voir, à l'action.

De ce jour, le sélectionnisme scientifique est bien dans la ligne ; mais, tout en risquant quelques explorations en ce sens, Darwin est resté très prudent. Plutôt que de chercher à améliorer par

1. *Ibid.*, p. 93.
2. *Ibid.*

sélection volontaire, il songe à préserver la sélection naturelle. Limiter les naissances risque de diminuer d'autant plus cette force sélective que les moins aptes se reproduiront plus que les autres. Tout en ayant quelque peu emprunté à Malthus, il conclut de façon opposée et cela pour des raisons qualitatives. Cette vue l'amène à négliger, quelque peu, l'influence du milieu, défaut qu'il corrigera plus tard.

Loin de le suivre dans cette rectification, bien des disciples vont se précipiter dans la brèche ouverte, proposant des solutions novatrices, tandis que les conservateurs de l'Église, apeurés, cherchent à contester ou du moins à limiter le mal.

Courants de pensée

Par les deux brèches ouvertes par Darwin et Gobineau, les esprits se lancent, animés d'un sentiment commun : évasion hors des vieilles croyances et progrès ; dans leur intention, ils sont donc tous à la recherche du mieux. Mais si large est le champ que les divergences sont considérables.

Nous qui avons encore, devant nous, l'horreur des camps de la mort, avons du mal à nous représenter que, dans l'esprit de l'époque, cette libération était progressiste, au sens propre de ce mot. Pourquoi l'amélioration de l'espèce humaine ne serait-elle pas protégée, stimulée, accélérée ? Pourquoi, en cette époque de foi dans le progrès, serait laissé de côté l'aspect le plus direct, le plus humain ?

Déjà, dans la préface de l'édition française de *De l'origine des espèces* en 1862, Mme Clémence Royer (1830-1902) s'appuie sur Platon, Th. More et même Campanella, pour prendre l'élan.

> « La loi de sélection naturelle, appliquée à l'humanité, fait voir, avec surprise, avec douleur, combien, jusqu'ici, ont été fausses nos lois politiques et civiles, de même que notre morale religieuse. »

Il ne s'agit pas uniquement de progrès positif ; l'inspiration vient parfois de la crainte de voir l'espèce humaine se dégrader, se détériorer ; il faut donc réagir.

Parmi les divers courants de pensée, qui se veulent, évidemment, tous d'avant-garde, nous pouvons, pour la commodité, en distinguer trois :

1° *l'eugénisme simple,* avoir de beaux enfants ;

2° *la sélection rationnelle des individus,* laquelle prend, elle-même, divers aspects et conduit à diverses solutions ;

3° *le racisme et la recherche de la race supérieure* ou le retour vers elle.

Galton et l'eugénisme [1]

Neveu de Darwin, Francis Galton (1822-1911) a créé le terme « eugénique », ou *art de bien engendrer.* Très attaché à l'hérédité des qualités intellectuelles, dont il exagère, sans doute, l'importance, il songe, avant tout, à améliorer le choix du conjoint. Restant résolument dans la méthode scientifique, il fait, sans négliger toutefois le milieu, prédominer la notion d'hérédité. Il craint, en particulier, le processus suivant :

1. Les plus intelligents montent peu à peu dans l'échelle sociale.
2. Au haut de l'échelle sociale, la natalité est plus faible. C'est le prolétariat qui, comme l'indique l'étymologie, prolifère.
3. Ainsi, le patrimoine d'intelligence de l'ensemble de la société va en s'affaiblissant de génération en génération.

Cette thèse, qui attribue un rôle trop important à la transmission biologique de l'intelligence (hérédité), est d'autant plus abandonnée aujourd'hui que la natalité est aussi basse dans les classes pauvres et sans instruction.

Galton est suivi par des hommes peu suspects de conservatisme, tels que Bernard Shaw et H. G. Wells.

Plus tard, les idées d'Alexis Carrel (1873-1944) ouvriront de nouveaux champs de débats. Ses adversaires lui ont souvent prêté des intentions activistes, qu'il s'est gardé d'exprimer.

L'*eugénique,* du moins dans sa forme initiale d'eugénique

1. *On peut lire avec fruit l'Eugénique* par Jean SUTTER, cahier n° 11 de l'Institut national d'études démographiques, Paris, 1950.

positive, appuyée sur l'hérédité, semble avoir fait son temps ; les excès mêmes du nazisme, la peur de tout élitisme freinent les recherches dans ce sens, en les rendant parfois suspectes. Celui qui s'attache aux facteurs de milieu ne risque, au contraire, aucun reproche. Nous reverrons plus loin la question de la stérilisation des tarés (eugénique négative) et du certificat prénuptial.

Sélectionnistes anglais

A la suite, toujours, de Darwin, divers auteurs vont plus loin que Galton dans les mesures qu'ils suggèrent, pour améliorer sinon la race humaine, du moins la population nationale. En 1894, Haycraft, médecin, annonce, dans *Darwinism and race progress*, que la population est menacée par deux « influences désastreuses » :

1° *les progrès de l'hygiène et de la médecine* permettent la reproduction des individus condamnés à une mort précoce.

2° *la charité chrétienne* entretient une quantité de fainéants, empêche l'élimination de la race des gredins.

Assez modérées et peu précises, les méthodes qu'il suggère visent surtout à empêcher la procréation des tarés, ce terme s'entendant au sens large. L'enseignement, dit-il toutefois, doit tenir une large place dans la sélection.

Stanley suit Haycraft, préconisant ce que nous appelons aujourd'hui le *certificat prénuptial*. Des associations volontaires s'engageraient à appliquer les lois de l'hérédité et à se soumettre à une direction technique. A la longue, elles formeraient une aristocratie rationnelle.

La sélection rationnelle : le haras humain

Médecin, professeur à l'École de psychologie, Ch. Binet-Sanglé[1] (1868-1941) va beaucoup plus loin que les eugénistes,

1. A ne pas confondre avec Alfred Binet (1852-1911), fondateur de la psychologie expérimentale, ni Léon Binet (1891-1971), professeur de physiologie.

dans le sens d'un eugénisme positif. Non seulement, il rejoint Platon et le moine inspiré Campanella[1] (1568-1639), mais il prend appui sur P. Broca (1814-1880), qui a écrit[2] :

« La sélection sexuelle pourrait devenir l'agent le plus puissant du perfectionnement de la race, car, de la conjoncture des êtres doués naissent des êtres bien doués eux-mêmes et, si ces unions assorties étaient assez nombreuses pour que leurs produits ne fussent pas absorbés dans la masse, la sélection sociale donnerait bientôt une prépondérance numérique croissante aux natures d'élite, qui ne sont aujourd'hui qu'exception. »

Allant plus loin et plus précis, Binet-Sanglé propose *le Haras humain*[3].

L'homme peut modifier artificiellement les organes, les fonctions et les facultés des animaux ; ce qui est possible pour eux l'est aussi pour l'homme. Il s'agit de « fabriquer une humanité heureuse ». Dès lors, l'*anthropogénie* consiste à « choisir les hommes et les femmes qui présentent au plus haut degré les qualités utiles, à les appareiller, à les accoupler dans des conditions telles que ces qualités se transmettent intégralement à leurs enfants, à diriger l'élevage de telle manière que les qualités se conservent et se développent, enfin à accoupler les enfants à leur tour, de façon à constituer une élite intellectuelle ».

La grande difficulté de l'aventure, c'est le sort des autres, en dehors de l'élite. La « répression des mauvais géniteurs » comprend la destruction de certains, l'internement, la stérilisation, l'interdiction du mariage, l'avortement, l'infanticide. Sur ce point, Binet-Sanglé se refuse cependant à suivre totalement les vues de l'Allemand Otto Ammon, universitaire, d'extrême droite lui et raciste à sa manière, qui, en 1898, propose de détruire les dysgéniques, en les installant dans des « villes sacrifiées », où l'alcool, la prostitution et le jeu les feraient disparaître. Un institut d'euthanasie serait créé, propose Binet-Sanglé, où les dégénérés, fatigués de la vie, seraient anesthésiés à mort, à l'aide du protoxyde d'azote (le « gaz hilarant », longtemps employé dans les hôpitaux)... Nous pensons évidemment aux chambres à gaz des nazis.

1. *La Cité du soleil.*
2. Les Sélections. *Revue d'Anthropologie,* 1872.
3. Première édition 1918, seconde 1926.

L'anthroposociologie

Nous entrons ici dans le courant raciste, mais, comme pour l'histoire de Jeanne d'Arc, le lecteur doit se placer dans cette époque, sans connaître la fin. La lecture, même rapide, de revues scientifiques de ce temps confirme, en tout cas, que les idées de race supérieure ont pris quelque consistance ; lorsqu'elles ne prennent pas une forme extrémiste et à condition de ne pas trop s'engager dans les conclusions, elles prennent figure d'idées avancées.

Nous sommes cependant assez vite fixés, en nous reportant, en France, aux vues de G. Vacher de Lapouge (1854-1936) qui, lui aussi, s'inspire de l'Allemand Otto Ammon. C'est le temps où l'anthropologie s'intéresse fortement à la forme des crânes. Selon Ammon, la supériorité des dolichocéphales blonds est prouvée, notamment par leur proéminence dans les villes.

G. Vacher de Lapouge (1854-1936), qui a enseigné l'anthropologie et la science politique à l'université de Montpellier, a publié la matière de son cours dans *les Sélections sociales* (1896) suivi de *l'Aryen, son rôle social* (1899). Dans la préface de ce dernier, il fait observer, avec optimisme, que les idées sélectionnistes sont déjà appliquées aux États-Unis (sans doute la stérilisation des tarés, dans quelques États) et conclut ainsi :

> « Le passé est passé, ce qui est mort est mort. La politique sentimentale du christianisme a vécu. Aux fictions de justice, d'égalité, de fraternité, la politique scientifique préfère la réalité des forces, des lois, des races, de l'évolution. Malheur aux peuples qui s'attarderont dans les rêves. »

Les dolichocéphales blonds ou aryens doivent l'emporter peu à peu, estime-t-il. Il n'y a pas, dans le monde, plus de 50 millions d'Aryens purs, dont 15 aux États-Unis, 10 en Angleterre, 9 en Russie, 6 (seulement) en Allemagne, 1,6 en France. L'énorme proportion des brachycéphales, en France, paralyse l'activité, si utile, des dolichocéphales blonds. Réagissant cependant contre des thèses allemandes, il se garde de penser que les Aryens se rencontrent surtout dans les classes sociales supérieures. Et cependant, tous les malheurs de la France s'expliquent par l'extinction ou le métissage des Aryens, ce qui l'entraîne assez loin.

« L'aryen est l'*homo europeus,* une race qui a fait la grandeur de la France et qui est aujourd'hui rare chez nous... C'est déjà un fait grave que de nos jours, la malédiction de l'indice fasse des brachycéphales, des esclaves nés, à la recherche de maîtres quand ils ont perdu les leurs, instinct commun aux brachycéphales et aux chiens... Les ancêtres de l'aryen cultivaient le blé, alors que ceux du brachycéphale vivaient encore comme des singes. »

Ces phrases outrancières seraient peut-être restées sans écho, si elles n'avaient été accompagnées de tout un appareil scientifique faisant impression ; des tableaux étaient publiés selon l'indice céphalique, la confession, le degré d'urbanisation et jusqu'aux recettes fiscales par région, si bien qu'un esprit aussi démocratique que C. Bouglé n'attaque ces vues que sur le plan des principes et non de la tenue scientifique. Ces idées recueillent également l'assentiment du philosophe respectable A. Fouillée.

Voici maintenant le plan grandiose d'amélioration de l'espèce :

« ... par une sélection sévère, il serait possible d'obtenir, en un temps limité, un nombre d'individus présentant tel indice céphalique, ou telle taille et tel degré de l'échelle chromatique. Le type racial réalisé, il faudrait peu de temps pour arriver à la perfection esthétique des individus... A trois générations par siècle, on parviendrait à peupler la terre d'une humanité morphologiquement parfaite, si parfaite que nous ne pourrions imaginer aucun mieux possible au-delà [1]. »

Un tel optimisme soulève cependant la question de la façon dont se ferait cette sélection. Nous en arrivons à la « fécondation artificielle », qui permettra d'abréger au maximum ce délai.

« Ce serait la substitution de la reproduction zootechnique et scientifique à la reproduction bestiale et spontanée, la dissociation définitive des trois choses en voie de séparation, amour, volupté, fécondité [2]. »

Cette séparation se fera plus tard, mais d'une tout autre façon...

Sommes-nous vraiment sur une voie progressiste, par égalisation vers le haut ? Il n'en est rien :

1. Pour résoudre la question des bas travaux et des travaux manuels répugnants, Vacher de Lapouge ne suit pas ceux qui

1. *Les Sélections sociales*, 1896, p. 472.
2. *Ibid.*

pensent à une domestication des singes, mais songe dangereusement à utiliser les déchets humains inévitables.

2. Sans aller jusqu'au haras humain, il envisage le « service sexuel », par analogie avec le service militaire, ainsi que des mesures coercitives : avortement, infanticide, Platon couvrant le tout de son autorité.

On pourrait aussi arriver à la réalisation d'un type psychique voulu... à fabriquer une humanité de musiciens, gymnotes, naturalistes.

« Le triomphe de la politique serait enfin de fabriquer, par sélection, une société d'optimistes... le problème du bonheur serait résolu et sérieusement, je ne vois pas qu'il comporte d'autres solutions [1]. »

Aux aliénistes qui lui objectent le risque de créer des psychoses dans les familles, Vacher de Lapouge répond qu'on tiendrait un *Man Book*, comme un *Stud Book* pour les chevaux.

Racisme accusé, mais soucieux de perfectionner toutes les races :

« D'un groupe d'Australiens de race pure, ou de Bochimans ou d'Esquimaux, il est, en soi, possible de faire sortir une humanité parfaite, tout comme d'un groupe de pur dolicho-blonds... Une aristocratie régénératrice sortirait, au bout d'un temps donné, de leurs peuplades, assez éloignées, pourtant, de l'idéal proposé [1]. »

Sans éviter toute contradiction interne, Vacher de Lapouge est un optimiste résolu, qui n'aime pas aller jusqu'au fond, nécessairement trouble, de ses avancées. Il ne manifeste pas un antisémitisme particulier, du moins une attitude antijuive. Sans doute, les Juifs seraient-ils, eux aussi, promis à une amélioration systématique.

Doctrines avancées ou réactionnaires ?

Lorsque sont apparues les doctrines post-darwiniennes d'amélioration de la qualité humaine, elles étaient si éloignées non

1. *Les Sélections sociales*, p. 474.
2. *Ibid.*, p. 476.

seulement des enseignements de la religion, mais de la morale élémentaire, dite « bourgeoise », qu'elles ont pris une teinte révolutionnaire, choquante, comme bien d'autres avant elles,et qu'elles ont été condamnées par les milieux conservateurs. Binet-Sanglé, par exemple, passait pour un homme d'idées avancées. Certains socialistes non conformistes, tels que B. Shaw ou H. Wells, ont été, nous l'avons vu, quelque peu séduits par certaines propositions novatrices et l'idée de progrès qui s'en dégageait. Chez Renan, le facteur race joue un rôle primordial non seulement dans l'*Histoire d'Israël,* mais dans l'*Essai sur les littératures celtiques*. Après la prise de Rome par l'Alaric, chef barbare des Aryens, et la victoire du christianisme, « une idéologie a triomphé d'une autre, sans que le sang aryen se soit entièrement corrompu ».

Cependant les doctrines des partis socialistes, marxistes ou non, n'ont guère été attirées par de telles solutions : leur caractère élitiste, comme on dirait aujourd'hui, tendait, en effet, à créer des castes plus stratifiées encore, plus solides aussi, que les classes sociales, fondées sur la fortune et l'instruction.

Paul Robin (1837-1912), socialiste, a réagi contre la morale catholique et puritaine, en préconisant l'éducation sexuelle et en ouvrant une clinique de limitation des naissances, sans être en rien touché par les concepts élitistes. Il a été largement ouvert sur son temps.

Léon Blum (1872-1859) est, dans son ouvrage *le Mariage,* très éloigné des vues élitistes et se borne à préconiser des relations sexuelles prénuptiales, telles que les suggéraient des libertins d'alors et telles qu'elles existent à peu près aujourd'hui.

Les Soviétiques, attirés surtout par l'idée de modification par le milieu et même de transmission des caractères acquis, ont toujours manifesté une grande réserve à l'égard de telles idées. La génétique a suivi une ligne scientifique, jusqu'à la déviation Lissenko-Mitchourine. *A priori,* tout ce qui touche à l'hérédité prend facilement une allure réactionnaire. Même réserve dans les milieux avancés occidentaux, à l'égard de ce que l'on appelle « l'hérédité de l'intelligence ».

Sous cet angle, *le Meilleur des mondes*[1] de A. Huxley (1894-

1. En anglais *Brave new world.*

1963), où les hommes sont génétiquement étagés, n'est que la mise, sous forme utopique extrême, des vues dites avancées et qui s'avèrent finalement cruelles.

Ainsi, des doctrines que l'on pouvait juger de gauche, voire d'extrême gauche à leur naissance, se sont avérées, en définitive, profondément réactionnaires ; on voit du reste, en sens inverse, des libéraux extrêmes confiner au libertarisme.

Il est à peine utile d'ajouter que les anarchistes, dont les multiples tendances s'affirment à cette époque, sont unanimes à condamner ces interventions dans la vie des individus.

L'orientation raciste de ces doctrines d'extrême eugénisme va d'ailleurs s'affirmer, dans le seul rameau de l'arbre issu de Darwin et de Gobineau, qui ne s'éteindra pas et aboutira aux plus retentissantes catastrophes.

Wagner, Nietzsche, et autres

R. Wagner (1813-1882), qui emprunte à A. Schopenhauer (1788-1860) son antisémitisme, ne connaîtra l'*Essai* de Gobineau qu'à la fin de sa vie ; mais il a dû en recevoir des idées par voie indirecte :

> « La plus noble race blanche, la race aryenne, dégénère uniquement, mais infailliblement parce que, moins nombreuse que les représentants de races inférieures, elle est obligée de se mêler avec eux ; or, ce qu'elle perd en s'adultérant n'est pas compensé par ce qu'ils gagnent en s'anoblissant[1]. »

Toutefois, refusant le pessimisme de Gobineau, il ébauche le rêve d'une régénérescence par l'art et la religion. Le danger pointe déjà.

F. Nietzsche (1844-1900) n'a jamais été à proprement raciste, ni fasciste, avant la lettre, mais sa conception de l'homme supérieur a pu contribuer à la diffusion de ces doctrines.

1. *Heldentum und Christentum.*

Chamberlain

Fils d'un amiral anglais, gendre de Wagner, Houston Stewart Chamberlain (1855-1927) est, dans son adolescence, un grand malade qui cherche un dérivatif et un soutien moral. Il les trouve dans le pangermanisme. En 1899, la somme qu'il publie, *la Genèse du xxe siècle*, a un certain retentissement. Employant le mot « teuton », il renchérit encore sur la thèse de Gobineau et « l'aristocratie de l'humanité ». Les Latins sont un groupe dégénéré. Dans son souci de classement et de pureté, il va jusqu'à dire que Napoléon descendait des Vandales. Son animosité est particulièrement antisémite. « Le Juif n'a jamais découvert quoi que ce soit. »

Chamberlain ouvre largement la voie aux nazis. Avant ce moment, Guillaume II, qui considérait Gobineau comme le seul grand homme français, lui avait adressé de vives félicitations.

Les nazis : Hitler, Rosenberg

Aucune nouveauté dans ces idées, qui se signalent surtout par l'outrance de langage. Dans *Mein Kampf*, écrit en 1924, A. Hitler (1889-1945) reprend les idées de Gobineau, Chamberlain, etc., tout en accentuant fortement le caractère antisémite de son racisme affectif.

Il faudra veiller à la pureté du sang :

> « L'État raciste devra faire, de la race, le centre de la vie de la communauté, veiller à ce qu'elle reste pure. Il devra prendre soin que seul l'individu sain procrée des enfants. L'État... doit agir pour que tout individu, atteint de tares héréditaires, n'ait pas le droit de se reproduire et doit leur en enlever matériellement les facultés. »

Ces vues avaient souvent été exprimées, parfois même, nous l'avons vu, de façon plus accentuée et étaient entrées en application dans quelques pays (États-Unis, Scandinavie, cantons suisses). L'extermination n'est pas mentionnée, comme chez

Binet-Sanglé ou Ammon, mais la violence des termes est significative. En somme, dès l'instant que les races sont fondamentalement inégales, l'extermination des inférieures est dans la logique du système, dans toute la mesure où elles ne pourront pas être asservies.

Comme Chamberlain et comme Hitler, Rosenberg (1883-1946) n'est pas de naissance allemande. Estonien, il est aux côtés de Hitler, dès le début de l'aventure et, bien que peu considéré, il devient l'idéologue du parti.

Tout ce qui est nordique est bon : à l'opposé, se trouve « le chaos des races » où la pire est constituée par le « Juif déraciné ». La race blonde aux yeux bleus est issue de l'Atlantide. Il faut dénoncer la complicité de l'Église catholique, la franc-maçonnerie, le judaïsme et le marxisme. La France est particulièrement mise en accusation, car elle a, la première, émancipé les Juifs et attiré les Noirs. Si elle continue, elle sera une annexe de l'Afrique dirigée par les Juifs.

La stérilisation chirurgicale des malades et des criminels, l'interdiction du mariage entre Allemands et Juives et même de simples relations sexuelles sont des mesures de prophylaxie, le programme minimal nécessaire.

> « Autodéfense,... doit être la clef de la croisade contre le Juif, le Nègre, le Sidi, le Syrien et autres sangs, dont l'apport ne pourrait qu'abâtardir l'Allemagne. »

Les deux formes de racisme se manifestent donc : le Juif est l'ennemi, le Nègre est l'inférieur. Par contre, les Jaunes, Japonais et Chinois, sont ménagés. L'extermination directe, par mise à mort des inférieurs, n'est pas explicitement proposée, mais elle est subjacente.

Rosenberg fait cependant allusion, dans *le Mythe*, au châtiment à infliger à l'antirace (les Juifs),

> « lequel ne doit pas être un moyen d'éducation, comme voulaient nous en convaincre vos apôtres de l'humanisme ; le châtiment n'est pas non plus une vengeance, mais, tout simplement, une élimination de types étrangers et de l'essence étrangère à l'espèce ».

Jusqu'en 1933, le programme nazi restera imprécis, pour n'effrayer personne. C'est une fois au pouvoir que commence l'expulsion des Juifs et c'est en 1942, à la conférence de Wannsee, qu'est prise la décision de « la solution finale », c'est-à-dire l'extermination.

La doctrine fasciste

Tout en allant bien moins loin que la doctrine nazie, les fascistes italiens ont subi, de sa part, une certaine attraction, à partir de l'alliance politique et ont considéré avec indulgence, sinon complaisance, les vues sur la dégénérescence de nations démocratiques et surtout de la France. Le grand savant C. Gini expliquait la chute de la natalité française par des considérations biologiques. L'infériorité des races noires semblait à peu près admise, justifiant l'idée de colonisation, mais jamais l'antisémitisme n'a pris une forme virulente.

Races inférieures et races maudites

Dans cette classification des races, que l'on pourrait reconstituer d'après les actes et déclarations ultérieurs, les Juifs tiennent une place à part ; les Noirs sont évidemment considérés comme inférieurs, mais, étant loin et peu puissants, ils ne sont pas dangereux. C'est contre les Juifs, jugés malfaisants, que se dresse l'animosité la plus violente. Ils seront d'ailleurs rendus responsables de tous les malheurs survenant à la nation supérieure, au peuple allemand.

Résultats

Assez bien connus, ils sont conformes à la logique : dès l'instant que la notion même des droits de l'Homme est répudiée, allant jusqu'à un changement profond de l'enseignement médical (suppression du serment d'Hippocrate), des novations exceptionnellement cruelles sont dans le champ.

L'extermination, logique, des inférieurs n'a été limitée que par deux facteurs :

1° *souci de les faire travailler* à la cause des hommes nobles, en particulier au gain de la guerre ;

2° *difficultés matérielles.* L'attitude dans les camps de concentration n'a pas été la même pour les déportés raciaux que pour les politiques. Pour ceux-ci, la rigueur des traitements subis a entraîné des décès qui n'étaient pas, en général, décidés nominativement, mais qui avaient l'avantage de faire de la place pour les nouveaux venus. Il fallait, en effet, une certaine discrétion. Les camps, ou du moins leurs méthodes, n'étaient pas connus de l'opinion allemande.

Le médecin S.S. A. Pokorny a, pendant la guerre, soumis à Himmler un moyen de concilier les deux soucis : extermination et esclavage provisoire. Le *caladium seguinum* provoque, dit-il, une stérilisation durable [1].

« La seule pensée que les trois millions de Bolcheviques, qui se trouvent actuellement en Allemagne, pourraient être stérilisés, de telle sorte qu'ils soient utilisés pour le travail, mais incapables de procréer, ouvre les perspectives les plus audacieuses. »

D'étranges accidents troublent cependant cette logique ; voici un exemple :

Les historiens débattront longtemps sur les raisons du freinage des divisions blindées par Hitler, en fin mai 1940, freinage qui permit le rembarquement d'un grand nombre de soldats à Dunkerque : motif stratégique, disent les uns, en raison de la menace possible de contre-attaque de la part des Français, sur la Somme, vers le Nord ; souci, selon les autres, de ménager les Anglais, véritables Germains, pour en venir à un compromis avec eux.

Quant à l'eugénisme positif, il n'a donné lieu qu'à des essais de faible envergure : quelques haras humains de faibles dimensions ont permis des expériences, pour obtenir, par couples assortis, les

1. William SHIRER, *Le Troisième Reich,* tome II.

plus beaux spécimens de la race aryenne[1]. En revanche, de nombreux tarés ont dû être stérilisés ou exécutés[2].

Échos et critiques de la doctrine nazie

Les réactions suscitées, dans le monde occidental, par l'éclosion de cette doctrine, dans les années vingt, ont été bien moins vives que nous pouvons le penser, instruits que nous sommes de ce qui a suivi[3]. Cette modération a diverses explications :

1° *dans les années vingt, le parti nazi n'était pas encore très redouté.* C'est seulement à partir de 1930 que le danger a pris corps. Mais la peur d'une guerre de revanche jouait bien plus que celle d'une application de ces théories racistes. D'ailleurs, il fallait se garder, disait-on, de provoquer l'ogre allemand, marqué encore d'un nationalisme redoutable. « Verdun, jamais plus ! » ;

2° *ces doctrines n'étaient pas nouvelles,* nous l'avons vu. Des théories plus vives avaient été émises, même en France ;

3° *sans aller aussi loin dans l'antisémitisme ou dans le mépris des races, dites inférieures,* bien des milieux français ou anglais étaient quelque peu orientés de même façon et croyaient à des infériorités raciales, héréditaires. Voici comment s'est exprimé, en 1934, donc après les premiers actes de Hitler, le père Teilhard de Chardin :

« Maintenant je vois grandir la possibilité d'une hypothèse que je cherchais à écarter, malgré une accablante concordance des témoignages : c'est que les Chinois représentent une couche anthropologiquement inférieure de l'humanité... Pour moi, la question de fond, question presque anthropologique, est toujours de savoir si les Jaunes sont de même valeur que les Blancs... Beaucoup de missionnaires disent que leur infériorité présente tient à leur long paganisme. Je crains que ce ne soit là une explication de curés (*sic*). C'est le fond naturel, racial, qui me paraît en cause. »

1. Voir Marc HILLEL, *Au nom de la race.*
2. Jamais n'a pu être expliquée par les démographes l'augmentation de la mortalité générale en Allemagne après 1934. Et cependant il semble difficile d'admettre que des exécutions clandestines aient pu avoir une importance démographique.
3. On lira cependant avec intérêt *les Aryens* par Georges POISSON (1934). Excellente mise au point.

Les réactions au lendemain de la guerre ont été si vives et à peu près uniformes que la question ne pouvait même plus être abordée. Pendant plusieurs années, en Allemagne, il n'était plus possible de prononcer le mot *génétique* ni même le mot *démographie,* si innocents qu'ils soient. Dans le reste du monde, la création des Nations unies, le rassemblement, pour la première fois, de tous les pays ont obligé à manifester une grande réserve sur la question, tant l'opinion est sensible.

Déclaration de l'Unesco

En 1950, il a été demandé à l'Unesco de définir la notion de race ; la déclaration a été rédigée par huit experts appartenant (l'Afrique était encore colonisée) à sept pays, en majeure partie « occidentaux », mais, de ce fait même, plus soucieux encore de ne laisser paraître aucune trace des préjugés communs. Aucun représentant des pays socialistes. De cette déclaration, révisée d'après les suggestions de treize personnalités, retenons les passages suivants :

a) les anthropologues ne peuvent établir de classification raciale que sur des caractères purement physiques et physiologiques ;

b) dans l'état actuel de nos connaissances, le bien-fondé de la thèse, selon laquelle les groupes humains diffèrent les uns des autres par des traits psychologiquement innés, qu'il s'agisse de l'intelligence ou du tempérament n'a pas encore été prouvé. Les recherches scientifiques révèlent que le niveau des aptitudes mentales est à peu près le même dans tous les groupes ethniques ;

....

d) rien ne prouve que le métissage par lui-même produise de mauvais résultats sur le plan biologique. Sur le plan social, les résultats bons ou mauvais auxquels il aboutit sont dus à des facteurs d'ordre social.

Le 8 juin 1951 une déclaration plus étoffée, allant dans le même sens, a été rédigée par douze experts occidentaux, dont le Pr B. S. Haldane de Londres et le Dr Henri Vallois, directeur du Musée de l'Homme à Paris.

La stérilisation des tarés

L'aventure nazie a eu pour effet de remettre en cause les mesures prises en quelques pays, en faveur de la stérilisation de porteurs de tares héréditaires. Cette pratique semble tomber en désuétude ; à tout le moins est-elle devenue très discrète.

Il a, du reste, été prouvé que le risque d'une augmentation du nombre de porteurs de tares était extrêmement faible, sous réserve d'une suffisante hétérogamie.

Les précautions avant le mariage

Des idées eugéniques, il est resté l'idée de l'examen médical des deux conjoints avant le mariage. La loi française ne demande pas de fournir de certificat à l'autre conjoint, mais simplement de montrer l'attestation que l'examen a été passé. La pratique des relations prénuptiales ôte à un tel certificat presque toute sa valeur.

Certains pays ont été plus loin : il faut citer particulièrement l'Institut de génétique et d'eugénique (Institut for human arvebiologi or eugenik), fondé à Copenhague en 1938 et longtemps dirigé par le Dr Tage Kemp, puis par le Pr Jan Morh [1]. L'Institut établit, peu à peu, un dossier, sur chaque citoyen, où sont notées les maladies héréditaires qu'ont eues ses ascendants. Il est possible, à la veille d'un mariage, de consulter l'Institut sur son opportunité.

Quelques données élémentaires

Empruntées au généticien A. Jacquard [2], que nous remercions ici, elles mériteraient d'être plus largement diffusées :

1. Voir *Population,* 1953, n° 2, p. 339.
2. Léon POLIAKOV, *Le Racisme. Mythes et sciences,* avec la collaboration de trente-quatre auteurs sous la direction de Maurice Olander.

« Ce que l'on appelle une race ou une population relativement homogène, d'après les caractères physiques, est une collection, un ensemble de gènes, représentant plusieurs allèles. Aucun gène spécifique ne caractérise une race, mais seulement la fréquence de certains allèles. Par contre, certains gènes peuvent ne se rencontrer que dans certaines régions du globe, tel le gène de l'hémoglobine E, qui n'a guère été vu jusqu'ici que dans l'Asie du Sud-Est. »

La « distance » moyenne entre deux personnes de même race n'est que de 7 % inférieure à la distance (moyenne) entre deux personnes prises au hasard dans l'humanité.

Comparer les « races » ?

Voici deux races, ou, plus exactement, deux populations, assez bien définies par leurs caractères physiques. Comment juger si l'une d'elles est, sur un point déterminé (musique, mathématiques, intelligence, etc.), génétiquement, supérieure à l'autre ?

Pour éliminer toute influence du milieu, il faudrait choisir, dans chacune des deux populations, un grand nombre de nouveau-nés, par exemple 5 000, et leur faire passer, aussitôt que possible, un test. Comme cette opération est le plus souvent illusoire, il faudrait élever les deux lots dans des conditions identiques, un peu à la Joséphine Baker, pour comparer, plus tard, les qualités de l'un et de l'autre lot. Une telle opération est de pure imagination.

De ce fait, l'hybridation, le métissage sont le meilleur moyen d'éviter des dégradations. S'ils peuvent avoir de fâcheuses conséquences sociales, c'est précisément du fait des préjugés.

L'opinion traditionnelle

A s'en tenir aux définitions actuelles, l'opinion de tous pays a toujours été *raciste*. Mais ce caractère peut prendre plusieurs formes. Les étrangers sont souvent jugés sur leur nourriture, caractère culturel, mais non sans ironie : les Anglais sont les « rosbifs », les Italiens les « macaroni », les Allemands, des

« mangeurs de choucroute » ; il s'agit souvent aussi d'un caractère physique : les Allemands étaient, pendant l'Occupation, appelés les « frisés », d'où le mot « fridolins », les Algériens, ou plus généralement les Maghrébins, étaient les « ratons ». D'autres surnoms ou diminutifs ne font allusion à aucun caractère, mais n'en sont pas moins péjoratifs : les « Amerloques », les « Angliches », les « Chinetoques », les « Alboches », devenus Boches, et plus généralement les « rastas », les « métèques », sans précision de nationalité.

L'influence du milieu et de l'hérédité n'est que très imparfaitement discernée. Tout caractère, physique ou culturel, incite, sinon à la critique, du moins à une certaine défiance.

La législation

Non seulement la législation française ignore les races et ne connaît que les nationalités — caractère juridique (un Martiniquais est français, mais un Belge wallon est un étranger) — mais elle interdit les attitudes racistes. La définition s'est heurtée, au moment de la rédaction, à des difficultés inattendues, de sorte qu'une certaine extension a été nécessaire :

« La diffamation commise... envers une personne ou un groupe de personnes, à raison de leur origine, ou de leur appartenance ou de leur non-appartenance à une ethnie, une nation, une race ou une religion déterminée sera punie de... »

Il en est de même pour une injure non provoquée.

En appelant « loi contre le racisme » un texte qui s'applique aussi à la religion ou la nationalité, le législateur a voulu marquer un grand pas, mais a donné, en somme, dans l'erreur courante de l'opinion, qui emploie volontiers le terme *racisme* à l'égard de toute attitude hostile à un groupe déterminé. Il a été même question souvent de « racisme antijeunes », expression dépourvue de sens.

1. Loi du 1er juillet 1972 relative à la lutte contre le racisme. *Journal officiel* du 2 juillet.

Pratiques et usages

Dans la pratique, sont constamment confondus *racisme, xénophobie, critique d'attitudes culturelles* et même simple *nationalisme*. *La Marseillaise* est, sous cet angle, singulièrement raciste, quand elle abreuve nos sillons d'un sang qui n'est pas pur.

Mais l'aventure nazie a laissé des séquelles ; ce que nous réprouvons en somme, c'est surtout l'idée que les races noires ou sémites sont inférieures ; par contre, il n'est pas interdit d'émettre un avis opposé. Ainsi, celui qui dit « Les Noirs sont doués pour la musique » ou bien « les Noirs ont la danse dans le sang » rend un jugement proprement raciste, sans encourir aucun reproche.

Il était vraiment nécessaire de lutter contre les réactions primitives à l'égard d'étrangers, admis chez nous et nous rendant service. Seulement, par un mouvement classique de bascule, l'excès va maintenant plutôt en sens inverse ; un conflit entre un Français et un étranger donne facilement lieu à une qualification de racisme. D'excellentes intentions, chargées d'affectivité, risquent, de ce fait, d'aller à l'encontre de leur but ; c'est aviver encore une plaie qu'il vaut mieux laisser se fermer.

Bien plus recommandables seraient des actions positives : elles peuvent s'inspirer des charmants couplets que chantait naguère Yves Montand, en l'honneur de son ami chinois, la tasse de thé trinquant avec le verre de vin. Les manifestations à organiser devraient rassembler, par exemple, Français et Algériens, avec chants et danses propres aux deux peuples, saynètes de revue, où les deux cultures se retrouveraient, avec des pointes d'humour, le tout terminé par une immense farandole. L'antiracisme n'est pas une façon de vivre.

CHAPITRE XII

« *Étrangers* »

POUR aborder un thème essentiel de cet ouvrage, les grandes migrations qui vont se produire à terme dans le monde, il n'est pas inutile de rappeler comment se pose, en France et dans quelques pays, le problème de la coexistence entre nationaux et étrangers.

« Quel est cet homme ?

— Un étranger ; ce doit être un étranger. »

Ces phrases, prononcées non sans inquiétude et mépris, en tous temps et dans toutes les parties du monde, traduisent et recouvrent un drame permanent, plus trouble aujourd'hui que jamais. Significative est déjà la parenté étymologique entre les mots *étrange* et *étranger,* comme aussi le double sens des mots *aliéner* et *aliénation,* voire *adultération.*

Dans ce domaine, le fait ou l'apparence de fait a longtemps primé le droit : « Cet homme n'est pas connu, il ne parle pas notre langue et n'a pas de parents chez nous. Il est donc suspect. » Par suite, la question longtemps posée, qu'il s'agisse d'un village ou d'un pays, est simple : « Cet homme est-il utile ou indésirable, un intrus ? » La réponse vient rapidement. Si un menu larcin de volaille ou d'outils est commis, c'est l'étranger qui est aussitôt soupçonné [1].

L'idée de nation a mis longtemps à faire son chemin. En

1. En 1926, au moment de la grande inflation en France, l'opinion attribuait la baisse du franc à la spéculation des étrangers. Pour la rassurer, il a été annoncé, dans la presse, qu'on avait arrêté un étranger « rôdant autour de la Bourse ».

Europe, divers pays ont connu, sans s'en inquiéter, le règne d'un souverain étranger. Charles Quint en Espagne, Catherine en Russie, etc. Sans avoir jamais été soumise à un souverain étranger (Henri VI d'Angleterre, adversaire de Charles VII, fils de Catherine de France, n'a pas été reconnu comme roi), la France a souvent appelé des étrangers pour gérer ses affaires (Mazarin, Necker sont les plus célèbres), sans provoquer d'émotion particulière. Mais, déjà en 1789, quand Marie-Antoinette est appelée « l'étrangère », cette appellation n'est pas laudative ; c'est que naît l'idée de *nation*.

Celle-ci s'appuie peu à peu sur une définition juridique. Que signifie ce droit ? Vous franchissez une frontière quelconque, presque invisible, entre la France et la Belgique, par exemple. Toutes les lois et donc vos droits sont différents, notamment votre droit à la retraite. Dans certains cas, vous avez encore le droit de vous faire soigner, mais cela ne va pas loin. Et hors du Marché commun, vous ne pouvez plus exercer votre métier.

Entre deux pays voisins et de même régime (États-Unis et Mexique, Suède et Finlande, France et Espagne, Portugal, etc.), les différences de salaires sont souvent appréciables. Ainsi, la nationalité est un bien, une richesse, presque un capital.

L'apport des étrangers en France

Il a été, dans l'époque contemporaine, plus important qu'en tout autre pays d'Europe : dès le début du XIXe siècle, le vide créé par les pertes de guerres et la baisse de la natalité entraînent un certain mouvement d'aspiration, facilité par le jeu libéral. Voici, selon le si grand et déjà oublié Adolphe Landry [1], comment

1. Rappelons la fin de l'article qui lui a été consacré, à sa mort, dans la revue *Population* (oct.-déc. 1956, p. 617) : « Il faut avant tout que les jeunes le sachent ; apprenons aux enfants français, dont un grand nombre lui doivent la vie et qui vont bientôt refaire un pays neuf, que, dans son histoire tourmentée et aux plus mauvaises heures de la France, un homme exceptionnel est passé. » Le temps a malheureusement passé lui aussi ; l'œuvre est compromise et l'homme oublié.

la population française a pu, en dépit de l'insuffisance de la natalité, augmenter de 13 millions de 1801 à 1936[1].

Déficit des générations	– 5 millions
Guerre de 1914-1918	– 3 millions
TOTAL DES PERTES	– 8 millions
Accroissement de longévité	+ 16 millions
Immigration	+ 5 millions
TOTAL DES GAINS	+ 21 millions

Ainsi, le gain net de 13 millions a été assuré, pour plus d'un tiers, par l'immigration. Celle-ci a compensé intégralement le déficit des générations. En somme, chaque Français manquant à l'équilibre général a été remplacé par un étranger.

En 1914, il y avait, en France, plus d'un million de Français d'origine étrangère récente, postérieure à 1871 (les enfants de mariages mixtes n'étant comptés que pour moitié), ce qui, en termes d'effectifs militaires, équivalait à un corps d'armée. Quand on pense que la bataille de la Marne, c'est-à-dire le sort, l'existence du pays, n'a tenu qu'à une division bien placée, une dette de reconnaissance apparaît, qui n'a jamais été signalée. Le pays a été sauvé par les étrangers et par les familles de quatre enfants ou plus, c'est-à-dire par les faibles et les discrets, ceux qui ne disposent d'aucun clairon, d'aucun porte-voix.

Les vides de cette Première Guerre ont été comblés par l'immigration. 1 160 000 étrangers en 1911, 2 715 000 en 1931. Mais inconscience, ignorance et ingratitude ont réussi à effacer l'importance de cet apport.

Du reste, sans apport nouveau, la population étrangère diminuerait peu à peu, et disparaîtrait, du fait que les enfants nés de parents étrangers ont souvent, dès leur naissance, la nationalité française ou l'acquièrent à leur majorité[2].

1. La marche de ce calcul n'a pu être retrouvée, mais les résultats sont conformes à la réalité. Quelques précisions manquent cependant sur les définitions.

2. Diverses lois, notamment en 1889, ont favorisé les naturalisations. Une telle mesure est spectaculaire, mais sans grand effet, parce qu'elle porte surtout sur des personnes âgées. L'important est la francisation à la naissance.

La protection du travailleur national

Les syndicats de toutes professions, salariées ou libérales, ont longtemps vu d'un œil défavorable l'arrivée de travailleurs étrangers dans leur métier. « Ils font baisser les salaires, disaient-ils, et sont peu difficiles pour les conditions de travail. » Inversement, le patronat se plaignait constamment de manquer de main-d'œuvre et voyait d'un œil favorable l'arrivée de travailleurs moins exigeants et peu syndiqués.

Et cependant, la protection des travailleurs nationaux, par voie législative, n'est survenue que longtemps après la protection des entreprises, par les classiques droits de douane. C'est la crise des années trente, qui a fait aboutir la création de la *carte de travail*. Dès 1931, il a été admis que l'étranger ne doit pas prendre la place d'un travailleur national ; étape fondamentale. Pendant les années trente, de nombreux étrangers ont dû revenir dans leur pays, faute de travail et, bien entendu, sans recours possible à une indemnité de chômage ou de rapatriement.

L'Office national d'immigration

A la Libération, les syndicats dictent leur position, en matière d'immigration de travailleurs, par la voix de leur secrétaire Racamond (le Krasuki de ce temps) et du ministre du Travail communiste A. Croizat. Cette doctrine, qui consolide l'idée de *protection du travailleur* et ôte toute initiative au patronat, n'est contestée par personne.

Désormais, l'admission de travailleurs étrangers ne peut plus se faire que par l'Office national d'immigration (O.N.I.) : celui-ci n'ouvre la porte et n'autorise la *carte de travail* que pour les emplois délaissés par les travailleurs nationaux. Sans carte de travail, l'étranger ne doit pas être embauché : l'employeur peut encourir une peine sévère, en particulier en cas d'accident du travail.

Le système a fonctionné, au moins dans son principe, jusqu'au début des années soixante-dix.

Revirement

Cependant, ce système, pleinement admis et à peu près respecté, a fait place, ces dernières années, à une situation toute différente : l'opinion générale, au début plutôt hostile aux étrangers (l'appellation « Nord Af », longtemps employée pour les Maghrébins, avait un sens péjoratif), s'est profondément modifiée. Voici quelques résultats des enquêtes d'opinion menées à trois époques :

QUESTION : *Les étrangers résidant en France rendent-ils des services ?*

	1951	*1971*	*1974*
Oui	50	68	80
Réponse négative ou incertaine	50	32	20
TOTAL	100	100	100

QUESTION : *Parmi les personnes inscrites pour obtenir un logement, faut-il à votre avis donner une priorité à charges de familles égales aux Français ou au contraire ne pas faire de différence ?*

	1951	*1971*	*1974*
Français	85	55	49
Pas de différence ou dubitatif	15	45	51
TOTAL	100	100	100

Ce changement profond d'attitude est d'autant plus remarquable qu'il s'est produit pendant une période de forte augmentation du nombre d'étrangers, évolution souvent marquée par un effet répulsif. Faut-il parler d'accoutumance, d'éducation, de reconnaissance des services rendus ? Il y a un peu de tout cela.

Plus remarquable encore est l'abandon, par les syndicats, de leur position traditionnelle, non xénophobe certes, mais protectionniste, en période de chômage, alors que, bien souvent, prime dans leur attitude en matière d'emploi le concept primitif de simple arithmétique. Or, *il ne s'agit pas de nuance, mais de renversement :* en toute occasion, les syndicats, et particulièrement la C.G.T., prennent le parti des étrangers, contre l'administration, même dans les cas où la légalité est pleinement respectée (par exemple, expulsion d'un prévenu de droit commun ou même d'un clandestin).

Le changement a porté même sur le nom : à l'appellation (travailleur) *étranger* a succédé celle d'*immigré,* qui implique déjà une certaine idée d'admission. Comment s'explique ce revirement ?

« Le Seigneur »

Plus s'affirment les interventions de l'État, réclamées par les diverses classes de la société, plus il devient difficile aux gouvernements de plaider pour le libéralisme. De l'État, les professions, les particuliers attendent tout. Cette attitude a conduit à une conception, peu réaliste, du pouvoir. Personne n'ose plus dire que, du fait des plus grandes latitudes, en matière d'emploi des étrangers, au moins 200 000 Français sont condamnés au chômage. L'astreinte à certaines professions a en effet peu à peu disparu, au point que des étrangers sont admis à tenir des commerces, d'alimentation notamment, alors même que la loi Royer, d'inspiration malthusienne et protectionniste, a précisément réduit le nombre des magasins à grande surface, pour préserver les petits commerces au profit des Français. Cas typique de double vue.

La contradiction va plus loin encore : des syndicats ont demandé l'arrêt de toute expulsion, même d'étrangers entrés illégalement (dits « sans papiers », selon l'expression américaine), admission qui signifie droit à un emploi et à un logement. Le gouvernement Mitterrand-Mauroy a suivi : légalisation de 200 000 clandestins.

Ainsi, comme il arrive si souvent, l'excès dans un sens conduit, par un mouvement de bascule, à l'effet inverse : autant il est maladroit et dommageable d'expulser des jeunes gens n'ayant jamais été dans un autre pays que la France, du fait de leur naissance ou de leur entrée en bas âge, autant il est imprudent de reconnaître en matière d'immigration le droit à la clandestinité. Nous verrons plus loin les conséquences possibles d'une telle attitude.

L'idée fondamentale reste que le gouvernement *doit* accorder à chacun, qu'il soit Français ou étranger, un emploi dans la profession qu'il désire.

Généreuse et irréaliste, cette conception s'inspire, nous l'avons vu, d'un article peu réfléchi de la Déclaration des droits de l'homme sur le droit au travail. Il y a antinomie entre la liberté de choix de la profession et le droit de trouver du travail dans cette activité.

Une réaction momentanée

Au début de 1981, des municipalités communistes, Vitry notamment, soutenues par leur parti, ont manifesté, non sans violence, contre l'entrée d'étrangers dans la commune. Cette attitude, qui a surpris, est, au contraire, logique.

1. S'agissant de municipalités, donc de devoir, et de charges, le sujet est devenu responsable.

2. Il existe, dans la population ouvrière, un fond de nationalisme, ou plus exactement, une conscience de ses intérêts, qui, sans mener nécessairement à la xénophobie affective, conduit à une certaine méfiance.

3. La doctrine communiste est, de façon générale, opposée aux migrations, selon le principe que l'individu appartient à son pays et que toute émigration est douloureuse.

Sans modifier l'attitude « antiraciste », les manifestations xénophobes ont confirmé les possibilités d'un revirement violent de l'opinion, quelque jour.

Confusion et affectivité

Le jugement porté par les uns et les autres sur les « étrangers » est, le plus souvent, global et affectif et par suite manichéiste. Les enquêteurs par sondage ont souvent renforcé ce défaut, en posant, par exemple, les questions sous une forme globale : « Êtes-vous pour ou contre le départ *des* immigrés » ou même « Êtes-vous pour ou contre *les* immigrés » ? Tout jugement général est lourd de malentendus.

1. *La population étrangère est très hétérogène :* certains sont indispensables à la vie économique, d'autres (ceux qui sont en chômage durable) sont des charges totales.

2. *L'utilité des étrangers, du point de vue national, présente divers aspects,* juridique, social ou moral, démographique, culturel, économique.

Facile, en général, est l'*aspect juridique :* chaque fois qu'un immigré a des *droits,* qu'il s'agisse d'une loi, d'un contrat, il faut évidemment les respecter. C'est même le cas du droit au logement, malgré l'absence de toute obligation juridique.

L'*aspect moral ou social,* subjectif, ne suggère aucune réponse directe : il peut s'agir de reconnaissance, de prise en considération des dommages que représenterait pour l'immigré le retour dans son pays, du souci de ne pas séparer des familles, etc. La réponse peut donc varier, pour chaque travailleur immigré et pour chaque personne consultée. La notion de *seuil,* toujours contestée mais si souvent vérifiée, introduit un facteur supplémentaire.

L'*aspect démographique,* peu souvent invoqué, car il ne joue qu'à terme, n'en est pas moins important, du fait du vieillissement de la population. Cet argument peut, en dehors même de considérations sociales, jouer en faveur des parents de deux ou plusieurs enfants.

Particulièrement délicat est l'*aspect culturel.* Il n'est plus convenable d'employer le terme, naguère classique, d'assimilation (on parle plutôt d' « insertion ») ; les jugements sur les capacités d'adaptation sont facilement accusés de racisme, cette confusion perpétuelle entre l'hérédité et le milieu.

Il reste l'*aspect économique.* Sans être le plus important, il mérite un examen d'autant plus attentif que les préjugés et le simplisme inspirent bien des jugements. Mais d'ores et déjà, nous pouvons juger l'importance des erreurs et des dommages que peut causer un examen superficiel et affectif de la question des immigrés, jugés dans leur ensemble.

L'aspect économique

Il s'agit seulement ici de l'immigration importante survenue après la seconde guerre (voir p. 227), du pauvre vers le riche. Il s'agit de juger les avantages et les inconvénients pour le pays d'accueil et pour le pays d'origine de ces migrations importantes, arrêtées brusquement, et sans doute heureusement, par la hausse du prix du pétrole.

L'émigration vers l'Europe

En raison de l'état de surpeuplement de son pays, qu'on peut appeler plutôt de sous-développement, le travailleur algérien, turc, yougoslave, espagnol (au début), portugais, etc., était et est encore en chômage ou en état de sous-productivité. Pour son pays, les avantages ont été les suivants :

1° *une personne ou une famille de moins à nourrir,* à loger, à soigner ; des frais moindres pour l'éducation, la santé, l'urbanisme et autres. Le gouvernement a pu alors affecter à des investissements productifs des sommes qu'il aurait consacrées à des investissements, simplement quantitatifs, ou même à une assistance. Tout cela peut être mesuré avec une certaine approximation ;

2° *envoi de l'épargne des émigrés à leur famille, restée au pays ;* au lieu de coûter, ces hommes rapportent. Ces envois sont d'autant plus avantageux qu'en termes nationaux, ils s'expriment en devises. En 1981, les sommes envoyées dans leur pays par les travailleurs étrangers de France se sont élevées environ à 11 milliards de francs. En Égypte, le tiers des importations est couvert par de telles remises de travailleurs égyptiens dans les pays pétroliers. Il peut s'agir aussi du retour définitif avec un certain capital et une prime de départ ;

3° *formation professionnelle* du travaillcur, cc factcur qui aurait pu être important a très peu joué.

Le départ de l'émigré a entraîné, par contre, des *dommages* pour son pays, souvent peu visibles : ce pays « fournisseur », qui est le plus pauvre des deux, a élevé des enfants, formé des hommes qui se sont envolés au moment même où ils étaient en pleine force de l'âge. On peut certes objecter que, ces forces, il ne pouvait pas convenablement les utiliser et que, dans certains cas, elles pouvaient entraîner des charges. L'envoi d'épargne de l'émigré est souvent supérieure au revenu qu'il aurait pu gagner.

Mais il y a eu d'autres inconvénients : dislocation des familles, déséquilibre des sexes, une certaine sélection à rebours, tant physique (les malades, les infirmes ne partent pas, seuls s'en vont les bien portants) qu'intellectuelle (émigration préférentielle des compétences).

Le pays d'accueil

Le pays d'accueil (France, Allemagne, Belgique, Suisse, etc.) a bénéficié de deux avanntages essentiels :

1. *Il a acquis, en quelque sorte gratuitement, des hommes tout faits*, qu'il n'a pas eu à élever. Le coût de l'élevage d'un homme de la naissance à la puberté (nourriture, logement, instruction, etc.) est estimé à quatre ou cinq années de travail, non compris le travail bénévole des parents. Ainsi, les 2 millions de travailleurs étrangers, reçus par la France, de 1950 à 1973, ont équivalu à 8 à 10 millions d'années de travail, soit un peu moins d'une demi-année de production nationale ou P.I.B. Avantage important.

2. *Ces étrangers ont occupé les emplois que ne voulaient pas remplir les nationaux* (manœuvres, travaux de force, etc.). Ainsi, la population européenne d'accueil a reçu une population complémentaire, qui a accompli les bas travaux et permis une promotion générale des nationaux.

Cet avantage précieux a cependant été contesté, dans le plus long terme, par l'argument de la facilité lénifiante, opposée à la difficulté créatrice. Les pays qui n'ont pas bénéficié d'un tel appoint ont fait des efforts d'adaptation plus importants et n'ont, finalement, pas été désavantagés.

Au passif de l'immigration, il faut d'ailleurs ajouter l'envoi d'épargne des immigrés à leur famille (11 milliards de francs en 1980 pour la France) ; mais en face de cette somme, il faudrait placer la part qu'ont pris les travailleurs étrangers à la production de machines exportées (voitures, moteurs, etc.). Le calcul n'est pas possible.

En conclusion

Conçue initialement dans un esprit de droit et de profit, l'immigration de travailleurs étrangers depuis la guerre s'est inspirée davantage d'un sentiment d'égalité de droits. Tout en restant avantageuse pour le pays de départ, lorsqu'il est surpeuplé et surtout pour le migrant lui-même, elle a perdu la plus grande partie de son avantage économique pour le pays d'accueil. La politique à contretemps malthusienne exercée vis-à-vis de l'emploi a donné à croire à un excédent d'hommes, alors qu'en France la population pourrait augmenter de façon importante. Et paradoxalement, en dépit de ce surpeuplement apparent, l'attitude est devenue plus accueillante, l'opinion collective a dominé celle des individus.

Et cependant une carte importante n'a pas été jouée, une occasion remarquable a été manquée. Lorsque les réfugiés d'Indochine ont afflué en Europe, il fallait ouvrir largement les portes à cette population qui s'adapte si facilement, qui est si bien accueillie et qui peut faire contrepoids à d'autres éléments, plus difficiles.

Nous retrouverons les migrations, au chapitre XVII, sur un plan plus général, et au chapitre XVIII, dans une vue prospective à long terme.

CHAPITRE XIII

Essais d'apocalypse

1969. Après avoir assisté, dans leur logement souvent modeste, à la marche de deux hommes sur la lune, chaque pas se chiffrant en milliards de dollars, les hommes de tous pays ont fermé le bouton de leur télévision et se sont retrouvés tout étonnés sur la terre. Cette immense découverte a paradoxalement fait disparaître les rêves, voire les projets d'essaimage, dans d'autres planètes, en suggérant la formule : « Une seule terre », qui a, précisément, servi de devise à la grande conférence de Stockholm sur l'environnement.

Et dès lors, c'est pendant deux ans un carillon d'alarmes, à peu près continu : tous les jours, les médias révèlent au public éberlué, entre un événement politique et une grande épreuve sportive, une nouvelle façon, pour le monde, de mourir. Les rivières, l'air, la mer, le sol, nos propres cellules, tout est menacé ; le bon ton est là.

C'est aux États-Unis surtout et dans les classes supérieures, plus encore, un moment d'angoisse panique : *Z.P.G. (Zero population growth), Z.E.G. (Zero economic growth)* sont les deux mots d'ordre.

« Je ne connais pas de crime plus épouvantable que de mettre aujourd'hui un enfant de plus au monde », a annoncé, en chaire, une universitaire de haut rang. Tout menace, tout sombre, chez les riches comme chez les pauvres. Le grand jeu n'est plus d'avoir découvert le petit restaurant d'un bas quartier à fine cuisine, mais de connaître le dernier mot sur la dernière annonce de la dernière journée du dernier homme.

Voici le couple Ehrlich jetant l'alarme avec *la Bombe P*[1]. P c'est bien entendu, la population, mais curieusement, il ne s'agit ni de famine ni de guerre :

D'un terrible virus, qui naît en Afrique (peu peuplée cependant), nous suivons la marche, rendue plus dramatique encore par l'emploi du style des dépêches d'agence. Trois mois après, le sérum a enfin raison du virus et le monde reprend sa vie, allégé par un million de morts. Et le lecteur se demande si ce n'est pas là un heureux incident, un événement bienfaisant.

Les deux célèbres, et combien lucratifs, rapports au Club de Rome mettent en évidence la puissance de la publicité, mise au service d'un appareil pseudo-scientifique, et peut-être aussi au besoin que nous éprouvons de trembler un moment, de façon à avoir la satisfaction de nous retrouver vivants. Le fou de l'histoire, qui se donnait des coups sur la tête, expliquait bien ses raisons : « C'est si bon quand je m'arrête. »

En la circonstance, l'ordinateur et l'analyse des systèmes ont remplacé le bonnet pointu des astrologues et la cornue des alchimistes, chercheurs d'or.

Au vu du premier rapport au Club de Rome, puissante affaire financière, le ministre hollandais Sico Mansholt perd son contrôle et lance un cri d'alarme, que Marchais interprète, par un tout aussi simpliste : « C'est du Malthus. »

Quant au second rapport au Club de Rome, il aura un bien moindre retentissement, non du fait des erreurs et des marques d'ignorance dont il est constellé, car elles animent un peu la lecture, mais parce que l'opinion est déjà vaccinée et en proie à d'autres soucis.

Oubliées, du même coup, les expressions nées de cette fièvre, telles que « Croissance zéro ! » ou « Bonheur national brut ». Il n'est plus question que de croissance, de développement, d'expansion, avec des résultats contestables, mais un objectif précis. La crise du pétrole, qui aurait pu suggérer une certaine sagesse de la part de la « société de consommation », condamnée par les jeunes révoltés et les vieux prévoyants. Aucun résultat, chaque goutte compte, consommons éperdument.

1. Paul R. EHRLICH, *La Bombe P.*, Fayard, 1972.

Trois routes noires

Quoi qu'il en soit, ces multiples dangers, en concurrence pour provoquer le savoureux frisson, sont classés par les hommes sérieux en trois catégories :

1. *Manque de terres arables* pour les hommes multipliés et famine générale.
2. *Épuisement des ressources non renouvelables,* pétrole, métaux, phosphates, potasse.
3. *Dégradation du milieu ambiant,* du capital naturel.

Le premier de ces risques, la famine générale, antérieur à la vague écologiste, nous l'avons abordé aux chapitres VI et VII. Le second donne lieu à de stupéfiantes controverses : alors que dans

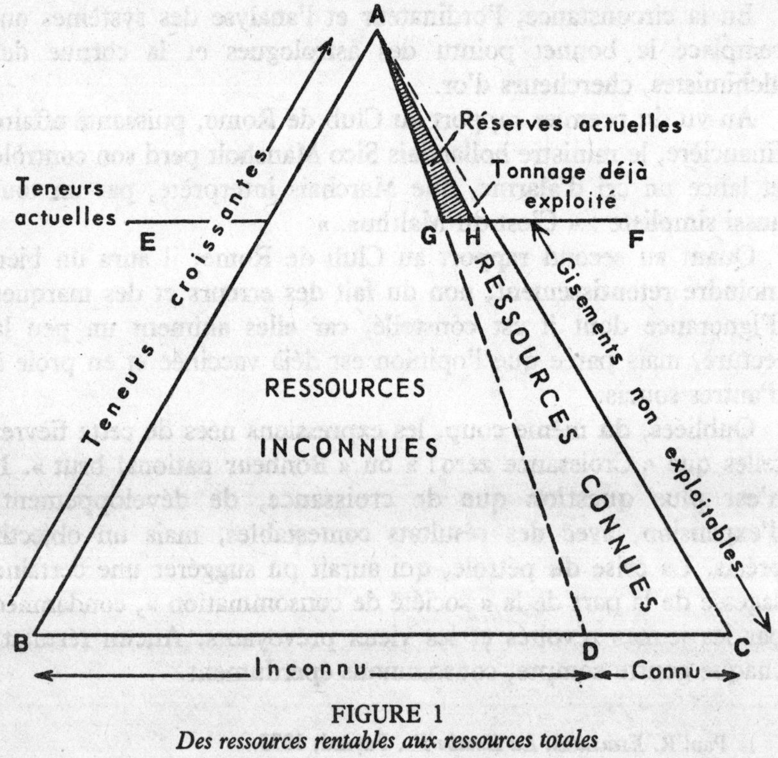

FIGURE 1
Des ressources rentables aux ressources totales

le premier rapport au Club de Rome, les illuminés Meadows ne donnent au cuivre que vingt ans de vie, Fr. Callot, directeur du bureau de documentation minière, parle de milliers d'années ; question de définition évidemment, mais les alarmistes se refusent à reconnaître que la ligne d'horizon s'éloigne, lorsque l'homme avance vers elle.

La figure 1 ci-avant établie précisément par M. Callot montre l'énorme distance qu'il peut y avoir entre les ressources existantes et les ressources exploitables, dans l'état des techniques du moment.

Un peu plus tard, l'étude faite en 1977 par W. Léontief pour le compte des Nations unies, matière par matière, montra que le cap de l'an 2000 pourra être passé sans difficultés. D'autres vont plus loin et parlent d'un siècle.

Mais les hommes sont étrangement indifférents à leur horizon proche excepté sur le plan juridique : le jeune garçon, qui entre dans une profession à dix-sept ans, se voit pourvu d'un statut qui lui assure une retraite déterminée un demi-siècle plus tard, retraite qui peut, elle-même, durer une vingtaine d'années. Le droit prime étrangement le fait.

La dégradation

Très à la mode à ce moment, la pollution se découvre partout, confirmant le contraste entre les moyens de la télévision et ses réalisations. Ce sont les dangers suffisamment spectaculaires qui sont seuls retenus, les plus propres à faire « vendre » et frissonner à la fois. Passée la période d'agitation, la société oublie à nouveau que le capital naturel dont elle dispose devrait être entretenu, maintenu en état, tout comme une machine d'usine ou une voiture.

L'intensité de l'information est en rapport, non avec le risque couru, mais avec l'effet produit sur l'opinion. Éternel refrain : l'information est un reflet plus qu'une lumière.

Quoi qu'il en soit, les cris d'alarme ne manquent pas, sans avoir tous les mêmes échos. Parmi les risques les plus discrets, il faut citer le plus sérieux, sans doute, la possibilité de *changement de climats*. Nous allons le retrouver dans un instant.

Les écologistes

De cette période d'angoisse que nous est-il resté ? Les écologistes. Ce sont des hommes de diverses classes sociales, le plus souvent d'assez bonne culture, soucieux de dénoncer les sujets d'alarme et plus affectifs que rationnels. Et du coup, les autres hommes sont repartis, l'esprit tranquille, à leur occupation, déjà fort prenante, puisqu'ils sont désormais gardés par les écologistes.

Avons-nous un corps de spécialistes, désigné pour tout observer et informer pouvoirs publics ou opinion de tout danger ? Non, évidemment, mais nous avons les écologistes.

Ces hommes ne peuvent pas tout savoir, tout connaître, tout mesurer et, dès lors, sont voués à des réactions affectives. D'autre part, ayant besoin de trouver un écho dans l'opinion, ils sont fort soucieux de leur popularité. L'aspect le plus remarquable de leur étonnante logique est fourni par le couple, si on nous permet l'expression, route et énergie nucléaire.

Si, quelque jour, en quelque endroit du monde, se produit, dans une centrale atomique, un incident, un accident, qui *aurait pu* coûter la vie ou ébranler la santé de deux ou trois personnes, l'émotion est suffisante pour durer une semaine, sans mourir définitivement. Mais que, tous les jours, dans la France seule, disparaissent quarante vies humaines sur la route et qu'autant d'invalides soient condamnés à une vie souterraine n'est même pas digne de remarque.

Ces écologistes, ils ne pouvaient non plus manquer de tomber, si l'on ose dire, dans le mirage du soleil. Grappillant çà et là des informations parmi la masse de celles qui circulent, appliquant à la France, à l'avance, des résultats peut-être valables pour des régions tropicales à fort ensoleillement, confondant parfois, ou laissant confondre, l'utilisation pour le chauffage et la construction de centrales électriques, ils trompent une opinion, qui ne demande d'ailleurs qu'à l'être.

En dépit de ces excès, ils rendent assurément des services, ces écologistes, la plupart sont désintéressés, ne cherchant même pas quelque renommée personnelle.

Malheureusement, par-dessus tout, la question la plus sérieuse n'attire pas l'attention, parce qu'elle manque du caractère essentiel : le spectacle.

Chaud et froid

Jusqu'ici sans effet notable sur les éléments, l'action de l'homme est, semble-t-il, parvenue à un degré suffisant, pour entraîner de redoutables perturbations :

1. *Écoutons d'abord le professeur Lenoir :*

« La température va, peu à peu, s'élever dans le monde, du fait des combustions de fossiles : en cent ans, celles-ci ont été multipliées par quinze, alors que la respiration des hommes ne l'a été que par trois... L'élévation de la température entraînera, un jour, la fusion des glaces polaires, qui fera, elle-même, monter de cinquante mètres, environ, le niveau des mers, entraînant des catastrophes sans précédent : New York, Londres, Rio, Tokyo, tous les ports du monde et les terres les plus riches ensevelies, Belgique, Pays-Bas... En France même, Paris dans sa presque totalité, tout le grenier du Nord et de l'Ouest, Marseille, la côte d'Azur... tout cela englouti. »

2. *Mais donnons maintenant la parole au professeur Lesombre :*

« Les rayons solaires traverseront plus difficilement l'accumulation des poussières, ce qui entraînera un refroidissement de l'atmosphère, avec abandon de l'Europe glacée et catastrophes en chaîne. »

Entre ces deux extrêmes, l'opinion se juge curieusement rassurée, confiante peut-être dans la force des moyennes et croyant vaguement à quelque compensation. A toute sommité annonçant la marche d'un mal, répond une autre sommité annonçant la marche contraire, non moins funeste.

Sur un point, cependant, le mouvement est bien déclenché.

Le gaz carbonique

Il est bien inoffensif, le gaz carbonique, le brave CO_2 que nous produisons de façon continue et rejetons, simplement pour pouvoir reprendre un peu d'oxygène. Et nous le voyons pétiller avec plaisir dans les boissons rafraîchissantes.

Et cependant, cet innocent peut nous valoir les plus graves soucis : depuis au moins un quart de siècle, sa proportion dans l'atmosphère augmente discrètement à un rythme, annuellement saccadé, mais régulier. La figure 2 représente la progression mesurée à la station de Noaa Mauna Loa à Hawaï. Le rythme s'est quelque peu accéléré, à partir de 1966, et a peut-être très légèrement ralenti, à partir de 1973, crise du pétrole.

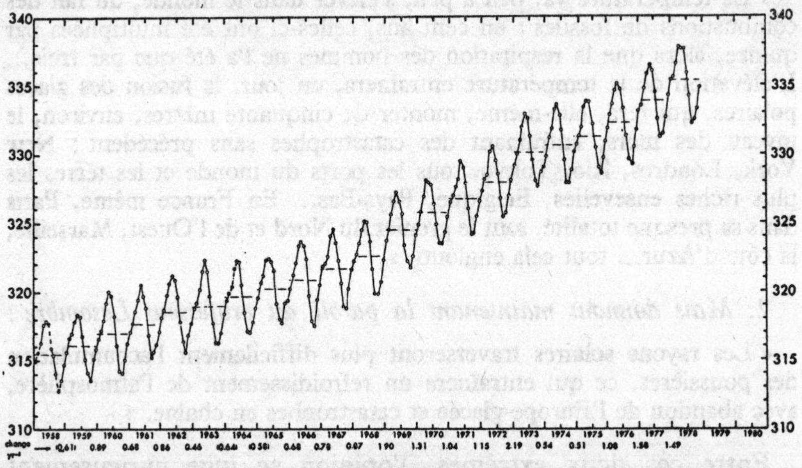

FIGURE 2
Accroissement du gaz carbonique dans l'atmosphère à la station de Noaa Mauna Loa

Finalement, la teneur de l'atmosphère en gaz carbonique est passée de 280 ppm au début de l'industrie active, il y a un siècle, à environ 340 aujourd'hui, en augmentation de 21 %. En l'an 2000, il y aura un nouvel accroissement de 20 à 25 %.

La combustion de tous les combustibles fossiles reconnus

dégagerait dans l'atmosphère une quantité de CO_2 dix fois supérieure à la quantité actuelle ; une partie se dissoudrait dans l'océan et se transformerait en carbonate de chaux, mais le CO_2 additionnel risque d'avoir un effet significatif sur le climat de la terre.

La détérioration de l'ordre naturel est ici bien visible : l'équilibre multimillénaire entre les combustions et respirations et la contrepartie fournie par la photosynthèse (action des plantes, des algues et de la mer) est rompu, le seuil où jouait la loi rassurante de Le Chatelier étant franchi. Cette rupture résulte de la progression rapide et inédite des combustions de fossiles. Si complaisantes qu'elles soient, les forêts et la mer n'ont pas pu suivre.

Le climat

Comme pour l'impôt, le bon climat, c'est le climat qui dure. L'accroissement continu du gaz carbonique dans l'atmosphère peut, un jour ou l'autre, entraîner des changements de climat, déclare l'Office mondial météorologique de Genève, d'autant plus inquiet qu'il est impuissant dans la prévision, ne pouvant dénoncer que le risque. Nous n'avons aucun moyen, déclare-t-il, non seulement de prévoir à quelle teneur le changement se produira et de quelle façon, mais même de l'annoncer une fois qu'il sera effectif. Sauf le cas de grandes catastrophes naturelles qui mettraient en question son existence même, il faudra, en effet, attendre, pour juger en termes probabilistes, si les écarts constatés sont accidentels ou le fruit d'un changement de la base elle-même. Un exemple curieux peut du reste être cité : la sécheresse anormale de 1976.

« Il ne pleuvra plus »

En 1976, une sécheresse exceptionnelle a sévi en Europe et notamment en France : aucune pluie ni en hiver ni au printemps.

Le 30 juin, a paru dans *le Monde* un article documenté, sous la plume de M. Pierre de Martin, maître assistant à l'université de Paris Sorbonne. Après avoir exposé la formation exceptionnelle de l'anticyclone, il concluait à sa stabilité.

« Il faut hélas se rappeler que plus la chaleur gagne les hautes couches de l'atmosphère, plus la masse chaude devient stable. Cette situation s'aggrave exponentiellement avec le volume de la masse d'air concernée. »

La suite était plus claire encore et plus pessimiste :

« Cet auto-entretien est particulièrement funeste, car il donne chaque jour un peu moins de chances aux perturbations atlantiques d'arriver jusqu'à nous... Pour en finir, il faudrait qu'une puissante goutte froide, d'origine polaire, vienne coiffer l'anticyclone en altitude... Mais les gouttes froides, de taille normale, ne peuvent guère se percher sur un pareil dôme élastique, qui les renvoie comme des balles. »

Cet article, qui concluait donc dans le sens d'une modification, tragique au possible, du climat n'a, chose curieuse, provoqué aucune réaction. C'est que les scientifiques les plus optimistes étaient troublés. Le seul démenti est venu de la nature elle-même, car quelques jours après la parution de ces lignes, des pluies torrentielles ont provoqué des inondations locales.

En termes probabilistes, un événement exceptionnel, hors des limites courantes, n'est pas une preuve de changement de climat, tant la dispersion est grande, mais ce n'en est pas moins une présomption.

Le danger ne pourra être dénoncé, avec quelque sûreté, que lorsque les dégâts seront déjà importants.

Les conséquences

Plaçons-nous même dans des circonstances favorables pour le monde : bon gain, mauvaise perte, la superficie des terres cultivables augmente et, avec elle, la production agricole possible et le nombre de bouches susceptibles d'être nourries. Tout va donc bien ?

Fort mal évidemment. Aucune permutation n'est neutre et chacune peut prendre l'allure de catastrophe. Que l'Europe occidentale devienne totalement aride, elle ne pourra trouver compensation dans la fertilisation des déserts d'Asie centrale ou d'Afrique. Les nations défendront les unes leur droit séculaire, les autres leur droit à la vie. Question de force. Négligeons même la perte des installations de toutes sortes, agricoles, industrielles, culturelles, hospitalières, etc. : qu'elles soient individuelles ou massives, les migrations se feraient dans le plus grand désordre, prenant l'allure oubliée d'invasions. De violences en violences, le risque de guerre mondiale s'accentuerait.

Bien faibles apparaîtraient, à ce moment, les organisations internationales, en dépit de leur énorme appareil bureaucratique. Aucun refuge, aucun paradis fiscal, une lutte éperdue pour la vie, se traduisant par un nombre immense de morts.

Une simple éventualité que, dans notre impuissance, il vaut peut-être mieux ne pas évoquer.

Détruire ou conserver

Comme la troupe des Djinns, la vague de l'apocalypse imma nente est passée et l'oubli est venu. Le mot *gaspillage* ne provoque plus que des sourires ironiques; la peur de perdre, cette année, 1 % de son pouvoir d'achat est bien plus vive que celle de perdre un jour tout et la vie.

Sans doute, eût-il mieux valu, au lieu et place de cette avalanche, une prise progressive de conscience dans le monde scientifique, chargée de doutes, par esprit de rigueur, mais prenant peu à peu consistance et gagnant progressivement les diverses couches de l'opinion.

En tout état de cause, quel est l'horizon propre à émouvoir l'humanité? L'annonce d'une certitude d'explosion de la Terre, dans mille deux cents ans, n'entraînerait qu'un effet de curiosité, sans changement de nos habitudes. A plus forte raison, un danger dont ne sont précisés, ni la probabilité ni le moment, ne peut modifier l'attitude d'une société prise dans l'engrenage de la consommation. Comment des gouvernements, grevés de charges et de promesses, étourdiment attirés par la sirène de la réduction du temps de travail, incapables d'assurer l'emploi de toutes les personnes valides, pourraient-ils acquérir, soudain, le don de prévoyance ?

Et cependant, à l'extrême risque de destruction générale, à la frénésie d'armements (l'armement, dans le monde, consomme plus d'énergie que l'Afrique entière) correspond, par une antithèse, sans doute, logique, un immense désir de conserver. La menace qui pèse sur de nombreuses espèces animales ou végétales, grandes ou minuscules, sous la pression des besoins des hommes, a créé, chez un certain nombre, du moins, le souci de maintenir. Les baleines et les éléphants ont leurs défenseurs, comme les insectes et même les microbes. L'éradication du responsable de la variole a posé un problème inédit. Le détruire à jamais ? Après débats, l'Organisation mondiale de la santé a décidé de conserver celui-ci et a confié ce soin à trois laboratoires dans le monde. Ainsi la peine de mort est supprimée aussi pour les ennemis mortels.

Rares sont les cas où se posent des choix aussi précis, et, du reste, la plupart du temps, il ne s'agit que d'aspirations, de recommandations, de craintes et d'hypothèses. Plus l'homme domine la nature, plus il risque l'accident fatal. Comme en d'autres domaines, la dualité capitaliste et communiste, le secret et la fermeture de l'Union soviétique, ne sont guère favorables à des solutions simplement préservatrices. Comme, dans le domaine alimentaire, seule l'imminence du danger peut provoquer les réactions de salut.

CHAPITRE XIV

A l'Est

« Ce sera un rien de régler la production sur les besoins. » Cette sublime et efficace naïveté d'Engels n'a même plus, un siècle plus tard, le pouvoir de nous faire sourire ou trembler. Et pourtant, pourrait-on ajouter, n'est-ce pas une chose grave que près d'un milliard et demi d'hommes, dans le monde, règle son action, selon des principes énoncés il y a un siècle, par des prophètes qui se sont trompés sur tous les points de fait ?

En aucune façon, car le propre d'un prophète n'est pas de voir juste. Son rôle, sa fonction, est d'ouvrir une voie, en brisant des barrières. Que la tâche des planificateurs soit bien plus malaisée que prévu, que la satisfaction des besoins de l'homme soit loin d'être assurée, importe peu, puisque la rupture a eu lieu.

Peut-être quelques spécialistes fameux du « sens de l'Histoire » nous enseigneront-ils que tout avait été conçu à l'avance, en vue des finalités proposées : « Si Marx et Engels et surtout Lénine et ses camarades avaient connu, précisera-t-il, les difficultés économiques et les famines du nouvel ordre de choses, sans doute n'auraient-ils pas trouvé suffisamment de disciples pour tenter une telle aventure. »

« Le communisme, ce sont les soviets plus l'électricité », aurait dit Lénine ; peu importe la date où vient l'électricité, du moment que le pouvoir est là.

Et c'est ainsi que l'impossible, l'illusoire a été réussi et que le régime, bâti sur des fantômes, est, quoi qu'on en dise, le plus stable de notre époque.

Dieu aussi était nécessaire

Selon Marx, le premier pays à passer au communisme devait être l'Angleterre, parce que le plus avancé dans la concentration industrielle. Nous serions tentés aujourd'hui de penser que ce sera plutôt le dernier. Le communisme ou le socialisme qui y conduit s'accommode mieux du continent que de la mer. En tout cas, le hasard des révolutions et des conquêtes a voulu que le premier pays à avoir sauté le pas soit continental.

Ce pays avait — hasard ou logique — de vastes dimensions, une autosuffisance alimentaire et d'immenses ressources naturelles, conditions essentielles de la survie. A cet immense empire, il manquait cependant quelques marches protectrices. Les bastions édifiés après la seconde guerre ont parachevé l'édification de la forteresse. Lors des débats — toujours difficiles — avec les pays, dits satellites, particulièrement aux débats du C.A.E.M. (COMECON), il y a, toujours, un mot propre à trancher : le pétrole.

Le fil du couteau

Il fut un temps où les jugements sur l'Union soviétique ne pouvaient pas s'écarter d'une des deux images classiques, l'enfer, symbolisé par le couteau entre les dents, et le paradis promis. Si important que soit le progrès accompli dans la recherche et le souci de discrimination, il est toujours difficile de se défaire de tout préjugé, de toute sympathie ou répugnance sur ce sujet. Et les essais les plus loyaux de se maintenir sur l'étroite arête se traduisent facilement par des alternances et des compensations craintives. Nous n'espérons pas faire mieux ici.

Matérialisme

Une technique déterminée doit, selon la doctrine, créer son propre régime. Et cependant, l'uniformisation des techniques est aujourd'hui à peu près totale et continue, sans que, pour autant, les régimes socio-politiques fassent un pas l'un vers l'autre. La prévision en question est, il est vrai, de celles qui peuvent toujours s'abriter derrière la durée.

Plus frappante encore est la divergence entre les pays s'appuyant sur la même base doctrinale : si les républiques populaires d'Europe sont suffisamment tenues en main pour rester dans le modèle (la Pologne elle-même ne parvient pas à s'affranchir), par contre, la Yougoslavie et l'Albanie — qui ont pu s'échapper, du fait que l'armée soviétique n'avait pas participé à leur libération — ont édifié chacune un système bien différent, qui tend à s'écarter de plus en plus du soviétique, tout en affirmant que lui seul est dans l'orthodoxie. Il est vrai que, là aussi, il est toujours possible d'annoncer la marche vers le dépérissement de l'État et le système distributif.

Les besoins

Mais le communisme orthodoxe croit-il encore à la distribution ? Marx, qui a employé l'expression « prise au tas », n'avait qu'une idée bien sommaire des besoins de l'homme, notion redoutable, qui fait fuir les économistes de toutes les écoles. Il n'en reste pas moins que selon Engels, la production n'aurait besoin d'augmenter que « proportionnellement à la population ». Les utopistes, eux, avaient au moins le mérite de rêver, Marx remplace leurs vues par le « socialisme scientifique », qui cependant, ne s'embarrasse guère du lourd bagage des faits. N. Khrouchtchev qui, lui, croyait sentir sinon le sens de l'histoire, du moins celui du vent, a annoncé, avec fermeté, que jamais l'Union soviétique n'entrerait dans la voie de la voiture individuelle. Deux ans après, Kossyguine faisait appel à Fiat, pour construire des voitures en grande série. C'est que cette fabrication présente l'avantage de se prêter, plus encore que le logement, aux paiements anticipés, qui facilitent l'équilibre financier des plans.

Si tout l'ensemble des pays d'Europe, socialistes ou non, est quelque peu incohérent et s'écarte même, chaque jour, d'un ordre approximatif, d'une obéissance relative aux prévisions, c'est que la doctrine marxiste, plus encore que ce qui paraît être la nôtre, ne fait pas une place suffisante à la vie, aux diversités, aux caprices de la nature sociale.

Progrès et libération

Un peu moins prudent sur les délais, que Marx, Lénine annonce que dans vingt ans, l'or sera si dénigré qu'on l'utilisera pour construire les vespasiennes. Dans l'esprit des deux fondateurs, il ne devait s'agir tout au plus que de deux générations.

Par contre, selon les idées de la bourgeoisie du début du siècle, l'État était incapable de toute gestion matérielle, les initiatives s'engloutissant dans la bureaucratie.

Depuis la fin des tsars, des progrès économiques ont été accomplis, permettant de satisfaire les besoins les plus vitaux, tout en en faisant surgir de nouveaux : nourriture très supérieure, quoi qu'on dise, à celle des moujiks, logement, qui, en dépit de ses déboires, s'améliore chaque année, soins médicaux généralisés et culture étendue à tous, autant de réalisations que, sur certains points, pourraient envier les pays capitalistes.

Dans d'autres pays, comme Cuba, si le progrès matériel est encore modeste, en revanche, la culture et la santé ne sont plus le monopole d'une minorité.

Si importants qu'ils soient, ces progrès sont loin de correspondre aux espoirs et même aux annonces successives faites à chaque plan ou chaque discours. Pendant longtemps, un rythme de 6 à 7 % par an a été annoncé et le chiffre de 5 % a été dépassé jusqu'aux toutes dernières années, mais le résultat final ne correspond pas : un rythme de 5,5 % par an, seulement, aurait, en cinquante-cinq ans, permis de multiplier la production par 15, ce qui est loin d'être le cas. Sans doute, les dépenses militaires freinent-elles la progression du niveau de vie, mais, en revanche, si l'on faisait intervenir la qualité des produits...

Qu'il s'agisse d'alimentation, de logement, de vêtements, de transports, de voyages, la consommation est loin d'être au niveau des pays occidentaux de tête, en particulier pour la qualité. Et, compte tenu des multiples défauts du capitalisme, cette comparaison suggère l'étendue des déperditions, évoquées par les auteurs critiques, mais rarement mesurées.

Au-dessus ou à côté de tous ces déboires, il faut placer ce test étrange de la mortalité, que nous allons retrouver dans un moment.

Mourir selon les règles

Loin de se limiter à la suppression de la propriété des biens de production, le marxisme est une méthode, une façon de penser, c'est-à-dire de ne pas réfléchir et, à tout prendre, une religion. Le maintien de cette attitude, dans les actes les plus matériels, permet, dit-on, d'éviter une dispersion stérile, mais la question peut se poser de savoir s'il vaut mieux communier dans l'erreur ou se disperser, quelque peu, dans l'efficacité. Tel est le cas, notamment dans la planification. Des erreurs onéreuses sont commises par respect des règles. C'est ainsi que, pendant trente-cinq ans, le refus de la notion de taux d'intérêt a conduit à donner la préférence aux investissements les plus coûteux. Les essais de révolte contre l'orthodoxie menés dans les années soixante, sous forme mathématique, de façon à rester sous l'abri scientifique, ont abouti à la grande réforme de 1965, qui s'est ensuite assez largement reperdue, dans le dogme. Aujourd'hui encore, la planification est compromise, parce que le système le plus efficace de fixation des prix est opposé à la théorie de la valeur de Marx.

Mais peut-être un jour, lorsque la crispation sera affaiblie, sera-t-il admis qu'il vaut mieux en réchapper contre les règles que mourir selon elles.

Population

Et nous voilà une fois de plus dans ce domaine si redouté, si refusé, et en tout cas, si mal connu, à peu près exclu de la culture de l'homme de bon ton.

Plutôt que de théorie marxiste (ou du moins marxienne) de la population, il faut parler d'*attitude* et même de réaction affective contre l'égoïsme malthusien, parfois teinté de férocité. Réaction durable, si l'on en juge, par exemple, à l'ouvrage du Pr A. Anikine, de l'université Lomolosoff, sur les économistes antérieurs à Marx, pour la plupart anglais et français[1]. Le ton général est d'une indulgence souriante, qui englobe même Saint-Simon. Quant à Sismondi, si mal vu par Marx et si malmené par Lénine, il est qualifié simplement de *romantique*. Si tous bénéficient de cette aménité, y compris Adam Smith et J. B. Say, une exception toutefois, celle de Malthus, « le personnage odieux dans l'histoire de l'économie politique ».

Au congrès organisé à Paris en 1980, consacré à ce même Malthus, objet d'une généreuse réhabilitation par les Occidentaux, les Soviétiques ont manifesté une animosité bien classique, tandis que, dans la rue, des tracts, émanant d'ailleurs de milieux non communistes, multipliaient les anathèmes contre ce pasteur, décidément voué à tous les vents. Nous retrouverons la doctrine à propos de la Chine.

Mais la politique de population ? Quelles règles a-t-elle suivies ?

Natalité

En matière de natalité, de fécondité, la politique soviétique a été inspirée bien plus par les circonstances et les besoins du moment que par l'idéologie.

1. *La Jeunesse d'une science. La pensée économique avant Marx*, Éditions du Progrès, Moscou, 1975.

Entre les deux guerres, la baisse de la natalité occidentale avait été qualifiée de « maladie bourgeoise » par les communistes et elle l'était effectivement. Mais les motivations (niveau de vie, logement, travail et libération de la femme, etc.), qui avaient poussé le ménage suédois, suisse, ou français, à réduire fortement sa descendance, se sont retrouvées dans le régime socialiste, particulièrement dans les républiques populaires les plus avancées, R.D.A. et Hongrie. Comme en Occident, la masse des décisions personnelles n'a pas coïncidé avec l'intérêt national, tel qu'il était, du moins, jugé par les autorités politiques.

Le souci de maintenir la famille moyenne au-dessus de deux enfants et même voisine de trois a été exprimé, à diverses reprises, par les autorités, avec plus d'attention qu'en Occident. Seulement, les moyens employés ont été bien différents : les prestations familiales se sont toujours avérées, en particulier, en Union soviétique, inférieures aux besoins de la famille, étrange entorse au principe « A chacun selon ses besoins ». Le souci de relancer la natalité chancelante a conduit à les relever quelque peu, sans atteindre toutefois le point qui permettrait de maintenir le niveau de vie, lors d'une naissance.

Tout autre, d'ailleurs, est l'arme principale : le maniement de l'avortement. Les autres pratiques antinatales sont jugées trop anonymes : les pilules peuvent en effet se passer de l'une à l'autre, tandis que l'avortement est un moyen politique, que le pouvoir peut brusquement interdire à telle ou telle catégorie de population, voire, s'il le voulait, à telle ou telle personne. Qui peut se représenter Mme Thatcher ou M. Mitterrand supprimer brusquement, sans préavis, le droit à l'avortement ou le limiter à telle ou telle catégorie, pour prendre en quelque sorte des femmes au piège législatif ? A plusieurs reprises, dans les pays de l'Est, de telles restrictions ont provoqué une reprise de la natalité [1], les intérêts particuliers étant sacrifiés au bien public.

1. Rappelons le cas fameux de la Roumanie en 1966-1967 : ignorant des questions démographiques les plus élémentaires, le gouvernement a, sous la poussée des orthodoxes antimalthusiens, supprimé brusquement l'avortement, ce qui a multiplié la natalité par trois, événement inédit dans l'histoire de l'humanité. Affolé devant cette marée (deux femmes par lit dans les maternités) il est revenu en arrière, mais la classe d'âge excédentaire souffre depuis et va

Employée trop souvent, une telle mesure perd cependant peu à peu son efficacité, la population trouvant la parade ; c'est ce qui arrive, en particulier, à la Hongrie. Cependant la R.D.A. a réussi, par des mesures familiales, à accroître sa natalité de 46 % en quelques années.

Finalement, le comportement des ménages, en divers pays, est plus une question de développement économique et culturel et de politique familiale qu'une question de régime.

Diversité des peuples soviétiques

La politique de la fécondité se complique en Union soviétique de la diversité des conditions géographiques, ethniques et religieuses. Les dangers ont bien été mis en évidennce par Mme H. d'Encause[2] : dans les vastes régions d'Asie, en partie musulmanes, la natalité est restée à un niveau élevé, de l'ordre de 35 ‰, assurant une augmentation assez rapide. Dès lors, le risque est double :

1. *Provoquer, par tous moyens, une baisse de la natalité en Asie,* pour la ramener au niveau européen, c'est limiter la densité de ces vastes territoires et tenter le diable, c'est-à-dire les Chinois.

2. *Maintenir cette natalité,* c'est accroître le poids de ce qu'on appelle encore la Russie d'Asie et compromettre la suprématie des Européens, des Russes, ou même provoquer des risques de scission.

Le remède spécifique consisterait, sans doute, à renforcer le peuplement de l'Asie par une migration européenne, mais les résultats, de ce côté, ont été décevants. En outre, la natalité européenne est déficiente.

souffrir, toute son existence : surpeuplement des écoles, moins de places aux examens, mariages non assortis, difficultés d'emploi, etc., et peut-être même retraite plus difficile.

1. *L'Empire éclaté,* Flammarion, 1981.

Chacun chez soi

Sur ce point, la doctrine, ou plus précisément la politique, est ferme : opposition à toute migration internationale, en un sens ou l'autre. C'est à peine si, entre la R.D.A., manquant sérieusement de main-d'œuvre, et la Pologne, surpeuplée et souffrant de chômage, quelques arrangements temporaires ont pu être admis.

L'homme appartient à son pays, à sa nation : les Soviétiques n'ont admis qu'exceptionnellement et pour des raisons spécifiques (espions pourchassés par exemple ; quelques Chiliens, en très faible nombre, lors du coup d'État Pinochet), l'entrée définitive de communistes d'autres pays. En revanche, ils ont longtemps réclamé le retour des Russes blancs et des Arméniens réfugiés en France et ailleurs. Lors des débats sur la Déclaration des droits de l'homme, les Soviétiques ont voté contre le droit, pour un homme, de quitter son pays.

Aux Nations unies, les représentants soviétiques se sont, en toutes circonstances, prononcés contre les migrations internationales. En Italie même, en une époque de forte émigration volontaire, les communistes n'ont toléré ces mouvements que comme des correctifs aux méfaits du capitalisme.

Tout autre a été certes l'attitude de Cuba, « accident maritime », il est vrai, dans l'histoire du communisme. Tantôt ce fut l'interdiction totale, tantôt l'argument : « Mieux vaut avoir des ennemis au-dehors que dedans » et finalement le déversement d'un grand nombre de « droit commun » aux États-Unis. Entre républiques de l'Union soviétique, les migrations sont relativement libres, mais dépendent, de toute façon, des conditions du travail.

Jamais il n'a été question, en Europe de l'Est, d'appeler, comme les Européens, des travailleurs de pays « moins développés » (Maghrebins, etc.), pour compenser la faiblesse de la natalité. C'est, nous le verrons, *une remarquable force.*

Mortalité

Pendant longtemps, la mortalité soviétique a baissé normalement, en liaison avec le développement général et les progrès de la médecine. Vers 1950, le gouvernement de Staline a, dans un communiqué retentissant, annoncé que le taux de mortalité, en U.R.S.S., était tombé au-dessous de celui des États-Unis. C'était confirmer l'ignorance des communistes en matière démographique. Les écarts annoncés pour la mortalité générale traduisaient seulement le fait que la population soviétique avait moins de vieux que l'américaine. Pour juger correctement, il faut s'en remettre à l'espérance de vie à la naissance et à la mortalité infantile. Et ici se déroule, depuis près de vingt ans, un phénomène doublement déconcertant.

Dans tous les pays du monde, la mortalité diminue ou, dans les cas les plus attardés d'Afrique noire, reste la même. Une exception : la mortalité remonte en Union soviétique, et pas uniquement pour les hommes.

L'espérance de vie à la naissance, qui avait atteint, pour les hommes, 66,3 ans en 1964 a régulièrement baissé depuis et doit être actuellement inférieure à 63 ans. Quant à l'espérance de vie féminine, qui a culminé à 74,2 en 1970, chiffre honorable, elle n'est plus que de 72 ans, au mieux. Du reste, la publication de la statistique de décès est interrompue depuis 1976 [1].

Devant un phénomène aussi troublant, se pose aussitôt la question de la cause. Les statistiques sont muettes, sur ce point ; la répartition des décès, selon leur cause, n'est pas publiée.

Interrogés sur cette curieuse évolution, les personnalités soviétiques répondent de façons très diverses : les unes par l'ignorance, les autres en donnant des explications différentes, en dehors même de l'abus de l'alcool. L'éthylisme peut, certes, être cité en bonne place, mais il semble peu convaincant pour les jeunes, pour les femmes et moins encore pour la mortalité infantile (augmentation d'un tiers, au moins depuis 1975).

1. Voir Roland Pressat, « Situation démographique de l'U.R.S.S., à la veille de son cinquième recencement », *Population,* juillet-octobre 1979 et J.-C. Chesnais, « La hausse de la mortalité infantile en Union soviétique », *Population,* novembre-décembre 1981.

Selon les experts américains Christopher Davis et M. Feshbach [1], qui se rendent souvent en Union soviétique, cette évolution défavorable ne résulte que peu de causes classiques, comme l'abus de tabac ou de l'alcool, et doit être attribuée à une dégradation de l'appareil médical. Cet avis n'est pas obtenu, est-il précisé, par des satellites espions, inspiré par des vues personnelles, mais est fondé sur des rapports des autorités soviétiques elles-mêmes.

Les autres pays socialistes ont des résultats bien meilleurs, notamment Cuba (72 ans pour l'ensemble des deux sexes). Même l'attardée Albanie fait mieux (69 ans).

Nous voici donc devant un phénomène inédit et déconcertant. Notre étonnement s'accroît encore de voir l'indifférence de l'opinion européenne à la question. Même les anticommunistes les plus ardents n'utilisent pas cet argument, tant l'ignorance est étendue dans le domaine de la population.

L'adversaire secourable

Les missiles s'accumulent et l'Europe, plus riche que l'Union soviétique, ne cherche même pas à préserver ses frontières terrestres. De l'autre côté, de fortes ressources sont consacrées à l'armement.

Les Européens benêts se prêtent à ce jeu, en fournissant des produits à crédit. Chaque année, le montant de la dette s'accroît, selon le procédé millénaire qui pousse le créancier à accroître encore sa mise pour se donner l'illusion d'en recevoir les intérêts. Cette dette, qui dépasse 80 milliards de dollars, est, selon les termes du Trésor, « une véritable subvention ».

A quoi bon, disait un délégué humoriste à Bruxelles, se lamenter parce que nous bradons du beurre à 5 francs le kilo aux pays de l'Est, puisque de toute façon ils ne le paient pas.

Aucun pays d'Europe n'entend se retirer de ces marchés de

1. Nick EBERSTADT, « The health crisis in the U.S.S.R. », *The New York Rewiew of Books,* 19 février 1981.

dupes, car tous sont poussés par la croyance, malthusienne, de gagner ainsi des débouchés. Des emplois sont ainsi créés, *apparemment;* en vérité, l'État doit dédommager les entreprises et, à cet effet, prend l'argent ailleurs. Plutôt que de vendre à crédit des marchandises qui ne seront jamais remboursées, mieux vaudrait, *pour l'emploi lui-même,* employer les sommes en question à son propre développement.

Seulement intervient la peur de voir les autres pays « conquérir le marché ».

Le montant de la dette des pays de l'Est à l'Europe s'élève à 80 milliards de dollars, soit 440 milliards de francs. En outre, les excédents de la communauté européenne — en beurre notamment — sont bradés de temps à autre pour « soutenir le marché ». Il ne s'agit pas, disent pour leur défense les Occidentaux, d'armements et de produits pouvant servir à la guerre. Une naïveté de plus : grâce à cet apport, un transfert de ressources est possible.

Attitude vis-à-vis des pays en développement

Nous avons déjà dénoncé (p. 108) cette attitude, aussi éloignée de la franchise que de la logique. En alléguant que la pauvreté, dans le monde, ne résulte que du pillage des Occidentaux, les Soviétiques prennent une attitude proprement politique pour justifier leur refus de solidarité.

L'agriculture

L'agriculture a toujours été négligée par Marx, Lénine et leurs disciples. C'est un mauvais terrain pour la doctrine, si bien que le seul accès de mauvaise humeur du jovial Khrouchtchev, lors de ses voyages occidentaux, a été provoqué par l'énoncé du rendement du maïs, chez les paysans danois, éloignés de tout collectivisme.

Deux tiers de siècle après l'avènement du socialisme, l'Union soviétique ne parvient pas à nourrir sa population et doit recourir à des achats aux États-Unis et au Canada. Ce faisant, elle réduit les stocks mondiaux disponibles et concourt à la pénurie alimentaire dans le monde, demain, peut-être, à quelque famine.

C'est qu'il est bien plus facile de fabriquer des missiles ou des spoutniks que de faire travailler des paysans.

Cela dit, les difficultés des ménagères urbaines pour s'approvisionner ont été exagérées par la presse occidentale. Les Soviétiques sont convenablement nourris, du moins en quantité. Les files d'attente signalées dans telle ou telle ville, résultent d'erreurs de distribution et de la méthode courante qui consiste à distribuer une masse de revenus toujours un peu supérieure aux disponibilités de consommation, de façon à tout liquider, y compris les malfaçons.

Perspectives

Lors de la naissance de l'Union soviétique, en 1917-1918, les plus indulgents ne lui accordaient pas grandes chances de vie. H. Wells, le premier, a montré, dès 1920, qu'en dépit de l'effondrement économique, le régime était durable, du seul fait qu'aucun autre n'était politiquement concevable. Dès l'instant que la solidité politique s'assurait, aussi bien à l'intérieur que vis-à-vis de l'extérieur, on pouvait affirmer qu'un jour ou l'autre, une façon de vivre ensemble serait trouvée. Le manque étonnant de mémoire facilite d'ailleurs les transformations indispensables.

De temps à autre, quelque augure annonce le commencement de la décomposition et la marche vers une liquidation générale. Même les événements de Pologne 1980-1982 ne permettent pas de juger ainsi. Comme toujours, l'existence d'un adversaire est précieuse. « Donnez-nous Seigneur notre ennemi quotidien. »

Les deux régimes, capitaliste et socialiste, se caractérisent par une accumulation d'erreurs et de malfaçons qui s'entretiennent mutuellement. L'éventualité la plus critique serait l'effondrement des États-Unis, en dépit des avantages matériels qui en résulteraient momentanément (énergie). Mais le régime reste sans remplaçant.

CHAPITRE XV

L'aventure de la Chine

L'HISTOIRE, ou plutôt l'aventure de la population chinoise depuis un tiers de siècle, est si riche en spectacle, en rebondissements, en menaces et en rebondissements, en menaces et en enseignements aussi, que ce drame immense, encore semi-secret, mérite d'être mis le plus largement possible à la lumière.

De tout temps, ce pays a, par la dimension de sa population, causé du souci à ses gouvernants et procuré, au-dehors, de la curiosité, mêlée d'un certain effroi. Une énorme masse peut, quelque jour, se mettre en mouvement.

Pendant des siècles et sans doute des millénaires, la surpopulation a été, en Chine, la règle, avec son cortège de famines, d'épidémies et de guerres « purificatrices ». La doctrine n'en restait pas moins éperdument populationniste, même chez Confucius. Au XVIIIe siècle cependant, Hong Liang-Ki, malthusien avant Malthus, a dénoncé la multiplication, génératrice de misère [1].

Pour la première fois, s'est ajoutée aux caprices et aux rigueurs de la nature sociale la volonté directrice des hommes, chargés d'ignorance et de dogmatisme primitif.

Combien de Chinois ?

En s'apparentant à l'infini, l'illimité suggère la légende. Nombreux, cependant, ont été, dans le passé, les dénombre-

1. J. CHESNEAUX, « Un prémalthusien chinois. Hong Liang-Ki », *Population*, n° 1, 1960.

ments, toujours entrepris dans un but fiscal ou militaire ; mais, du fait même de cette intention, les résultats étaient décevants et inférieurs au réel.

En 1953, quatre ans après le triomphe de la révolution, le gouvernement communiste a entrepris un véritable dénombrement. Résultat inattendu, au-dessus de toute évaluation : 583 millions, pour la seule Chine continentale, vite porté à 600, dès 1955.

Du moment qu'un gouvernement nouveau, totalitaire, prenait en main cette masse immense, diverses évolutions étaient concevables :

1° *échec économique retentissant*, suivi d'une reprise de la mortalité millénaire ;

2° *expansion au-dehors* de cette masse croissante, difficile à nourrir et débordant ses limites, par un impérialisme, plus ou moins conscient et volontaire, plutôt vers l'Asie centrale. Cette hypothèse a pris quelque consistance, lors de la rupture avec l'Union soviétique en 1960 ;

3° *réussite économique*, permettant de nourrir largement tout le monde, grâce à l'utilisation de la science et de la technique, à la disparition des guerres, civiles et autres et des révolutions ;

4° *politique énergique de limitation des naissances*. C'est le pronostic, jugé absurde, formulé par les démographes, dès 1954 : dès l'instant qu'il lutte contre la mort, avec une certaine efficacité, *le gouvernement chinois devra certainement, contre doctrine et préjugés, se décider à réduire l'exubérance naturelle.*

Sourire de Marx

Cette dernière éventualité semblait cependant sinon absurde, du moins foncièrement contraire à la doctrine marxiste, exprimée, aussi nettement que possible, par le principe énoncé dans *l'Encyclopédie soviétique* [1] : « Dans un pays socialiste, il ne peut y

1. Nous ignorons, cependant, si, devant les nombreux démentis, ce texte n'a pas été supprimé dans les dernières éditions.

avoir de surpopulation. » C'est la réplique au célèbre apologue de Malthus, selon lequel l'homme en trop ne trouve pas son couvert mis, au banquet de la nature, et doit laisser la mort se charger de lui.

Faut-il rappeler qu'en 1913, Rosa Luxemburg et Clara Zetkine se prononçaient au Congrès socialiste de Berlin contre « la grève des ventres », préconisée par les femmes socialistes, c'est-à-dire contre la limitation des naissances ? Clara Zetkine a ajouté : « Les enfants montent vers la lumière. »

En 1947, pour la première fois dans l'Histoire, un groupe de personnes a été chargé, officiellement, d'étudier les problèmes de population dans le monde ; c'est la Commission de la population des Nations unies.

Dès la première séance, le délégué de l'Ukraine, Rabichko, s'est exprimé ainsi :

« Nous n'admettrons pas que, dans cette enceinte, soit formulée une proposition quelconque, contre la limitation des mariages ou contre la limitation des naissances, dans le mariage. Quiconque s'exprimerait dans ce sens commettrait un acte barbare. »

L'attitude des délégués soviétiques fut longtemps conforme à ce principe.

Mais si subtile est la dialectique et si légère la mémoire, qu'il est toujours possible de changer d'attitude, tout en affirmant aux contestataires qu'ils n'ont pas compris le sens profond de la doctrine.

Encore en 1957, Thorez et Jeannette Vermeersch militaient dans cette orthodoxie, oubliant que, du temps de Marx, la vie moyenne de l'homme ne dépassait guère quarante ans.

Le moyen de tourner

Comment respecter le principe, en agissant à l'opposé, se sont dit les Chinois ? Ce que les Soviétiques n'avaient pas imaginé, ils l'ont trouvé :

« Si nous limitons les naissances, ont-ils dit en 1955, ce n'est nullement pour des raisons économiques, comme les pays bourgeois, mais pour des raisons sanitaires et sociales. Nous voulons que la femme ne soit plus la victime de maternités successives et qu'elle puisse concourir utilement à l'édification de la société socialiste. »

En excluant toute motivation économique, la loi du 7 mars 1957 autorise et organise la limitation des naissances, par pratiques antinatales et élévation de l'âge au mariage (dix-huit ans pour les filles et vingt ans pour les garçons).

En août 1957, le démographe chinois Ta Chen, rescapé de la révolution, annonce officiellement à Stockholm, au congrès de l'Institut international de statistique que le taux de natalité devra être réduit de moitié en dix ans, performance jamais réalisée jusqu'ici[1] dans aucun pays. L'Europe occidentale a mis trente-cinq ans et la France un siècle à réaliser un tel changement de mœurs.

Mais voilà qu'en 1958, sur le vu de statistiques éperdument optimistes (le bond en avant), les orthodoxes reprennent le dessus : « Vous voyez bien qu'en régime socialiste, le couvert est mis pour tout le monde. Il faut revenir à la nature, enrichie par le socialisme. »

Pour convaincre les indécis est employé alors le procédé classique du dialogue entre le « bon », celui qui voit juste, et le « mauvais » ou, du moins, l'incrédule, perdu dans des sophismes. Les arguments du premier sont à peu près identiques à ceux que déployait le marquis de Mirabeau, au temps de *l'Ami des hommes*. Bien entendu, l'infidèle se convertit à la fin, reconnaît ses torts et proclame la nécessité d'aller vers le bien. Résultat : abrogation de la loi et fin des pratiques antinatales.

Peur de l'homme, peur du blasphème, peur des puissants

Arrivera-t-on à reconstituer fidèlement l'évolution de la natalité chinoise, de 1960 à 1980, telle qu'elle a été ? Les statistiques publiées rétrospectivement présentent diverses anomalies, peut-être le recensement de 1982 permettra-t-il de les corriger, mais il est peu probable que soient jamais connues les peurs, en divers

1. Au Japon, une baisse importante a été observée de 1947 à 1957, mais la base de départ était anormalement élevée du fait du retour des soldats dans leurs foyers.

sens (viol de la doctrine et crainte de la famine meurtrière), éprouvées par les dirigeants, devant des nouvelles contradictoires et finalement bouleversantes : Mao a beau multiplier les images rassurantes : « A chaque bouche correspondent deux bras », les récoltes ne se multiplient pas, comme dans les rêves. Qui reconstituera les affres du fonctionnaire, à un niveau quelconque de l'échelle et dont le supérieur est un dur du parti ? Il ne s'agit pas seulement de doctrine, mais de faits, car il y a des chiffres séditieux. Ces résultats qu'il trouve, cet employé consciencieux, risquent de lui attirer les pires ennuis. Entre la trahison et l'annonce de mauvaises nouvelles, la distance n'est pas considérable. Fausser les chiffres, dans le « bon sens » ? C'est peut-être la meilleure solution, mais quelle catastrophe, en cas de retournement !

Nous pouvons aussi imaginer les sueurs froides du responsable du parti, à un degré élevé, dans la tête duquel danse, tout d'un coup, une nuit d'insomnie, la cascade des progressions géométriques : 2 % par an, ce n'est rien ; quand il y a à manger pour 100, il y a à manger pour 102 ; seulement, en trente-quatre ans, c'est le doublement et, en un siècle, la multiplication par 7. La terre voudra-t-elle bien ? Les céréales vont-elles, bon an mal an, s'accrocher à l'exponentielle ?

L'agriculture

Parmi les damnés de la terre, victimes de la nature et des hommes, le paysan chinois a, de tout temps, tenu une place de choix : à peine il a fauché sa maigre récolte, se présentent le propriétaire, le fiscal et l'usurier, sans oublier, de temps à autre, le soldat ravageur.

Désormais, il n'y a plus qu'un créancier, l'État ; celui-ci ne le ménage guère mais, dans le principe, tout au moins, lui dispense quelques bienfaits inédits (outillage, engrais, conseils, etc.). Dans ces conditions, la production agricole ne va-t-elle pas rapidement s'élever, au-dessus des normes anciennes et aussi des besoins ?

Tel est du moins l'avis de Mao (1949) :

« C'est une très bonne chose que la Chine ait une grande population : même si elle se multiplie plusieurs fois, la Chine est capable de trouver une solution et cette solution est la production. »

Seulement, les événements ne répondent pas : les déceptions viennent, tantôt des hommes, tantôt de la fantastique nature. Certes, les grands projets, les efforts gigantesques, ne manquent pas, la technomégalocratie ayant toujours son mot à dire : plus une affaire est grandiose et complexe, plus elle a de chances de l'emporter, pendant cette période : barrages contre les inondations et les sécheresses, extirpations des sauterelles, défrichements étendus, etc., mais il y a toujours quelque obstacle et surtout les défaillances des hommes. D'en haut, l'impression est que les hommes du bas ne font pas ce qu'on attend d'eux, en bas les hommes se lamentent sur les instructions contradictoires reçues d'en haut et subissent l'épreuve des communes populaires. Comme la productivité du travailleur des champs ne s'élève pas autant que la population, il faut augmenter la population agricole, la faire revenir des villes, à l'encontre du progrès.

La courbe du nombre de rations ne parvient à dépasser celle du

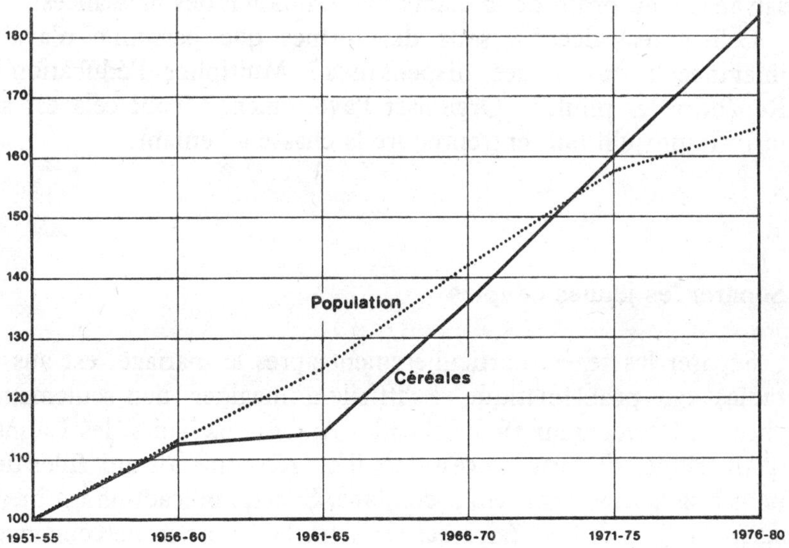

FIGURE 3
Population et récoltes de céréales en Chine de 1950 à 1980 (base 100 en 1951-1955)

nombre de bouches à nourrir qu'en fin de parcours (fig. 3). Jusqu'en 1970, la production ne suit pas et il faut importer.

Le rendement des terres basses ne parvenant pas à progresser fortement, il faut monter à l'assaut des plateaux, avec des fortunes diverses. Comme toujours, les déboires dus aux insuffisances techniques sont attribués aux intempéries ou à quelques traîtres, ennemis de la République.

Où les mettre ?

Ces centaines de millions d'hommes, qui se multiplient dans l'insouciance, que pouvons-nous en faire ? Submerger l'Union soviétique, refouler les Blancs vers l'Europe, d'où ils sont partis ? C'est bien tentant : contre des masses qui s'infiltrent, mi-partisans, mi-paysans, la bombe atomique est peu efficace et diablement scabreuse. Et cependant, les souffrances de la Pythie vont conduire à la grande résignation : il faut renoncer à la guerre salvatrice, au profit de la diabolique limitation des naissances.

Celle-ci est décidée sous des formes que personne n'avait imaginées : ouvrir des dispensaires ? Multiplier l'éducation ? Répandre les pilules ? Organiser l'avortement ? Tout cela est si insuffisant qu'il faut entreprendre la chasse à l'enfant.

Séparer les jeunes couples

Séparer les sexes, particulièrement après le mariage, est aussi radical que problématique et difficile à imaginer, non seulement chez les Occidentaux, mais chez les Arabes, les Noirs, les Latins d'Amérique. En termes pressants, il est recommandé aux filles de ne pas se marier avant vingt-cinq ans. Si cette précaution est bien suivie, cela doit déjà faire baisser d'un bon tiers la descendance finale naturelle, c'est-à-dire celle que l'on observe en dehors de toute pratique antinatale. Mais ce tiers donnerait encore sept enfants en moyenne par ménage, lorsque les deux époux vivent sans pratique antinatale efficace, jusqu'à la ménopause de la femme, disons cinq dans la pratique.

Or la date de vingt-cinq ans est loin d'être respectée. Qu'à cela ne tienne : le plan enverra la femme travailler à Canton et le mari dans le Sinkiang. Imaginons M. Mitterrand et Mme Thatcher entendant lutter contre la prolifération excessive des étrangers et envoyant la mère à Trégastel ou Cardiff et le mari à Forcalquier ou Aberdeen...

Et cela ne serait encore rien : les gouvernements les plus réactionnaires de tous les temps ou les plus darwiniens ont tous prévu quelques secours, pour les déshérités du plus bas niveau, ne serait-ce que pour le geste et par souci d'apaiser la voix, si modérée qu'elle soit, de la conscience : aide aux familles nombreuses (un beau communiqué), soupes populaires pour les enfants mal nourris ; cela ne va certes jamais bien loin, mais le bon ton est là.

Si soucieux qu'il fût d'égalité et d'humanité, le gouvernement chinois n'a pas entendu aider les faibles.

Voilà un logement disponible, en face de trois familles, dont la première a trois enfants, la seconde deux et la troisième aucun. C'est celle-ci qui sera choisie et les autorités l'annoncent, sans le moindre trouble, grâce à cette vertu communiste de l'oubli, de l'effacement total des faits et dispensés d'hier.

Un exemple

Voici des extraits du règlement, promulgué par le comité révolutionnaire de la province de Setchouan, dont la population représente le dixième de la population de la Chine :

« Les ouvriers et les employés des organismes, des usines, des écoles et des autres unités de propriété du peuple tout entier, qui n'ont qu'un enfant et n'en veulent pas d'autres sont bénéficiaires des mesures économiques suivantes :

« Ils reçoivent mensuellement 5 yuans de leur unité de travail, à titre de frais médicaux pour l'enfant.

« Ils jouissent des mêmes droits que ceux qui ont deux enfants, quant à l'attribution des logements.

« A niveau égal, les enfants uniques sont prioritaires dans le recrutement des ouvriers et des étudiants.

« Pour les couples paysans, s'engageant volontairement à ne donner naissance qu'à un enfant, ils se voient récompensés, chaque mois, de 30 points de travail au titre des frais médicaux de l'enfant, par leur équipe de production.

« Leur enfant bénéficie d'une même ration alimentaire que les adultes.

« Les enfants uniques ont le droit de posséder une parcelle privée, 50 pour cent plus étendue que les autres.

« Les enfants uniques bénéficient des frais ou des points de travail, au titre des frais médicaux jusqu'à l'âge de quatorze ans.

« Les couples ayant un enfant pourront en avoir un deuxième, tout en jouissant du même traitement qu'auparavant, si leur premier enfant est invalide ou succombe. »

Particulièrement déconcertante est la différence de traitement devant les frais médicaux, au détriment de ceux qui en ont le plus besoin, car elle semble favoriser la mortalité infantile et juvénile (peut-être souhaitée, il est vrai, ou favorisée, si l'on en juge au dernier paragraphe) et la propagation des maladies contagieuses. Ces mesures donnent, à vrai dire, une idée de la détresse extrême des dirigeants, devant l'échec économique et surtout agricole.

Antisocial

Déjà en 1947, le Japon avait soulevé une émotion considérable dans le monde, quand il avait (à l'instigation poussée, mais discrète, des Américains) promulgué la première législation dans l'Histoire propre à diminuer les naissances et la population, dans le pays lui-même. Vingt ans plus tard, la Chine a été beaucoup plus loin.

Ce sacrifice du social, ces brimades et privations infligées aux plus malheureux ne sont cependant pas le monopole de la Chine. Notre législation regorge encore de dispositions pénalisant, en fait, la famille et les enfants (l'impôt local sur le logement par exemple [1]). Il est vrai, c'est le simple fruit du couple ignorance-égoïsmes, que l'objectif n'est pas de rendre l'enfant indésirable. Mais, en divers pays peu développés, l'exemple des Chinois a été

1. Toutes les dispositions fiscales où intervient la famille prises par le gouvernement Mauroy ont été dirigées contre elle.

suivi : au Sri Lanka, par exemple, des bons de nourriture sont donnés aux familles pauvres de un ou deux enfants et ces bons sont retirés dès que vient le troisième enfant.

L'efficacité de ces mesures, seul argument présentable, n'est pas totale. Plonger des familles dans la misère et le taudis n'est peut-être pas la meilleure façon de favoriser la prévoyance et moins encore l'usage des pratiques antinatales.

Nuit noire et lumière troubles

Qu'a donné cette lutte entre la nature et les hommes ? Pendant longtemps, le silence a été total sur tout ce qui concerne naissances et décès. Deux interprétations ont alors prévalu chez les Occidentaux :

— il s'agit disaient les uns d'une défense absolue de rien divulguer, qui puisse donner lieu à des attaques contre le régime ;

— les dirigeants ne s'y reconnaissent pas bien eux-mêmes et ne sont pas tous d'accord, disaient les autres. Dans l'incertitude, ils préfèrent attendre des jours plus clairs.

Cette seconde interprétation prend quelque consistance à la lumière de la conception propre de la statistique. Selon les purs, les relevés statistiques doivent être faits dans l'esprit de la doctrine et faciliter la tâche de ceux qui l'appliquent. Cette vue est-elle proprement chinoise ? En France même, les critiques n'ont pas été ménagées contre « l'objectivité bourgeoise » et des statisticiens confirmés ont été jusqu'à chercher à justifier la déformation des faits, en vue de l'idéologie.

En outre, à la mort de Ta Chen, ou à sa disgrâce, il n'y avait plus, parmi les 700 millions de Chinois, un seul démographe.

Dès lors, c'est pour les démographes de tous pays, mais surtout de France et des États-Unis, une période de débats, de recherches, d'incertitudes, teintée d'une certaine satisfaction professionnelle. Combien plus prenant, ce métier de chasseur et de détective que celui de copieur et de rassembleur de données ! Pendant vingt ans que dure cette période, tout est bon à prendre, y compris les rapports les plus étranges qui passent de Chine populaire à Hong

Kong ou à Formose : naissances, décès, population totale, il faut construire un ensemble cohérent et compatible aussi avec la consommation de céréales, relativement bien connue.

Ce tournoi a vu le triomphe de la publicité, déjà si retentissant, lors du pseudo-scientifique premier rapport au Club de Rome en 1970. Les vues les plus sûres ont été celles qu'a présentées, à diverses reprises, l'Institut national d'études démographiques, mais la presse européenne, y compris la française, a donné une quasi-exclusivité aux travaux des Américains et particulièrement à ceux de J. Aird, celui précisément dont les résultats se sont avérés les plus éloignés de la réalité.

Résultats et trajectoires

En 1982, la population de la Chine continentale s'élève à environ 980 millions. Si la progression avait poursuivi le rythme d'accroissement de 2 % par an, observé pendant les années 50, elle serait de 1 035 millions. Ainsi, en 20 ans, la politique a permis d'avoir 55 millions d'habitants de moins.

C'est dans les années 1950 et surtout à partir de 1971 que la baisse de la natalité s'est affirmée. Selon le professeur Lui Zhang, qui a présenté, à Paris, les résultats, la baisse n'a été vraiment obtenue qu'à partir de 1970, car, jusque-là, la politique a été « sabotée ».

Voici comment a évolué le taux de natalité (pour mille) selon les estimations les plus probables (voir figure 4).

La baisse profonde jusqu'en 1961 et la progression presque extravagante de 1961 à 1963 surprennent et demandent confirmation. Peut-être, le recensement en vue permettra-t-il des rectifications.

Actuellement, il naît encore un peu plus de deux enfants par femme ; l'objectif, un seul enfant par famille, est donc encore loin d'être atteint, mais la baisse se poursuit.

Rappelons qu'une chute aussi forte de la natalité est survenue à Singapour après 1950 et cela sans emploi de contraintes, aussi peu défendables. La baisse avait d'ailleurs commencé spontanément,

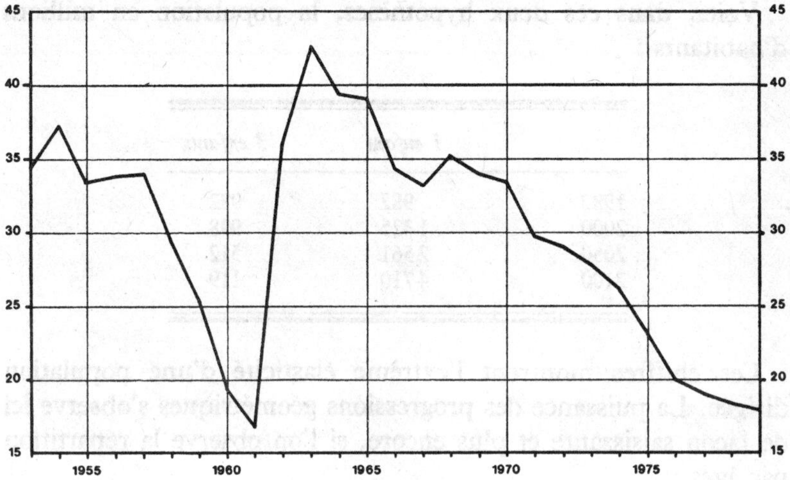

FIGURE 4
Évolution du taux de natalité en Chine de 1950 à 1980

avant la politique de plan familial. C'est toute la différence entre une île et un continent.

Le taux actuel de mortalité, 6 ‰, n'a jamais été atteint en Europe et ne l'est aujourd'hui que dans quelques pays à population jeune et au développement assez avancé (Formose, Singapour, Costa Rica, Venezuela, etc.). Dans une population stationnaire, pour obtenir un tel taux de natalité, il faudrait une vie moyenne de 130 ans, alors que celle-ci ne dépasse guère 75 ans, dans les pays les mieux placés.

Perspectives

Imaginons d'abord deux hypothèses extrêmes :

1. *Stérilité*. Conformément aux vœux du gouvernement, il n'y a plus pendant quelque temps qu'un enfant par femme.

2. *Fécondité*. Le nombre d'enfants par femme remonte à trois, nombre qui correspond au meilleur équilibre familial et qui suppose d'ailleurs de sérieuses pratiques antinatales, même si la femme ne se marie qu'à vingt-cinq ans.

Voici, dans ces deux hypothèses, la population en millions d'habitants :

	1 enfant	*3 enfants*
1982	982	982
2000	1325	998
2050	2561	512
2100	4710	119

Ces chiffres montrent l'extrême élasticité d'une population dirigée. La puissance des progressions géométriques s'observe ici de façon saisissante et plus encore, si l'on observe la répartition par âges :

	1980	*2100*	
		1 enfant par femme	*3 enfants par femme*
Moins de 20 ans	42,4	8,9	36,8
De 20 à 60 ans	52,0	50,9	53,1
60 ans et plus	5,6	40,2	10,1
TOTAL	100,0	100,0	100,0

Avec trois enfants par femme, la proportion des vieux resterait assez faible ; avec un seul enfant par femme, serait dépassée la proportion extravagante de 40 % de sexagénaires.

Aucune de ces deux routes ne peut être suivie longtemps, la première parce que la mortalité remonterait, la seconde parce que le gouvernement prendrait, un jour ou l'autre, de nouvelles dispositions pour faire remonter la natalité, revirement qui pourrait avoir des répercussions politiques. De nouvelles perturbations se produiraient alors de génération en génération.

Les secousses

En tout état de cause, du fait des variations amples, survenues depuis 30 ans, sur le nombre des naissances, *la population de la Chine est vouée pour longtemps à une vie accidentée.* Pour éviter les à-coups, le seul moyen arithmétique serait de supprimer les pointes en tuant une partie des générations excédentaires, une éventualité naturellement, hors de question. Dès lors, aux générations creuses, nées de 1957 à 1961, puis à nouveau à partir de 1976, vont correspondre, vingt-cinq ans plus tard, des affaissements un peu plus étalés ; les ondulations s'amortiront ensuite à chaque génération.

Les troubles à attendre sont de diverses sortes : tantôt les générations adultes (celles où se recrutent les maîtres), seront plus nombreuses que les générations d'enfants donc d'élèves et tantôt ce sera l'inverse. Distorsions analogues entre les nombres de personnes actives et de retraités.

En tout état de cause, la population chinoise est entrée dans « une zone de turbulences ». Déjà, de 1982 à 1985, en trois ans, le nombre de femmes atteignant l'âge du mariage va plus que doubler.

Si, maintenant, le gouvernement chinois décidait de s'en tenir au renouvellement des générations (2,2 enfants par femme), la population continuerait à augmenter dans les âges élevés et atteindrait, en état stationnaire, le chiffre de 1 400 millions d'habitants.

Échéance politique

Deux facteurs peuvent jouer : les secousses évoquées ci-dessus et les résultats de la politique agricole. Si celle-ci réussissait, avec retour à l'abondance, les orthodoxes reprendraient le dessus, comme en 1960, faisant prévaloir l'optimisme marxiste.

En tout état de cause, l'aventure de la population chinoise et ses suites lointaines mettent en évidence *les fruits dangereux de l'ignorance démographique*, déjà si dommageable en Roumanie. Cette ignorance est-elle d'ailleurs le propre des pays socialistes ?

Malgré ses progrès depuis la Seconde Guerre, cette science reste sauvage, ingorée d'hommes éminents, scrupuleux, au détriment de la société elle-même.

CHAPITRE XVI

Perspectives

Il y a plusieurs façons de plonger vers l'avenir ou de le présenter. Il est de bon ton, aujourd'hui, de bien se détacher de toute idée de prophétie ou prédiction tout en la risquant. L'emploi du terme *prospective* est d'une grande habileté, car il permet de se lancer, en semblant rester sur la terre ferme.

Parvenu à ce point, nous avons deux moyens d'éluder les responsabilités :

1° *reproduire les vues des uns ou des autres ;*

2° *demander à notre dormeur intermittent*, et si clairvoyant, d'utiliser son détachement et sa force de pénétration.

Vues sur l'année 1990

L'avenir est ouvert. Refuser de formuler des prévisions devient attardement. Parmi les diverses lancées, retenons celle de la *Banque mondiale*. Voici, par grandes régions, la progression annuelle du P.I.B., par habitant, de 1980 à 1990, pour les pays en développement, importateurs de pétrole :

Amérique latine et Caraïbes		2,2 à 3,2 %
Asie du Sud		1,0 à 2,1 %
Asie de l'Est		4,3 à 6,0 %
Pays arabes		0,0 à 0,9 %
Afrique noire	pays de faible revenu	– 1,0 à 0,1 %
	pays de revenu intermédiaire	0,0 à 0,3 %
Tous pays en développement		2,2 à 2,3 %

L'Afrique noire, dite « au Sud du Sahara », peu peuplée, reste la région en danger. Pour les « pays arabes », c'est une croissance très modérée. L'Égypte a du être placée dans ce groupe, bien qu'elle soit aujourd'hui exportatrice de pétrole.

La *Banque* n'a pas osé émettre de pronostic pour la Chine ; les avis sur elle sont, il est vrai, très divergents. Quant aux pays riches, ils doivent suivre une progression convenable de 2,3 à 3,1 % pour les pays en économie de marché (évaluation optimiste selon nous), 2,8 à 3,0 % pour les pays socialistes et 2,1 à 2,8 % pour les pays exportateurs de pétrole.

Une fois de plus est démentie la légende des pays du tiers monde s'enfonçant chaque année davantage, au profit des pays riches. Ce sont les pays vraiment pauvres qui retiennent l'attention.

Une progression de 2 % par an en 10 ans donnerait une élévation de 22 % en 10 ans, appréciable, pour peu qu'elle ne laisse pas en arrière un sous-prolétariat en détresse. Elle reste possible si les efforts annoncés, peu coûteux pour les pays riches, sont effectivement accomplis.

Rien n'est dit, cependant, pour l'alimentation : la *Banque* se contente d'observer que, pour atteindre une nourriture suffisante, il faudrait augmenter de 10 % les ressources consacrées à la recherche agricole.

En tout état de cause, les taux de mortalité doivent baisser partout, du moins en toutes régions.

Devant ces résultats, troublés et troublants, nous rendons, à nouveau, la parole à notre sage, à notre dormeur, auquel nous envions son absence d'intérêts personnels et de passion.

Les néo-industriels

Vous, Occidentaux, nous répond-il, faites de grands efforts pour minimiser, la concurrence croissante des pays cumulant vos belles techniques, et leurs bas salaires. Vous croyant toujours au XIXe siècle, maîtres du monde, vous acceptez simplement de laisser à ces pauvres gens quelques industries de peu de rapport.

Savez-vous ce que disait l'un des vôtres, Paul Valéry, il y a plus de cinquante ans ?

« Considérez un peu ce qu'il adviendra de l'Europe, quand il existera, par ses soins, en Asie, deux douzaines de Creusot ou d'Essen, de Manchester ou de Roubaix, quand l'acier, la soie, le papier, les produits chimiques, les étoffes, la céramique et le reste y seront produits en quantités écrasantes, à des prix invincibles, par une population, qui est la plus sobre et la plus nombreuse du monde [1]. »

Déjà, dans vos importations, la part des « néo » est passée de 2,6 %, en 1963, à 4,4 % en 1970 et 8 à 9 % en 1979. En contrepartie, la part des exportations vers ces « néo » n'a augmenté que de 7,6 % en 1963 à 9,3 % en 1970 et 10,1 % en 1979. S'agit-il seulement des textiles, comme on le croit ? Nullement, leur part n'est que 5,4 %, alors que celle des machines non électriques est 16,4 %, celle des « équipements de transport » 17,4 et celle des produits chimiques 13,4.

Voyez l'avant-garde des « néo » : Hong Kong, Formose, Corée et Singapour. Tout les pousse à l'effort : exporter est, pour eux, une nécessité vitale, au sens le plus littéral du mot.

Après avoir mis au point sa production d'horlogerie, Hong Kong entre dans sa phase d'exploitation : de 107 millions de francs, en 1978, les exportations ont bondi à 173 millions en 1979. Et jusqu'à la modeste ville d'Aurillac, qui voit son industrie vitale, le parapluie, peu à peu enfoncée par Formose et Singapour. Il faudrait une technique bien médiocre pour ne pas l'emporter, avec des coûts salariaux cinq à six fois moins élevés.

Négligeant toute cette effervescence, à fond démographique, vous ne songez qu'à travailler moins, au détriment des autres, comme si vous étiez en 1913.

S'agit-il seulement de textiles ? Le Brésil vous concurrence déjà, dans une de vos exportations, non certes les plus glorieuses, mais les plus profitables : les armements vendus aux Arabes.

Auriez-vous découvert chez vous de vastes gisements de pétrole, de plomb, de phosphates ? C'est la seule explication, car

1. *Regards sur le monde actuel.*

je ne peux croire à une telle insouciance, à moins que ne jouent les conséquences de ce vieillissement obscurcissant, dont parlent les démographes... dans le désert.

La mer

Je n'oublie certes pas, poursuit notre... procureur général, les caprices de la découverte que l'on dit même à l'opposé de la science. Si l'humanité n'avait jamais rien risqué, faute de pression du besoin, elle en serait encore à la houe, et, par suite, à des formes d'esclavage. Or, les mers sont encore faiblement explorées, suffisamment toutefois pour entrevoir de nouvelles richesses ; de l'or, de l'uranium, par exemple, existent en masse, dans l'océan. Mais leur extraction demanderait une importante consommation d'énergie. Quant aux modules métalliques des grandes profondeurs, vous, pays riches, désirez déjà vous les attribuer, alors qu'elles constituent un patrimoine commun, en même temps qu'une occasion remarquable de tirer les pays pauvres de leur misère et d'éviter ces migrations qui vous menacent, cet afflux de désespérés, en quête d'espèce et de pain.

Observations analogues pour la vaste transformation de la pêche océane, en pisciculture. Loin de prévoir une vaste communauté mondiale, vous ne pensez qu'à vos intérêts immédiats et, du reste, serez battus, cette fois encore, par les Japonais, les Coréens et d'autres.

Dans l'embarras où nous nous trouvons pour lui répondre, retouchons terre et voyons ce qui se propose autour de nous.

Horizon mondial

Parmi les mots qui font fortune, en prenant peu à peu une allure de magie, viennent en bonne place deux épisodes, bien différents, mais tous deux d'initiative incertaine : le *New Deal* de 1933 et le Plan Marshall de 1947-1948. L'évocation de l'un et de l'autre a vertu d'apaisement ; c'est le dérivatif, le calmant souverain, le moyen, aussi, de clore un débat embarrassant, ou de faire taire un remords lancinant.

Le *New Deal,* combien de gens savent en quoi il a consisté et qui en connaît les véritables résultats ? La rumeur s'est cristallisée sous forme d'Histoire : c'est par lui, est-il écrit dans les manuels, que Franklin Roosevelt a vaincu la crise. Regardons à nouveau : en mars 1938, il y avait aux États-Unis 17 % de chômeurs et telle était la désespérance que fleurissaient les théories morbides du stagnationnisme. *New Deal,* nouvelle donne. L'idée de changement, de nouveauté a une vertu propre : chacun croit que ce sera en mieux.

D'une tout autre allure a été le Plan Marshall. Contrairement à une opinion très répandue et propre à dimimuer le mérite de cette remarquable opération, les Américains n'ont pas cherché à écouler ainsi des masses d'invendus. Leur économie était encore en état de pénurie et de reconstitution. Et même dans l'hypothèse irréaliste de surabondance, il leur eût été plus profitable de faire un Plan Marshall intérieur, en vue de combler les immenses besoins non satisfaits, privés et publics.

Le général Marshall a été inspiré par le souci — tout protestant — (fait de générosité et de domination paternaliste) de relever, du moins, l'Europe occidentale et d'éviter qu'elle ne tombe sous l'autorité soviétique. Réussite remarquable, mais cet esprit de Fondation est assez éloigné de nos concepts nationaux, comme aussi du ton des débats internationaux.

La question essentielle est, du reste, ailleurs : quelles chances présente l'adoption d'un Plan Marshall à l'échelle mondiale ?

Un Plan Marshall mondial ?

Un tel Plan aurait le mérite d'être plus concret que les expressions vagues telles que *New Deal* ou *Nouvel ordre international.*

Objection préalable que posera plus d'un pays riche : avant de songer à réduire l'écart entre pays riches et pauvres, ne faudrait-il pas réduire notablement l'écart, plus étendu encore, entre personnes riches et personnes pauvres dans les pays à aider ?

Admettons ce redoutable obstacle surmonté, ainsi que la résistance des citoyens de chaque pays devant la répercussion fiscale de cette offre. Une fois adopté l'ordre de grandeur du transfert, il faudra réaliser l'unanimité chez les donateurs, résultat problématique. A tout le moins, l'U.R.S.S. et les pays socialistes d'Europe refuseront de participer, ce qui entraînera le refus motivé de certains pays capitalistes. Quant aux pays arabes riches, ils objecteront, sans doute, qu'ils ont devancé notre appel, en donnant directement des sommes substantielles.

Admettons cependant l'unanimité ou la quasi-unanimité obtenue, du moins sur le principe : il se posera une double question de répartition entre donateurs et entre donataires.

Pour les donateurs, un pourcentage égal du P.I.B. aurait le mérite de la simplicité, mais toute idée de progressivité, fatalement arbitraire, entraînerait des débats laborieux. Pour les donataires, diverses raisons s'opposeraient également à l'adoption d'une règle simple.

Se poseraient alors les questions de transfert. Dans le cas du Plan Marshall il n'y avait pas de difficulté, les États-Unis étant à peu près les seuls à pouvoir fournir des produits. Cette fois, chaque pays demanderait que le don accordé par lui soit fait sous forme de crédit, dans sa monnaie, pour des achats sur son territoire.

Enfin se poserait la question éternelle des conditions posées par le donateur : « Je veux bien donner, mais à condition que mon don soit bien employé, en vue du meilleur développement. » Cet argument conduirait vite, sinon à une prise de contrôle qualifiée de néocolonialiste, du moins à un bilatéralisme, auquel s'opposeraient les orthodoxes universalistes.

Finalement, une proposition aussi sympathique dans son aspect a bien peu de chances de voir le jour. La bataille va continuer pied à pied, dollar à dollar. La seule chance que présenterait le Plan Marshall serait une sérieuse menace d'impôt mondial.

L'impôt mondial

Dans les réunions privées, les deux mondes sont moins opposés que dans les conférences internationales officielles, puisqu'il n'y a aucun enjeu. Tout Occidental est d'ailleurs ému par la gravité du problème et se dit prêt à des « sacrifices ». Parmi ceux-ci figure l'*impôt mondial,* proposé de divers côtés.

Il y a, dès le départ, une équivoque : telle est, en effet, l'impopularité de l'impôt, qu'il suppose le pouvoir, la force, c'est-à-dire en somme, *le gouvernement mondial,* proposé, dès 1945, par des personnes qui se jugeaient en avant. Si autorité il y a, sous une forme ou l'autre, on voit mal comment cet impôt ne suivrait pas, en bien plus rapide, la route de ses prédécesseurs nationaux : parti de très bas, disons de 0,7 % du P.I.B., actuellement proposés, il gagnerait vite de proche en proche, jusqu'à la rupture par révolte des citoyens des pays imposés. Et, cette fois encore, le refus des pays socialistes contribuerait paradoxalement à faire échouer une idée internationaliste de solidarité humaine.

Un « autre développement »

Devant l'échec, réel ou supposé, mais en tout cas admis, des efforts tentés, depuis trente-cinq ans, en faveur du « développement », un sentiment nouveau s'est fait jour, depuis quelques années, sous la forme suivante :

> « Si les déceptions se sont succédé, c'est parce que, se faisant selon les normes occidentales, le développement arrache les pays à leur culture et à leurs traditions. Appuyons-nous donc sur celles-ci, ce qui donnera un " autre développement ", combien plus efficace. »

L'exemple tragique de l'Iran a apporté à cette thèse un puissant appui.

Est-il besoin de rappeler les conditions de départ ? Dès le début (voir page 29), l'accent a été mis sur l'industrie lourde, les pays attardés refusant tout ce qui pouvait prendre la forme d'une sorte de développement au rabais, propre aux pays pauvres. Il fallait le même pour tous, c'est-à-dire l'*occidental*. Ceux qui émettaient des objections nuancées étaient vite ramenés à la raison, par l'épithète de colonialiste. C'est seulement en 1966, et encore bien insuffisamment, qu'a été perçue l'insuffisance de l'aide à l'agriculture.

Tradition contre technique ? les Extrême-Orientaux, Japonais en tête, de culture cependant bien différente, se sont bien adaptés aux techniques occidentales, alors que cette adaptation rencontre plus de difficultés en Amérique latine, où la culture est d'origine européenne.

Quels que soient les regrets et les reproches, peut-on concevoir un développement plus conforme aux traditions et aux cultures des divers pays ou régions ?

La transformation progressive, appelée *développement*, exige, en tout état de cause, l'utilisation de diverses techniques et de connaissances scientifiques, qui ne dépendent pas des hommes. Prenons le premier objectif, la santé : les techniques médicales peuvent s'améliorer, mais les antibiotiques et antiseptiques agissent sous toutes les latitudes et en dehors de toutes traditions. La première thérapeutique efficace en Occident, le vaccin contre la variole, s'était heurtée à une forte tradition européenne. Et toute découverte aura, désormais, un caractère international.

Poussons plus loin : après la santé, l'alimentation : l'agronomie fait appel à des notions scientifiques dont les applications peuvent varier selon le sol et le climat, mais en dehors de tout aspect culturel.

Et, plus généralement, le développement qui éloigne de la nature la majorité des hommes a nécessité un contact étroit et permanent avec les lois naturelles.

C'est seulement sur la façon d'utiliser les connaissances scientifiques et les techniques que peut intervenir la diversité des cultures ou traditions ; ici l'intervention des Occidentaux n'est pas toujours souhaitable, à moins qu'ils n'aient la vocation des Frères des Hommes. C'est donc aux hommes de chaque pays, gouvernement ou techniciens eux-mêmes, qu'il appartient de décider la façon d'utiliser la science. Renouvelons ici le regret de voir bien souvent l'instruction des jeunes étudiants s'accompagner d'une déculturation qui les éloigne de leurs sources.

Toute novation technique est de nature, sinon à détruire, du moins à modifier profondément les cultures traditionnelles.

Horizons

Le terme *pronostic* est déjà compromettant : la difficulté majeure réside, comme toujours, dans la prévision des changements de ligne et, plus encore, des accidents, qui résultent, généralement, d'une disproportion entre les causes et les effets.

Bien tracée, la ligne normale : à chaque menace sérieuse répond une réaction appropriée : que, par suite de défaillances humaines ou de caprices météorologiques, la situation alimentaire se dégrade dans une région et voilà divers mécanismes en marche, parmi lesquels l'extension des surfaces cultivées aux États-Unis ; mais que cette même situation s'améliore, par la clémence du temps, et voilà les consuls qui cessent de veiller. C'est la marque même de l'équilibre stable, dans une situation de médiocrité, compromis entre les rigueurs et l'égoïsme.

Un jour, cependant, peut survenir un accident, dont le caractère essentiel est l'irréversibilité.

Sur ce schéma, mi-rassurant, mi-tragique, s'inscrit cependant une sérieuse réserve : bon an, mal an, les récoltes ont jusqu'ici suivi, mais la population de certains pays est en progression régulière, bien dessinée, sinon « écrite ». Ne va-t-elle pas dépasser pas à pas les possibilités naturelles, sur le plan alimentaire ?

Sans oublier que, jusqu'à maintenant, toutes les prévisions pessimistes historiques[1], assises sur une trop forte progression démographique, ont été démenties (l'évolution réelle a toujours été plus favorable) par les événements, ne fermons pas les yeux devant la situation des pays menacés, Indes, Égypte, Bangladesh, notamment. Le milliard d'habitants, en Inde, n'est une certitude démographique que sous la réserve qu'il trouve devant lui un milliard de rations. La difficulté créatrice, nous la voyons à

1. Voir notre ouvrage, *La Fin des riches*, p. 83 à 85, Calmann-Lévy, 1975.

l'œuvre partout, mais, du fait même de son caractère psychologique, ses limites sont difficiles à juger.

Quelles que soient les difficultés des pays pauvres, ils sont assurés de vivre, puisqu'ils jouent la carte de la vie. Combien plus sérieuse la menace qui pèse sur les Européens insouciants, qui, eux, jouent la carte de la vieillesse. Dépourvue de sens est la crainte de M. Mitterrand de voir « le Sud qui s'effondre », mais positifs sont le vieillissement et la décadence de l'Europe, dissimulés encore par le progrès des techniques. C'est le tableau de la fin du volume.

CHAPITRE XVII

Les uns chez les autres

CETTE multiplication des pauvres dans le monde, alors que les riches ont peur de donner la vie, ne risque-t-elle pas de provoquer une irruption des premiers chez les seconds ? C'est l'objet essentiel de notre ouvrage ; mais, pour en juger, dans le chapitre suivant, voyons dans quelles conditions se font, de façon générale, les mouvements humains sur la terre.

Déplacer les hommes ou les richesses ?

Au chapitre XII, nous avons étudié le cas contemporain des étrangers en France. Faisons maintenant abstraction tant des frontières politiques que des motivations religieuses, affectives, autoritaires, pour voir le déterminisme général des mouvements d'hommes appelés *migrations*. Il s'agit en particulier, grâce à ces mouvements, d'obtenir la consommation de richesses la plus élevée possible.

Si les hommes se trouvent loin des richesses, ont-ils intérêt à aller vers elles ou à les transporter sur les lieux où ils se trouvent ? C'est le problème de tous les temps : *Vaut-il mieux transporter les hommes ou les marchandises ?*

Sur place, il faut toujours un certain nombre d'hommes (agriculteurs, forestiers, mineurs, pêcheurs, etc.) pour exploiter les ressources naturelles, mais si ces travailleurs produisent au-delà de leurs besoins, la question se pose de l'emplacement de ceux qui consomment les surplus ou qui transforment des produits bruts en produits élaborés, et aussi de ceux qui organisent l'ensemble.

Comme le transfert des hommes ne se fait qu'une fois, alors que le transfert des produits se fait de façon continue, l'emplacement des hommes le plus avantageux semble bien être le lieu même des ressources naturelles.

C'est ce qui se passe dans les économies primitives, d'agriculture simple et artisanale. A un stade ultérieur, les usines doivent encore se placer près des mines, des ports, du moins pour les produits pondéreux.

Dans une économie plus évoluée, interviennent les services, que les hommes se rendent entre eux. C'est le temps des villes[1]. Compte tenu des commodités qu'elles présentent, il devient plus avantageux de transporter, tous les jours, une certaine quantité de produits, aliments notamment, qu'une fois pour toutes les personnes. Ainsi, la société évoluée doit faire face à des transports de marchandises permanents, de plus en plus importants, qui augmentent plus vite encore que la production matérielle.

L'accumulation modifie la nature

A ce stade, entre peu à peu dans le jeu l'existence de richesses accumulées ; il peut s'agir, soit d'amélioration définitive des ressources naturelles (irrigations, fertilisants, etc.), soit de constructions durables, bâtiments, voies de transport, etc. A la limite, si elles sont de très longue durée, elles peuvent même s'assimiler à des ressources naturelles. Le paysage est changé.

Par le crédit, les richesses peuvent se transporter et influer sur les mouvements des hommes, l'homme riche, auquel la société reconnaît un droit de consommer, peut choisir son lieu de

1. Quand la dimension de la ville devient suffisante pour que le coût marginal dû à l'habitant supplémentaire dépasse le coût moyen par habitant, la ville continue à augmenter de façon antiéconomique, parce qu'il est pratiquement impossible de faire payer à ce marginal son propre coût (égouts, lignes nouvelles, essence, etc.). L'intérêt économique ne commande pas, pour autant, l'arrêt de l'exode rural, mais la construction d'un plus grand nombre de villes.

consommation, comme aussi, dans une certaine mesure, celui de son entreprise, de ses investissements. Pour la consommation, il tiendra compte de l'agrément du lieu, du coût du transport des produits qu'il consomme, de la distance où il se trouve de ses « affaires ».

Les goûts et l'ordre social

Les goûts des consommateurs influent sur l'emplacement des hommes et tout changement de goûts, même en l'absence de progrès technique, doit provoquer des migrations.

La mobilité des goûts est fonction de la richesse ; dans une société où la répartition des revenus est très inégale, la mobilité des goûts, donc des hommes, est plus forte. L'élévation du niveau de vie des Occidentaux a permis de satisfaire leur désir de voir d'autres pays ; les migrations de touristes sont temporaires, mais, en créant des emplois dans les pays qu'ils visitent, elles favorisent (ou empêchent) des déplacements définitifs.

Si le niveau de vie des populations occidentales ou d'une partie de ces populations devient suffisamment élevé pour assurer la rentabilité des transports au pôle sud et même d'un séjour plus prolongé dans cette région, assurément pittoresque, des migrations en résulteront, qui jusque-là échappaient à toute vraisemblance.

Le savoir et le reste

Il faut enfin tenir compte de l'accumulation du *savoir* et notamment du *savoir produire des richesses*. Cette accumulation en un lieu, en une région, attire les hommes, en les rendant plus productifs et, par là, mieux rémunérés de leur peine. Le savoir peut d'ailleurs se déplacer, se transmettre, nouveau facteur agissant sur l'emplacement optimal des hommes.

Ainsi, les mouvements des hommes sur la terre sont, du point de vue économique, commandés par :

1° l'emplacement des richesses naturelles ;

2° les techniques productives ;

3° l'emplacement des richesses accumulées ;

4° la dispersion des revenus ;

5° les modifications de goûts ;

6° l'agrément de certains lieux de séjour, temporaires ou définitifs ;

7° le progrès du savoir et sa localisation.

Divers facteurs peuvent ajouter leur rôle, tels que habitudes, inertie, attrait du nouveau, et, bien entendu, frontières et obstacles politiques.

Ce rappel de vues classiques va nous éclairer dans la description de quelques mouvements historiques et la recherche des migrations futures.

De la préhistoire à la découverte de l'Amérique

Les hommes se sont longtemps déplacés, sous l'influence de la faim, vers les richesses naturelles, au besoin en exterminant les premiers occupants. Tout au long de l'Histoire, ont eu lieu des déplacements massifs, à travers les continents et même de l'un à l'autre. Ce furent bien rarement des manifestations courtoises, des accueils enthousiastes, dans le territoire d'arrivée. Les vols de gerfauts ont largement pris le pas sur ceux des colombes. Sans doute, a-t-on vu parfois des gouvernements installer des colons dans une région, jusque-là peu peuplée, mais combien plus fréquentes, « plus normales », les irruptions plus ou moins violentes, désignées sous le nom d'invasions. Lorsque le besoin et la force sont du même côté, le mouvement va de soi.

Les migrations ont résulté soit d'une attraction, exercée par des contrées plus riches, soit d'une expulsion, d'un refoulement et parfois des deux. Elles se sont accompagnées parfois de facteurs religieux (conquêtes des Arabes, croisades, expulsions des Juifs).

Déséquilibre du monde

Au XVIe siècle, la découverte de l'Amérique et de l'ensemble du monde bouleverse l'emplacement des hommes sur la planète, du seul point de vue économique et abstraction faite de la supériorité militaire. Compte tenu des méthodes rudimentaires de culture de ce temps, les pays d'Europe sont fortement peuplés : le système féodal a d'ailleurs été le résultat de la pression démographique[2]. Le surpeuplement est confirmé par deux événements :

1. *Il a fourni au pape Urbain II* un fameux argument matériel en faveur des croisades.

2. *Après la peste noire du XIVe siècle,* qui a réduit la densité, le niveau de vie des paysans survivants a été plus élevé et ils ont bénéficié d'un certain affranchissement vis-à-vis du seigneur.

Par contre, les territoires nouveaux, sauf en Asie, sont assez faiblement tenus, notamment en Amérique du Nord.

Ainsi, en admettant qu'un despote éclairé et bienfaisant ait recherché le bien-être maximal des hommes, en les plaçant le mieux possible, il aurait commandé certaines migrations vers le Nouveau Monde.

L'extermination d'une partie de la population indienne a encore accentué le déséquilibre initial.

Le flux et les freins

Toutes ces terres nouvelles ne sont cependant pas propres à l'immigration : la plus grande partie de l'Afrique oppose longtemps aux Européens la rigueur de son climat ; l'Asie se défend par ses masses : pas question de coloniser la Chine, ni même de peupler intensément la Corée ou les Philippines. Ce sont les deux Amériques, qui, quelque peu sous le souffle de la légende,

1. Le rapport, peu connu des historiens, entre population, emploi et hiérarchie sociale a été décrit dans notre *Théorie générale de la population,* volume I.

suscitent l'afflux. Il ne s'agit pas seulement de gueux « fatigués de porter leurs misères hautaines », mais aussi d'hommes fortunés, soucieux d'exploiter les richesses, ce qui les conduit à entraîner des hommes à leur suite.

Entre l'Europe surpeuplée et l'Amérique, déjà peu chargée à l'arrivée de Colomb et encore allégée par les massacres et les refoulements, le flux va être intense, pendant plus de quatre siècles, mais, en dépit de l'appoint de plusieurs millions de Noirs, introduits pour l'exploitation servile, l'équilibre des densités, que semble commander la loi des vases communicants, est encore loin d'être réalisé. C'est que la migration outre-mer a été freinée par diverses inerties et, en particulier, par deux freins importants :

1° l'attraction des foyers industriels ;

2° le coût du transport des personnes.

Force de la métropole

Du fait de la domination politique pendant longtemps ensuite, de la supériorité technique et de la proximité du consommateur, les usines ne sont pas déplacées vers les matières premières, comme semblait le commander la minimation des coûts des transports ; ce sont, au contraire, ces produits pondéreux qui ont traversé les mers, pour venir se faire traiter là où on a l'habitude de le faire. Non seulement les métropoles ont longtemps interdit ou freiné l'installation d'industries outre-mer, mais une forte inertie a imposé sa loi, ainsi que l'accumulation du capital et du savoir.

Par exemple, lorsque les mines d'étain des îles Cassiterides (Sorlingues) ont été épuisées, la métallurgie ne s'est pas transportée vers les sources ; ce sont les minerais de Bolivie et d'Indonésie qui ont été transportés à grands frais.

Il ne s'agit pas seulement d'industries : banques, compagnies d'assurances, bourses de commerce, universités sont installées dans les métropoles, où elles ont pris racine. Contrairement à la loi générale, les hommes ne se sont pas déplacés vers les richesses, dans toute la mesure où le commandaient celles-ci.

Le coût du transport

Pour rembourser le coût de la traversée d'Angleterre aux États-Unis, un *indentured servant* devait accomplir quatre ou cinq années de travail (l'équivalent du coût de son élevage, depuis sa naissance). Pour cette même traversée, suffit aujourd'hui une somme équivalant à une ou deux semaines de travail. En outre, le transport des migrants (qui a inspiré Chaplin, en un temps où l'amélioration était déjà sensible) se faisait dans de telles conditions d'inconfort que la mortalité (même des Blancs) était élevée.

On comprend qu'il n'y ait pas eu besoin, pendant longtemps, d'un contrôle à l'arrivée. Hommes rares, terre ouverte.

Au début du xxe siècle, les conditions de l'émigration sont meilleures. En 1913, 2 millions d'étrangers quittent encore l'Europe pour chercher, sinon l'aventure, du moins un sort meilleur, dans l'agriculture ou l'industrie. D'ailleurs les densités sont encore loin d'être égalisées : 12 par km^2 aux États-Unis, 8 en Argentine, contre 72 en France, 130 en Italie et plus encore dans les pays au Nord de la France.

Les contrôles remplacent les freins

Peu à peu la grande facilité de communication est compensée par des mesures de protection des deux côtés de l'Atlantique. La Première Guerre mondiale marque un profond changement :

1. *En Europe,* l'allocation de chômage qui se généralise (le dole en Angleterre) réduit la pression du besoin. L'émigrant était, le plus souvent, un travailleur sans emploi... ni indemnité. Désormais, il attend des jours meilleurs.

2. *Dans les pays d'accueil,* s'organisent peu à peu les contrôles à l'entrée. C'est, en particulier, le cas des États-Unis.

En 1912, le dernier territoire, le Colorado, est devenu État, ce qui signifie la fin de la frontière. On eût dit un collier de perles se refermant d'un coup sec. Le temps du monde fini étant arrivé, c'est aussi la fin de la liberté d'entrer.

La guerre arrive par là-dessus, si bien qu'en 1923 seulement, après de longs débats parlementaires, est votée la loi sur l'immigration, qui limite quantitativement et qualitativement les entrées, dans le but de maintenir la composition ethnique.

A la protection séculaire des activités et des entreprises s'ajoute désormais la protection de la main-d'œuvre. Vous vous présentez à un poste frontière :

« Pourquoi venez-vous ici, monsieur ? Si c'est pour dépenser de l'argent, entrez, vous êtes le bienvenu. Si c'est pour en gagner, restez chez vous. »

Et il semble que le monde s'achemine alors vers un « chacun chez soi ».

Deuxième Guerre : sauve qui peut ?

Après les accords de Potsdam, la marche des Slaves vers l'Ouest s'accompagne d'un fait nouveau : les habitants sont totalement chassés de chez eux, repoussés en avant. S'agirait-il d'un immense Dunkerque en perspective ?

La terre sous nos pas comme une étoffe usée
S'est petit à petit, à nos pieds refusée[1].

Non ; ils s'arrêtent sur l'Oder. Bien excusable, en ce temps troublé, l'erreur commise sur la frontière : un diplomate américain est-il obligé de savoir qu'il y a deux rivières Neisse en Allemagne ? Toujours est-il que l'exode porte sur dix millions d'Allemands, privés de toute richesse et se rendant dans un pays détruit. S'ajoutent aussi un grand nombre de réfugiés de pays slaves, devenus socialistes.

Le petit morceau appelé maintenant Europe occidentale a beaucoup perdu et semble bien près de perdre le reste. Ne faudra-t-il pas payer désormais son pétrole, son cuivre, son caoutchouc ?

Tout ayant été consommé pendant la guerre, valeurs étrangères

1. ARAGON, *Les Yeux d'Elsa*.

jetées par-dessus bord, colonies émancipées ou en voie de l'être, prestige et pouvoir, comment vont pouvoir vivre tous ces hommes entassés sur leur petite presqu'île ? C'est ce que pensent des experts réputés sages, réfléchis. La logique semble leur donner raison : les hommes ne doivent-ils pas aller vers les richesses naturelles ?

En 1950, une déclaration solennelle de trois hommes d'État invite les Européens à quitter leur terre inhospitalière. Aux Pays-Bas, une loi encourage, subventionne les départs (Brésil, Australie, Canada) et, couronnant le tout, M. Ole Just calcule, avec précision [1], le nombre d'émigrants qui doivent quitter le bateau : 40 millions, dont 13 millions d'Allemands et 10 millions d'Italiens !

Ces invitations au départ s'adressent évidemment aux jeunes. Mais, selon l'optique arithmétique traditionnelle, seul le nombre est pris en considération ; un départ massif de jeunes entraînerait un vieillissement redoutable, mais qui s'en soucie ?

En 1946, se fredonne, en Angleterre, dans les files d'attente, devant le bureau d'émigration, une chanson significative : « *I want to be a refugee from Great Britain* [2].

Renversement, folie ?

Au moment même où se formulent ces « sages » jugements, l'Europe prend le chemin inverse :

a) *relèvement de la natalité* et accroissement plus fort de la population ;

b) *renversement du mouvement migratoire séculaire.*

Non seulement les Allemands, Italiens, Anglais, Autrichiens, Hollandais restent chez eux, contrairement aux exhortations de M. Ole Just et d'autres, mais ils font appel à des travailleurs étrangers ! L'Europe occidentale devient terre d'immigration, au moment même où cessent sa domination séculaire et, apparemment, sa richesse.

1. *Au-delà des mers et des frontières,* 1948.
2. « Mon fervent désir est d'être un réfugié venant de Grande-Bretagne. »

Déjà, entre les deux guerres, la France, victime de sa faible fécondité et de la guerre 1914-1918, avait fait appel à des travailleurs d'Afrique du Nord (Algériens surtout) et de Pologne (mines de charbon dans le Nord et de fer dans l'Est). Le mouvement se généralise ; c'est, en quelque sorte, l'équivalent de l'exode rural vers les villes. En somme, l'Européen, promu bourgeois, déclare : « Comment ! Vous voulez que je parte avec une besace sur le dos, pour aller chercher infortune, dans un pays de misère ? Ce sont, au contraire, les misérables des pays voisins qui viendront travailler chez nous et pour nous ! »

C'est ici qu'intervient le rôle du savoir et la fixité du savoir. La plus grande mobilité des hommes, grâce à l'aviation, fait le reste. Ce sont alors les « vingt glorieuses » (1954-1974), qui semblent si *normales* aux jeunes bénéficiaires, que cette prospérité ne sera guère perçue qu'après coup. Se poursuit, pendant ces années roses, l'appel à des travailleurs étrangers, ni prémédité, ni prévu. Dans cette Allemagne fédérale, « surchargée » de 12 millions de réfugiés, venus de l'Est, sont appelés en sus, non seulement des Italiens, mais des Yougoslaves, des Turcs, événement qui valait en 1945 du 1 000 contre 1. L'Angleterre exsangue, elle-même, fait appel à des Jamaïcains et autres Antillais, pour exécuter des travaux abandonnés par les nationaux ; à cet afflux sollicité s'ajoute l'entrée massive de Pakistanais, d'Indiens, chassés d'Afrique et armés de leur passeport britannique. La reine Victoria et Disraeli ont dû éprouver dans leur tombe quelques sursauts devant cette colonisation à rebours.

Non moins paradoxale, l'aventure des Pays-Bas ; aux quelques colonies qui s'installent encore au Brésil, en Australie, correspondent, et au-delà, des entrées de divers pays. Dans ce pays dont la densité atteint déjà 300 habitants au km^2 en 1950 et dont la population s'accroît, naturellement, au rythme de 1 % par an, les entrées dépassent, contre l'attente, les sorties.

Comme les travailleurs nationaux abandonnent toujours davantage les tâches pénibles, le mouvement semble ne pas avoir de fin. Tout le monde n'y trouve-t-il pas son compte ? Les hommes des pays pauvres, sans emploi chez eux, bien souvent, trouvent des salaires inespérés, tandis que ceux des pays riches sont promus massivement à une condition supérieure. Les profits réalisés sur l'ensemble permettent de nouveaux investissements, si bien que l'afflux semble s'entretenir de lui-même.

Il trouve cependant toujours ses limites :

1. *Les difficultés sociales,* résultant de populations allogènes, en particulier depuis la montée du chômage. Elles ont été évoquées dans le chapitre XII.

2. *L'attraction exercée vers des richesses accumulées* trouve, un jour, des forces contraires. Sans doute, s'exerce-t-elle quelque temps au-delà de la position d'équilibre un peu comme la ville continuant à s'étendre, même une fois dépassée la dimension optimale (voir p. 220). La production de richesses ne répond pas à l'accumulation. En outre, dans divers cas, c'est le savoir qui se déplace vers les hommes. C'est ainsi que l'industrie photographique de l'Allemagne de l'Ouest s'est, en partie, transportée à Singapour. Le transfert des techniques est devenu un problème permanent.

Quelques cas dans le monde

Dans l'Europe socialiste, qui se prolonge jusqu'à Vladivostok, aucune entrée durable n'est acceptée, non plus qu'aucune sortie de nationaux. L'homme appartient à son pays et les autres n'ont rien à y faire.

Plus insulaire que la Grande-Bretagne, le Japon s'est toujours refusé à faire appel à des travailleurs étrangers. Du reste, pendant longtemps, l'industrie a trouvé une main-d'œuvre facile, dans l'agriculture en voie de mécanisation et dans l'artisanat. Avec une prudence qu'on ne saurait sous-estimer, il n'a pas cédé, comme l'Europe, à la tentation d'appeler des mercenaires peu exigeants [1], préférant la sous-traitance, ou la création de filiales, dans des pays moins avancés.

1. Seule exception, les équipages de la marine marchande sont parfois coréens ou malais.

L'Australie devant les Djinns

Longtemps, ils sont tout heureux les Australiens ou se croient tels, dans leur grande île, qu'ils n'occupent que légèrement. Mais, un certain jour de 1941, le bruit a couru que les Japonais avaient débarqué à Darwin. Ils étaient si rapidement parvenus en Nouvelle-Guinée que tout était à craindre.

Comme l'homme menacé par les Djinns, les Australiens ont alors imploré :

Prophète, si ta main me sauve
De ces impurs démons des soirs,
J'irai prosterner mon front chauve,
Devant des sacrés encensoirs !

Il s'agissait moins de se prosterner que d'accepter, enfin, de peupler le pays. Après la guerre, en effet, les portes ont été entrouvertes aux Italiens, aux Grecs (légère dérogeance), mais si prudemment que, trente ans après, le nombre des migrants ne dépassait guère 2 millions, restant inférieur à la population du seul Singapour.

Ne pouvant plus guère compter sur l'Angleterre, les Australiens se sont placés sous la protection des États-Unis. Ils sont les seuls à avoir, lors de la guerre du Viêt-nam, envoyé un contingent militaire, symbolique sans doute, mais significatif.

Les Aborigènes, longtemps en voie de disparition, sans extermination volontaire, sont peu à peu appelés à la vie nationale. A ce changement d'attitude, déjà significatif, on peut ajouter l'admission récente de quelques hommes de couleur.

Mais le déséquilibre entre l'Australie et l'Asie du Sud ne s'en accroît pas moins constamment.

Trois mouvements significatifs

Dans l'ensemble du monde, les mouvements d'hommes sont, depuis la « crise » économique, moins intenses ; mais trois d'entre eux attirent l'attention :

1° l'afflux vers les gisements de pétrole ;
2° les expulsions et les réfugiés ;
3° l'immigration clandestine aux États-Unis.

Les gisements de pétrole

Allah est si bienveillant qu'il a obligeamment placé les gisements de pétrole dans les pays qui le vénèrent le plus. Cette énorme richesse, dans des pays en partie déserts, a provoqué d'intenses migrations, encore accrues après les hausses permises en 1973 et 1979, par les contresens et la déraison des Occidentaux (voir p. 131).

Tant que ces gisements appartenaient à des compagnies occidentales, les déplacements humains étaient très limités, parce que le personnel nécessaire à l'extraction est peu important. Le transfert de propriété a posé la question des consommateurs de surplus évoquée plus haut. Dès l'instant que les émirs et leur suite habitent sur les lieux, leur dépense crée un appel important de population. Ont afflué au nombre de plusieurs millions les gueux de tous les pays environnants.

Les réfugiés

Chaque secousse politique ou religieuse est suivie d'expulsions et plus souvent de fuites. Dans le monde, on compte plus de dix millions de réfugiés, au sort précaire.

Que la Thaïlande, la Malaisie ou quelque pays d'Amérique latine passent dans le monde socialiste, ce seront de nouveaux départs en masse et la difficulté de trouver des terres d'accueil.

L'immigration clandestine

Elle gagne peu à peu, et s'exerce principalement aux États-Unis. Sans la frontière politique entre les États-Unis et le

Mexique, le mouvement serait massif des hommes vers les richesses.

Pour un Mexicain, dont le salaire représente six fois moins de dollars que celui d'un Américain, quand il trouve du travail, les États-Unis sont un Eldorado. C'est surtout depuis la seconde guerre que se produit l'entrée clandestine. Vers 1950, elle se faisait souvent par la traversée du Rio Grande à la nage, ce qui avait valu à ces clandestins le surnom de *wetbacks* (dos mouillés). Depuis une dizaine d'années, le mouvement s'est accentué, mais se fait d'autres façons : double fond d'un camion, marche la nuit, en évitant les patrouilles, etc., mais ces moyens héroïques ne sont pas toujours nécessaires. Bien souvent l'homme est clandestin, illégal, mais son entrée ne l'était pas : il s'agit, à la frontière californienne, d'un « touriste », d'un saisonnier, d'un étudiant, etc. Les séjours légaux qui se prolongent indûment ont rendu vain le grand projet, du reste fort onéreux, de rayons presque continus, laser ou autres, le long des 2 000 kilomètres de la frontière terrestre.

Une fois entré sur le territoire national, le « sans papiers », comme il est dit, échappe facilement aux contrôles administratifs ; s'il fait l'objet de recherches ou de poursuites, il en est quitte pour passer dans un autre État et la procédure est à recommencer. Quant à la Sécurité sociale, elle est loin de se prêter, comme en Europe, aux contrôles individuels. L'État civil n'est d'ailleurs général, dans l'ensemble des États-Unis, que depuis les années trente. Nombreuses sont les personnes dépourvues de cartes d'identité.

Opinion et gouvernement

Et l'opinion américaine ? Elle est trop éloignée de l'hostilité, pour aider l'administration : ces hommes, aux prétentions modestes, rendent des services, dans l'agriculture, dans les restaurants et même chez des particuliers. Ils n'inquiètent guère les syndicats des industries bien organisés (automobile, aviation, etc.), car ils évoluent dans des secteurs très différents. Enfin, la xénophobie (qu'il ne faut pas confondre avec le racisme) est peu répandue dans ce pays, dont les habitants sont habitués à la présence d'éléments allogènes, particulièrement hispanophones.

Par contre, les pouvoirs publics s'inquiètent : selon le représentant américain aux Nations unies à la Commission de la population, membre du State department :

« C'est le problème le plus difficile que nous ayons devant nous. Certes, nous avons de grandes épreuves avec les Soviétiques, mais après 30 ans d'affrontements nous avons tout au moins une méthode, une tactique. Cette fois nous sommes désarmés. »

L'émotion semble cependant excessive, du moins sur le plan proprement économique.

L'aspect démo-économique

Nous ne raisonnons, pour le moment, qu'en termes quantitatifs : à l'excédent de naissances, qui s'élève à 1 650 000, s'ajoutent chaque année 800 000 immigrants légaux et un nombre de clandestins que nous évaluons à 300 000 pour fixer les idées. Ainsi, l'accroissement annuel de la population passe, de leur fait, de 2 450 000 à 2 750 000, c'est-à-dire de 1,07 % à 1,22 %.

Ces immigrants sont des hommes tout faits, qu'il n'y a pas eu à élever. Dans la mesure où tous les clandestins sont des producteurs, une entrée de 300 000 jeunes adultes correspond à 1 200 000 à 1 500 000 d'années de travail gagnées, soit environ 1,2 à 1,5 % de la production nationale.

Le territoire des États-Unis est sous-peuplé, la densité 24 au km^2 est très inférieure à celle de la Suisse, aux faibles ressources naturelles, minières ou agricoles. On serait donc tenté de penser qu'il y a d'autant moins de dommage, que ces hommes, aptes au travail, bénéficient d'une certaine sélection, physique tout au moins (les malades restent chez eux). Mettons les choses à l'extrême et imaginons que les 77 millions de Mexicains passent tous sur le territoire des États-Unis ce qui ferait 305 millions d'habitants et moins de 33 au km^2, chiffre largement inférieur à celui des pays européens.

Deux facteurs classiques s'opposeraient dans ce cas, une fois l'installation achevée :

1° *défavorable :* coût pour assurer les matières premières et l'énergie ;

2° *favorable :* gain du point de vue des frais généraux, de la production en série des transports.

Dans l'ensemble, le bilan coût-avantages semble actuellement positif, même sans tenir compte du facteur puissance. Deux objections cependant : le *rythme de croissance* et *l'aspect qualitatif.*

Le rythme

Avec ces 300 000 clandestins supposés par an, le rythme de croissance de la population des États-Unis passe de 1,07 % à 1,22 % par an, quelque peu trop rapide, en raison des investissements que cela suppose (logements, hôpitaux). La charge est notable, sans être écrasante.

Qualité, adaptation des Chicanos

C'est sur ce point que se posent des problèmes.

Signalons d'abord un déséquilibre de sexes : l'excès d'immigrants masculins peut être cause de certains désordres.

De condition généralement modeste, les clandestins ne répondent pas aux conditions prévues par la loi d'immigration de 1950. A l'encontre de la précédente, elle n'a aucun caractère racial ou ethnique, mais formule, en revanche, des exigences techniques : 30 % des admis doivent être hautement qualifiés, ce qui est ici loin d'être le cas. Lorsque, cependant, des « intrus » remplissent diverses fonctions dédaignées par les nationaux, ils comblent, de façon précieuse, des vides. Il est difficile de ce fait de formuler un jugement d'ensemble.

Il se pose aussi une question de langue : les autorités américaines ont eu grand soin, pour donner au *melting pot* toute sa signification, d'imposer longtemps l'usage de la langue anglaise dans les écoles. La société permissive actuelle laisse, au contraire, ouvrir des écoles en espagnol, réclamées plus encore par les sédentaires de longue date que par les clandestins pourchassés. Ainsi, les territoires arrachés au Mexique vers 1848 par la guerre, mais aussi par le peuplement, peuvent reprendre peu à peu leur ancienne personnalité. Le risque, pour Washington, est de les voir un jour réclamer une autonomie de plus en plus large, notamment culturelle et militaire. Mais le moment n'est pas encore venu.

Parade ?

La répression ne donnant que de faibles résultats, une entente avec le voisin serait utile. Mais le gouvernement mexicain, trop heureux de voir son trop-plein de main-d'œuvre se déverser vers les pays riches, pour envoyer ensuite dans son pays une partie de son épargne, fait la sourde oreille. Il serait d'ailleurs plus embarrassé encore que son grand voisin pour instituer un contrôle à la sortie. Le meilleur moyen proposé par le président Etcheverria à Washington serait, pour les Américains, de construire des usines sur le territoire mexicain… Nous y voilà. Transporter les hommes ou les richesses ?

Le président J. Carter avait eu, avec le président Portillo, de longs entretiens, en vue d'un arrangement basé sur le pétrole : « Nous fermerons quelque peu les yeux, nous régulariserons la situation d'un certain nombre de clandestins, mais, en revanche, vous nous consentirez un accord de longue durée sur le pétrole » était le thème. Échec sans surprise, car le gouvernement mexicain dispose de tous les atouts.

Le 30 juillet 1981, le président Reagan a présenté, au Congrès, sa nouvelle politique à ce sujet : après avoir rappelé que les États-Unis sont un pays d'immigrants, il a vite ajouté :

« Aucune nation libre et prospère ne peut, par elle-même, satisfaire tous ceux qui cherchent une meilleure vie ou qui fuient la persécution. »

Le ministre de la Justice, attorney général, W. French Smith, a même ajouté : « Nous devons décourager, de façon plus efficace, l'immigration illégale aux États-Unis. »

Finalement, M. Reagan a proposé au congrès :

1° *de faire passer de 20 000 à 40 000 par an* le plafond fixé pour l'immigration en provenance du Mexique ;

2° *de donner du travail à 50 000 Mexicains* chaque année, pour une période de deux ans ;

3° *d'instituer de sévères sanctions contre les employeurs* qui font sciemment appel à des étrangers en situation illégale ;

4° *d'accélérer la procédure d'expulsion ;*

5° *de pouvoir arraisonner les navires,* en provenance de Cuba ou de Haïti, soupçonnés de transporter des immigrants.

En compensation, amnistie pour les illégaux, entrés aux États-Unis avant le 1er janvier 1980.

C'est à peu près l'attitude du pion chahuté qui, impuissant, lève les punitions, en annonçant qu'il sera dorénavant plus sévère. On juge la gravité du problème.

Mais déjà la chasse à l'homme a commencé sur les mers.

Les clandestins en Europe

Sans atteindre l'intensité observée aux États-Unis, l'immigration clandestine est continue en Europe et s'entretient, en quelque sorte, d'elle-même. En Allemagne, les expulsions de Turcs, arrivés sur les aéroports, sont loin d'être respectées. En France, Maghrébins et Noirs cherchent une terre plus hospitalière que la leur et la trouvent.

Un « antiracisme » primitif et masochiste conduit l'opinion, et surtout les syndicats, à considérer toute expulsion d'un étranger comme un abus policier de pouvoir. En septembre 1981, a été prise, en France, une décision analogue à celle de M. Reagan : amnistie pour ceux qui sont déjà entrés, interdiction, dorénavant, et expulsion. L'annonce de cette nouvelle a été marquée par une recrudescence des entrées. La montée du chômage n'a d'ailleurs pas provoqué les réflexes traditionnels protectionnistes : mieux encore, les petits commerçants qui se plaignent de la concurrence des supermarchés n'osent pas protester contre les entrées de commerçants, tunisiens et autres. Ils seraient accusés de racisme...

Il y a plus, bien plus : en novembre 1981, des Égyptiens, dépourvus de tous papiers et de tous droits, ont été, quelque temps, employés à la distribution de prospectus [1]. Comme l'employeur a dû revenir à la légalité, ces clandestins ont fait une grève-occupation sur le trottoir.

Le Mouvement contre le racisme et pour l'amitié entre les peuples (M.R.A.P.) a alors estimé « inadmissible que des travailleurs soient obligés de mettre en péril leur santé, pour se faire reconnaître un droit fondamental » et a demandé à M. P. Mauroy d'intervenir, tout en engageant des actions judiciaires, au titre de la loi du 1er juillet 1972, contre le racisme.

De cette singulière position, il semble résulter que :

1° s'il s'agissait de Belges ou d'Italiens, il n'y aurait pas de racisme. Le cas serait bénin ;

2° ce « droit fondamental », semble-t-il, est le droit, pour toute personne, d'entrer en France et d'y avoir un emploi. Les intervenants n'ont, sans doute, pas entrevu la portée d'une telle novation.

En Italie, terre d'émigration, s'il en fut, à côté des deux millions de sans-travail, affluent des Tunisiens, des Égyptiens et des Noirs.

Dans les divers pays, ces entrées sont, en principe, contrôlées par le canal de la Sécurité sociale, mais il n'est pas possible de refuser des soins à un malade, à un accidenté ; fort difficile aussi d'expulser un travailleur, dans un quartier à forte population étrangère.

En Allemagne, Turcs et autres affluent, se groupent et provoquent des réactions xénophobes, qui risquent de tourner, un jour, en batailles.

Ainsi, dans ces pays frappés d'un chômage intense, afflue une population supplémentaire, peu exigeante, qui risque de supplan-

1. *Le Monde,* 11 novembre 1961.

ter la main-d'œuvre nationale, incapable de protester et même de réfléchir.

Les risques

Contrairement à une opinion nationaliste, la criminalité n'est, en général, pas supérieure dans les colonies étrangères. A condition sociale égale, elle est même plutôt plus faible. Mais le risque de criminalité est ailleurs : nous le trouvons dans la dualité de cultures, surtout, lorsqu'il y a agglomération. C'est, en particulier, le cas de l'Angleterre, nous l'avons vu.

La dualité de races et de cultures (les non-allogènes se groupent) est cause de violences. Des associations de jeunes racistes, ou tout au moins xénophobes, entreprennent, dans les quartiers de l'Est End londonien des descentes, suivies de ripostes[1]. Entre les différentes colonies étrangères se crée un lien de solidarité, qui se traduit également par une pénétration commerciale.

Conclusion

Ainsi, dans l'ensemble des pays occidentaux, à l'immigration légale des années de prospérité et de plein emploi a succédé une infiltration qu'il est souvent imprudent de dénoncer (toujours en vertu d'une lointaine réaction contre les exactions nazies), et que la vague de chômage n'a pas conduit à arrêter.

Ce problème immense est-il bien étudié ? Il n'est pas encore vraiment posé.

1. Voir J.-C. Chesnais, *Histoire de la violence*, p. 48 et 49.

CHAPITRE XVIII

La lutte pour l'espace

La croissance rapide des populations pauvres et le vieillissement des populations riches, avec baisse en vue, ont encore accentué les disparités déjà consacrées, lors de la création des Nations unies, par la cristallisation des frontières.

Hitler ayant sali tout ce qu'il touchait, personne n'a osé, en 1945, prononcer seulement l'expression *espace vital;* mais, avec le temps, vient l'oubli, de sorte que *l'implosion* démographique de la seconde moitié du XXe siècle risque de se transformer en *explosion*.

Quelques zones de pression

Reprenant les perspectives sur la fin du siècle qui vient (p. 68), voici quelle pourrait être la progression de la population de quelques pays, en l'absence de migrations ou de surmortalité : (voir le premier tableau de la page suivante).

Cet aperçu très sommaire laisse de côté, tant les îles de faible dimension (Maurice, la Jamaïque), déjà fortement chargées, que l'Indonésie, qui possède de vastes espaces vierges, et la Chine, dont les problèmes sont très particuliers.

Comment mesurer la pression démographique, d'un pays, d'une région ? La densité est dépourvue de signification, lorsqu'il y a des déserts (Maghreb, Égypte), car ceux-ci présentent moins de ressources naturelles que les mers environnantes.

Significative est cependant la densité en vue, de certains pays,

		1982	Fin du XXIe siècle
		millions d'habitants	
Amérique	Mexique	75	180
	Haïti et Dominicaine	9	27
	El Salvador	6	18
	Brésil	131	310
Afrique	Burundi-Rouanda	11	40
	Nigeria	82	270
	Égypte	44	100
	Maghreb	49	182
Asie	Pakistan	88	220
	Bangladesh	92	210
	Inde	680	1 760
	Corée du Sud	39	90

au cours du siècle qui vient : 210 habitants au km² au Pakistan, 460 à Haïti, 490 au Burundi-Rouanda, 520 en Corée du Sud, 530 en Inde, 1 200 au Bangladesh, environ 3 000 dans l'Égypte non désertique.

En face de ces zones de forte pression se présentent, mais pas toujours, des régions ou des pays beaucoup moins peuplés :

Pression	*Densité réduite*
Asie du Sud	Australie - Nouvelle-Zélande
Maghreb	France - Espagne
Amérique centrale	États-Unis - Canada
Burundi - Rouanda	Kenya - Zaïre - Ouganda
Égypte	Soudan - Lybie

Transporter les hommes ou les marchandises ?

De façon générale, la recherche d'un équilibre suffisant entre les ressources et les hommes, nous ramène à la question : *Faut-il transporter les hommes ou les marchandises ?*

Le transfert des richesses vers les hommes paraît, *a priori*, plus recommandable. En priorité, on peut d'abord suggérer l'arrêt des transports de matières premières et leur transformation sur place. Le transport du riche vers le pauvre peut néanmoins s'imposer et prendre diverses formes :

1° *transport continu d'aliments* vers les régions surpeuplées en détresse ;

2° *transport de biens de consommation,* à la faveur de crédits, de dons publics ou privés ;

3° *transport de capitaux,* de matériel productif, machines ;

4° *transfert de techniques, de savoir,* en vue de produire plus de richesses.

Le troisième et surtout le quatrième moyen sont les plus recommandables : la culture intensive, l'exploitation des ressources naturelles, peuvent, partout, faire des progrès considérables. *L'intérêt des pays occidentaux est d'intensifier, le plus possible, l'exploitation des ressources naturelles,* dans les pays susceptibles de se déverser vers eux. Intérêt des riches et des pauvres convergent ici singulièrement.

Seulement, il est à craindre que ces efforts s'avèrent finalement insuffisants. La tentation sera alors inévitable : transporter les hommes vers les richesses, ce qui signifie *migrations vers les pays riches.*

Comment se présentera alors l'intérêt des uns et des autres ?

Ubi panis, ibi patria

Pour l'individu, pour le migrant, la réponse est claire : de même qu'il va de la campagne surpeuplée vers le bidonville, autour des richesses, de même, il cherche à se rendre dans ces paradis occidentaux, où l'on ramasse, tout au moins, les restes du festin, où l'allocation de chômage est supérieure au salaire du pays où il se trouve et où, parfois, il a déjà des parents, des amis, à tout le moins des compatriotes pour l'accueillir.

Quant aux gouvernements de ces pays, ils voient non seulement s'alléger leur charge, et s'atténuer le problème harcelant des emplois, mais affluer des devises par envois d'épargne. Leur attitude est donc favorable, dans l'ensemble. Mais où se trouve l'intérêt des pays d'accueil ?

Emploi, énergie, Sécurité sociale

Voyons d'abord l'aspect quantitatif : les pays d'Europe sont loin d'être surpeuplés, dans leur ensemble, surtout la France, et, tout récemment encore, ils appelaient des travailleurs venant du dehors. Les besoins privés et publics non satisfaits sont tels que les travaux à accomplir sont immenses, illimités. Seulement si rigide et chargée de contresens, est, dans ces pays, la politique de l'emploi, qu'elle parvient à éliminer des hommes jeunes, pour les accuser ensuite d'être de « trop ». Sans doute, l'individu supplémentaire est-il consommateur d'énergie, mais d'autres facteurs jouent en sens inverse, les transports en commun, les frais généraux, etc., à condition que cet homme en plus produise des richesses.

L'immigrant, clandestin ou toléré, est vite un familier des marchés parallèles où il ne produit rien et en tout cas, aucune nourriture. Dès qu'il est malade ou âgé, il devient une charge pour la Sécurité sociale. En France même, où la population pourrait facilement atteindre 65 ou 70 millions d'habitants, où un quart du territoire est à moitié vide, l'immigration actuelle s'avère, du seul point de vue quantitatif, économiquement défavorable, ce qui est presque un tour de force de cette politique malthusienne et autophage. L'opinion dans sa grande majorité pense ainsi, mais la mystique antinationale et se disant antiraciste est plus forte.

Dans tous les pays d'Europe, le souci de refuser toute immigration est officiel, mais la volonté est moins assurée. Déjà débarquent, dans les aéroports de Francfort et Munich, des hommes venus du Pakistan, du Bangladesh... à tout hasard.

Dans ces conditions, et réserves faites pour le Japon et les pays socialistes, qui, eux, pratiquent une fermeture hermétique de leurs frontières, le *mouvement du Sud vers le Nord* (et du Nord vers le Sud dans l'hémisphère austral) doit suivre une pente « naturelle » et *devient une certitude;* dans le délai de deux ou trois générations.

Voici, du reste, une déclaration à la presse, en 1976, de Boumediene, président de la République algérienne :

« Un jour, des millions d'hommes quitteront les parties méridionales pauvres du monde, pour faire irruption dans les espaces, relativement accessibles de l'hémisphère nord, à la recherche de leur propre survie. »

Les diverses migrations possibles

Ce mouvement inéluctable des pays pauvres vers les pays riches peut prendre diverses formes :

1. *La migration classique*, autorisée et plus ou moins organisée.
2. *La migration clandestine,* par infiltration.
3. *La migration massive en force,* appelée invasion.
4. *La migration massive, pacifique,* que l'on n'ose pas arrêter par la force. Cette éventualité a été décrite, de façon saisissante, par Jean Raspail[1].
5. *La liberté de migration,* entre deux ou plusieurs pays.
6. *La modification des frontières et la cession de territoires.*

Seules sont actuelles les deux premières, la seconde n'étant que subie, tolérée. L'infiltration peut, d'ailleurs, quitter un jour le stade individuel et prendre des formes plus massives : passagers d'un avion que les autorités n'osent refouler, franchissement de la frontière par groupes, plus ou moins armés, « touristes » se dispersant sur le territoire...

Il reste à voir si les autres modes de migration peuvent survenir et si un autre mode pourrait être trouvé.

Le refus ?

Les pays occidentaux peuvent-ils suivre l'exemple des pays socialistes et du Japon, en refusant toute entrée définitive

1. *Le Camp des saints,* Éditions Robert Laffont, 1974.

d'étrangers ? Il faudrait, pour cela, en venir à une fermeture totale, rigoureuse, *de caractère quasi religieux*. Sinon, toute expulsion, même d'un clandestin surpris près de la frontière, sera vite accusée de racisme et prendra l'allure du coup d'aviron assené par les passagers d'une chaloupe sur les nageurs essayant d'embarquer. Seul, *le sacré* pourrait permettre une telle solution.

Celle-ci serait cependant contraire non seulement à l'état d'esprit libéral, qui se manifeste encore en Occident, mais au refus de la jeunesse, qui a saisi les Européens depuis plus de quinze ans, avant même l'aventure du pétrole.

Que conseillerait alors l'intérêt pur ? D'organiser avec soin la venue de jeunes étrangers pour tenir les emplois inférieurs et assurer par leur travail, la retraite des vieux Européens.

D'apparence doublement heureuse, cette solution ultra bourgeoise est inacceptable : prélever des hommes tout faits, élevés par les pauvres des pays pauvres, pour compenser ses faiblesses et le refus de l'enfant par les riches, est déjà d'une morale discutable. Les pays en développement s'insurgeraient contre un tel *pillage* (ce mot, employé si légèrement aujourd'hui, deviendrait celui qui convient) et répondraient par tous moyens, terrorisme compris.

Quant aux populations riches, elles perdraient à ce jeu tout sens de la vie et accentueraient encore leur déchéance. Leur cas évoquerait la si étonnante anticipation de H. Wells : parqués dans des usines souterraines les ouvriers ne peuvent plus, à la longue, supporter la lumière du jour ; la nuit, cependant, ils remontent à la surface et dévorent les bourgeois efféminés, vêtus de rose, incapables de se défendre.

Vivre ensemble

Quelle que soit sa forme initiale, une immigration continue poserait, dans chaque pays, une question de vie et d'unité nationale.

Par réaction durable contre l'épisode raciste et les excès de nationalisme, le bon ton porte à minimiser ou même à ignorer le concept même de vie nationale ; cette opinion s'appuie, en outre, sur le *melting pot* des États-Unis et la réussite de l'immigration française depuis un siècle et demi. Cette attitude est d'autant plus facile qu'elle paraît être d'avant-garde.

Toute fusion rencontre cependant ses limites : les Français et les Algériens n'ayant pu se joindre suffisamment, le drame était inévitable. A la différence de langue, de culture, etc., s'ajouterait cette fois une différence d'âges. Les vieux Européens, affaiblis, consentiraient à tout, pourvu que soient maintenues leurs retraites. L'abandon et la décadence volontaire de la langue française sont déjà un puissant signe avertisseur.

Une fois dans la forteresse, les immigrés veilleraient-ils eux-mêmes aux « frontières », pour défendre leurs nouveaux privilèges ? C'est bien peu probable : puissants en fait, sinon en droit, ils appelleraient, au contraire, des parents, des amis et ouvriraient largement les portes, dans le drame croissant. Attentats, terrorisme échapperaient peu à peu au contrôle.

A ce scénario, on peut certes en opposer d'autres, mais quelques années de tranquillité peuvent se payer d'un écroulement.

Migrations libres

Cette forme, évoquée plus haut, a de plus en plus de défenseurs, même parmi des Occidentaux « bien pensants ». Voici la déclaration de M. Ismail Sabri Abdallah, président du Forum du tiers monde au Caire[1] :

« Les pays développés font souvent valoir les bienfaits de la circulation des capitaux. Mais si on passe à la discussion sur la situation de la main-d'œuvre immigrée, le ton change complètement.

« ... Nous, les économistes du tiers monde, nous leur demandons de suivre une même logique. Ou bien c'est la logique de la concurrence parfaite, donc libre circulation de tous les facteurs de production, *y compris les hommes*. C'est-à-dire que l'excédent de main-d'œuvre du tiers monde devra être déversé dans le monde développé avec tout ce que cela comporte comme risque sur tous les plans. Ou bien il n'y a de libre circulation pour aucun des facteurs, mais il y a une circulation plus ou moins dirigée, sinon planifiée ; et là le même comportement doit s'appliquer aussi bien au capital qu'au travail. »

1. Article de l'ouvrage « Le Dialogue euro-arabe », *Economica*, 1979.

La migration libre est acceptée par certains Européens, animés d'un extrême libéralisme et surtout d'un esprit d'antithèse, toujours pour faire pièce aux nationalistes attardés. Elle suppose, si l'on ose dire, un remarquable effort de non-réflexion.

La mobilité est aujourd'hui telle dans le monde que l'afflux de populations pauvres prendrait vite une accélération inédite. Des agences privées, plus ou moins légales, se chargeraient du transfert des pays les plus lointains, affirmant même pouvoir orienter utilement les migrants vers des emplois. Il y a déjà des précédents. Un tel afflux ne se porterait guère vers l'agriculture, mais se traduirait vite par l'apparition de bidonvilles autour des grandes cités et la formation de ghettos inexpugnables, créant, à leur tour, en réaction, une vague de violence xénophobe.

Frontières et concessions

Si deux pays voisins sont peuplés de façons très inégales, l'idée peut venir de modifier la frontière au profit du plus peuplé. Les exemples sont fréquents dans l'Histoire, mais la décision n'appartenait qu'à la force.

Le cas des États-Unis et du Mexique pourrait un jour être en vue, mais l'immigration clandestine pose le problème de façon assez différente.

Il pourrait se faire aussi qu'aidé par l'ensemble des pays en développement et appuyé même par des pays européens à l'abri, du fait de leur forte densité, tel pays manquant de terre demande que lui soient accordées des *concessions* territoriales. Aucune demande de ce genre ne semble avoir été formulée, ni envisagée, mais l'Australie, par exemple, n'est pas exempte de toute menace, non plus que la France ou les États-Unis.

On parlera sans doute des distances ; les masses du Sud de l'Asie ne semblent pas, en dépit du roman *Le Camp des saints*, en état de demander de l'espace à la lointaine Europe. C'est oublier la vitesse de transformation, depuis un demi-siècle. Qui aurait prévu, même au lendemain de la guerre, l'arrivée de Turcs à Francfort, de Pakistanais à Orly comme en 1974 ? Tandis que les

Européens entendent jouir de leur reste ou plutôt du reste du monde, la planète devient chaque jour plus petite.

Positions politiques

Pour le moment, la Déclaration des droits de l'homme, étrangement rédigée, ne vise que l'individu et lui donne des droits étendus, sans préciser à qui il doit s'adresser pour les faire valoir. Il n'a pas le droit de pénétrer dans un pays sans le consentement de celui-ci. Un jour ou l'autre, s'ajoutera une « déclaration des droits des hommes ». Dès l'instant que les individus ont le droit à la vie, à la nourriture, la question de l'espace est posée.

Si fort que soit le tabou des frontières, il doit fatalement céder un jour en cas de détresses trop fortes. Il n'est même pas besoin de pousser les choses à l'extrême, mais seulement à un degré suffisant. Aucune personne ne peut rester insensible à la vue de vastes territoires en friche ou servant de terrains de golf, tandis qu'en un autre pays, chaque ménage compte en mètres carrés ou se réfugie dans le bidonville. Il y a, pour chacun de nous, une limite à l'intolérable. Et que dire alors des positions politiques, de l'attitude des organisations internationales ? La terre, dira-t-on, appartient à celui qui a faim.

La France vulnérable

Disposant de terres inexploitées, ou exploitées très extensivement, la France est particulièrement en vue. Peut-être peut-on rappeler, à son propos, un épisode peu connu :

Longtemps présidé par le général de Gaulle, après la guerre, le Haut Comité de la population a envisagé, un jour, l'éventualité d'une installation de ménages algériens dans le Midi de la France. Il était évidemment inspiré par la réussite des Italiens, entre les deux guerres, en Gascogne et en particulier dans le Gers : le jeune immigrant travaille d'abord comme salarié auprès du vieux paysan et prend ensuite la place de celui-ci, lorsqu'il cesse son activité.

Une telle idée peut-elle être reprise un jour, pour dégager les surplus de population du Maghreb ? Ces hommes ne produiront-ils pas plus de nourriture — c'est l'objectif essentiel —, dans ces terres abandonnées, que dans les bidonvilles de Casablanca ou d'Alger ? Deux difficultés importantes :

1. *Les Italiens étaient culturellement si proches des Français* qu'ils se sont fondus rapidement parmi eux.

2. *L'agriculture nécessite aujourd'hui d'importants capitaux* et de vastes surfaces.

Le problème est donc tout différent. Le risque d'afflux dans les villes, où l'allocation de chômage est devenue un droit, serait, en outre, un obstacle redoutable.

En conclusion

Nous ne pouvons ici que poser des problèmes, évoquer des éventualités et nous étonner de l'attitude à leur égard, des contemporains, tout pris par de minimes querelles de répartition.

Il existe dans le monde un problème de nourriture, qui se traduira, un jour ou l'autre, en termes d'espace. *Toutes les attitudes peuvent être défendues à ce sujet, excepté l'indifférence.*

CHAPITRE XIX

L'Europe peut-elle encore se sauver ?

SAISI de trouble et de remords vis-à-vis de ces pays démunis de tout, voués par leur multiplication à des famines ou à de féroces guerres civiles, nous sommes allés trouver notre miraculé, rescapé, ce témoin de la grande aventure de cinq siècles :

« Vous qui avez tout vu, qui pouvez ramasser les événements sans vous y perdre, que devons-nous faire pour LES sauver ?

« Pour LES sauver, dites-vous, ou bien pour vous sauver ? Combien méritant est votre effort de compassion, et fort aimable, de votre part, la consultation que vous me demandez. Mais, franchement, c'est votre sort, Européens, c'est votre vie qui sont en question et non les leurs ! »

Et voici donc le dernier tableau qu'il nous présente :

Ce petit cap de l'Asie qui a dominé le monde, tout en s'entre-déchirant, qui, vivant à pleins poumons, plein cœur, a fait, en deux siècles, progresser la science plus qu'en des millénaires précédents, qui a communiqué sa culture au monde entier, tout en lui imposant ses langues et parfois ses religions, qui a remporté sur la grande ennemie, la mort, les plus éclatantes victoires, ce petit cap a fait son temps et va perdre la vie, son rôle étant accompli.

Faiblesse, aménité

La monstrueuse guerre 1914-1918, l'éruption nazie, le remords des exactions du siècle de l'industrie, et des servitudes imposées au reste du monde, tout cela a contribué à l'adoucissement, mais n'aurait pas suffi, s'il n'y avait pas eu le vieillissement, la perte de la vigueur. Votre société verticale, cruelle, a bien consenti un affranchissement général : la femme, l'enfant, le sans-propriété, le serviteur, le travailleur manuel, le colonisé, l'étranger, en ont, tour à tour, bénéficié. Au moment même où s'efface, dans ses rites, la religion chrétienne, ses principes entrent quelque peu en application, dans les rapports de domination.

La divinité elle-même a été bien mise en place : comme la charité chrétienne est loin de tenir sa place dans les rapports sociaux, c'est à l'État divin qu'ont été dévolus les rôles et les qualités traditionnels : « Il est tout bon, tout-puissant et le péché lui déplaît. »

Au tyran libéral a succédé un essai de bureau de bienfaisance. Seulement, ne tirant pas sa puissance créatrice du surnaturel, ce dieu humain reprend, comme il peut, avec sévérité, les fruits de ses libéralités. Incapable, cependant, d'être aussi rapace que prodigue, voilà notre géant débonnaire qui se perd de multiples façons, chômage et inflation étant, si l'on ose dire, les fruits de cette immense bonté, qui tombe d'un firmament stérile.

Refus de la vie

Dans cette impuissance à résoudre ces fausses additions, il fallait une victime expiatoire. Après tâtonnements, elle a été trouvée : ce sont ceux qui ne peuvent s'exprimer, se défendre, les enfants. Le gouvernement socialiste les redoute. Mais pourquoi les couples se préoccuperaient-ils du salut de la collectivité ? Par quel mobile vont-ils se soucier des retraites des autres ? C'est au bon Dieu, bien entendu, qu'incombera ce soin. Seulement, si fortes sont les pressions exercées sur ce distributeur qu'il ne peut s'attacher à ce qui n'existe pas, il ne fait pas ce choix. Facile, l'expérience : demandez à un Français, à un Allemand, à un Hollandais d'énoncer le principal sujet de préoccupation pour la société : variées seront les réponses, chargées de vivacité, parfois, mais infimes seront les mentions de la seule maladie qui échappe à toute médication : *le vieillissement.*

Et, si d'aventure, le terme est, dans une réunion, prononcé par quelque importun, c'est la diversion, la fuite, le refus de penser. Est taxé d'attardement, sur une morale périmée, celui qui se préoccupe du lendemain.

Comment pouvez-vous espérer un retour vers la vie, alors que toute votre société est dirigée contre cet intrus qu'est l'enfant ? Lorsqu'il a échappé aux barrières sévères dressées contre lui et qu'il a été « consenti », il se trouve vite le gêneur, le mal venu, l'empêcheur de vivre en rond, le mal accueilli.

Vous respectez de plus en plus la vie humaine, comment ne pas s'incliner ? Vous avez supprimé, avec combien d'à-propos, ce monstrueux et pompeux appareil judiciaire, pour décider la mort d'un homme, si méprisable qu'il soit ; seulement, en revanche, la suppression d'un petit être innocent, appelée naguère « avortement criminel », est devenue légale, naturelle. Vous inquiétez-vous, lorsque vous dégustez des huîtres vivantes ? Ni votre oreille, ni votre vue ne sont frappées. Affranchissement, libération, de toute évidence, c'est la seule question... en question. Mais les yeux restent bien fermés.

Le besoin

En lui ouvrant les richesses du monde, la domination universelle a créé chez vous, glorieux Européens, des besoins, qui se sont peu à peu répandus de classe en classe sociale. Nourries dans un riche sérail, n'ayant jamais connu une vie différente, vos générations montantes considèrent, sans indulgence, leur sort de privilégiés. Elles sont *de droit divin,* ces consommations. Il faut que, par simple gravitation, matières premières, richesses du monde entier, arrivent chez vous, dans vos logements, dans vos assiettes, dans les écuelles de vos chiens, de vos chats, dans vos moteurs. Il faut aussi, que, fortement revalorisées par l'ouvrage, elles soient ensuite, en compensation, cédées à ces hommes en position inférieure *pour votre bien élémentaire.* Loin de répandre ces évidences, la diffusion de votre culture, votre enseignement a encore contribué à étendre les illusions. Ne vous étonnez donc pas de voir l'individu frustré s'en prendre à l'État qui, n'en pouvant mais, réduit encore davantage l'aide au monde pauvre et fabrique un peu plus de papier monétaire. Ainsi vous cumulez la faiblesse et la cruauté, à l'intérieur comme à l'extérieur.

Le dol continu

Vous n'avez certes ni le monopole, ni la primeur du cours forcé d'un papier sans valeur. Mais, après avoir, pendant un siècle, prêché d'exemple et de vertu, lançant railleries et mépris aux pays d'Amérique latine, vous êtes tombés par faiblesse, sans les mêmes excuses, dans la facilité et la tromperie. Telle est la force de l'illusion qu'on a vu en 1981, soixante-sept ans après le « départ » du 2 août 1914, un rapport rédigé sous la direction du plus grand financier, M. Bloch Laîné, traiter de « privilégiés » les titulaires de carnet A de caisses d'épargne, qui, du fait de l'exemption d'impôts, ne perdent que 6 % par an de leur capital ! Au même moment, les grandes fortunes sont « durement » frappées, au taux de... 0,6 %, dix fois moins.

Le « miracle »

Vous avez pour vous un atout incomparable, un créateur inlassable, le progrès technique. Seulement vous ne savez plus vous en servir. Voici, par exemple, les performances de l'information, célébrées, chantées par des apôtres, de façon quasi mystique. Grâce à elle, tout est permis, tout est promis. La vieille idée, mal refoulée, de miracle, de divination, retrouve toute sa vitalité et se traduit surtout par un refus, plus ou moins précis, des difficultés qui s'annoncent à moyen ou long terme. Les retraites ici, la menace de famine là-bas, les libéralités et le gaspillage, qu'importe ? L'informatique, les robots, la biomasse, arrangeront tout cela.

Loin d'être des rationnels impénitents, vous êtes encore

imprégnés des contes de fées de votre enfance, des exploits des bandes dessinées. Dans les milieux les plus informés, les plus scientifiques, se trouvent des prisonniers, sensibles à tout bruit de clefs et plus encore. Ont-ils raison de s'envoler facilement ces hommes de poids ? Peut-être, tant qu'ils jouent le rôle qui leur est dévolu, dans la grande pièce dramatique de la société. Seulement, les scénarios les plus enivrants sont repris dans le moulin de vos médias et transmis de façon si troublante qu'on en vient à penser : « *Certes les robots deviennent de plus en plus intelligents, seulement, vous, les Européens, les Occidentaux, l'êtes de moins en moins.* »

Vous avez peur de l'homme. Qu'attendent vos grands responsables, avec anxiété ? L'abondance, la richesse productive ? Nullement, ils attendent les classes « creuses », mot magique. Un homme vigoureux de plus est considéré comme dangereux, combien lui sont préférables ceux qui constituent une charge ! Combien il est plus facile d'imprimer du papier que de donner du travail ! L'actif, le producteur de richesses, voilà, pour vous, l'ennemi !

La prise directe sur les insupportables inégalités et sur les atrocités du réel est si facilement oubliée par vos maîtres de l'envolée à base scientifique qu'ils évoquent tristement l'albatros de Baudelaire :

Ses ailes de géant l'empêchent de marcher

Vous sauver ?

Il y a certes un fil, une chance, si mince, il est vrai, qu'elle s'apparente au rêve.

La vie simple ? La cabane auprès d'un torrent, assisté par une chèvre ? Le moment est dépassé, depuis longtemps, du seul fait des progrès médicaux. L'énorme appareil pour protéger et allonger la vie exige un soubassement économique, de plus en plus important. Vous êtes donc condamnés à une vie intense, productive, Européens, à faibles ressources naturelles, vous devez, en outre, consommer moins de nature et plus de culture.

Condamnée par vous-mêmes, depuis près de deux siècles, votre hiérarchie sociale est en contradiction avec vos institutions : combien il est étrange qu'un mot aussi affranchissant qu'*autogestion* provoque un réflexe de recul et que toute idée de lumière déclenche des vagues de terreur ! Et pourtant, le mot de démocratie que vous brandissez en toute occasion...

Vous voulez éviter l'entrée massive de gens du dehors, l'invasion qui se prépare ? Vous avez, pour cela, deux moyens :

1° consacrez non pas 0,5 % de votre revenu mais 2 ou 3 % à créer des moyens de vivre chez les autres. Quel placement !

2° peuplez, occupez votre territoire, ne refusez pas les jeunes, ne leur refusez pas le travail.

Fermer les frontières hermétiquement, comme les pays socialistes ? Non, l'entreprise ne serait ni humaine, ni compatible avec votre façon de vivre, de respirer avec le dehors. Mais résistez à la terrible tentation de prendre les enfants des autres, pour remplacer ceux que vous refusez. Une telle attitude serait non seulement indigne, mais suicidaire ; ils en appelleraient ensuite d'autres, sans votre permission et, tout en contribuant un moment au maintien provisoire de votre P.I.B., ils accéléreraient votre carence.

Le meilleur gagne-t-il ?

Devant toute compétition, la maxime « que le meilleur gagne ! » est un acte de foi ou une façon d'éluder le débat. Vous avez à vos portes, pour adversaire, le monde socialiste et manquez rarement une occasion de dénoncer ses tares, la faiblesse de ses résultats, oubliant que, du fait de la complication de la machine sociale, aucun régime n'est capable d'en tirer un rendement élevé, au sens mécanique du mot *rendement*. Comme en guerre, c'est celui qui commet le moins d'erreurs qui l'emporte. Les malheurs de la Pologne vous permettent de jouer le rôle du bon riche. Regardez plutôt du côté de la Hongrie, qui, chaque année, gagne en niveau de vie et en liberté.

Si condamnable qu'il soit, le régime soviétique n'est pas

condamné, non qu'il soit plus moral que vous, plus démocratique, plus social, mais il a pour lui la solidité et le désir de vivre. Il a d'ailleurs à peu près compris, accepté que le seul ennemi d'une société, d'un corps quelconque, c'est la vieillesse. C'est, au contraire, la carte que vous jouez.

Vous sauver, Europe, Européens ? Vous n'avez pas le choix : « Croisée des chemins », « Tournant de l'histoire », autant d'expressions propres à inspirer l'oubli. Votre seule voie est celle de la jeunesse.

Replongez-moi, dans le sommeil béat et ne me réveillez que le jour où vous le serez vous-mêmes ! Mais ne tardez pas trop, n'est-ce pas ?

Bibliographie

ABDELKADER SID AHMED, « L'O.P.E.P. », *Economica*, 1980.
AUJAC (H.) et DE ROUVILLE (J.), *La France sans pétrole*, Calmann-Lévy, 1979.
BARNEY (G. O.) et divers, *The Global 2000 Report to the President* (2 vol.), U.S. Government Printing Office, 1980.
BEDJAOUI (M.), *Pour un nouvel ordre international*, Unesco, 1979.
BENAMRANE (Djilali), *Crise de l'habitat*, Crea, Éd. S.N.E.D., Alger, 1980.
BERTHELOT (Y.) et TARDY (G.), « Le Défi économique du tiers monde », *Documentation française*, 1978.
BIRABEN (J. N.) et DUPAQUIER (J.), *Les Berceaux vides de Marianne*, Le Seuil, 1980.
BOURRINET (J.), « Le Dialogue euro-arabe », *Economica*, 1979.
BRIOT (F.) et VERBUNT (G.), *Immigrés dans la crise*, Éditions Ouvrières, 1981.
BROWN (Lester P.), « D'abord le pain », *Economica*, 1978.
BROWN (Harrison), HUTCHINGS (Éd.) et divers, *Notre descendance est-elle condamnée ?* The Population Council, New York, 1972.
CARFANTAN (J. Y.) et CONDAMINES (Ch.), *Qui a peur du tiers monde ?* Le Seuil, 1979.
CARRÈRE D'ENCAUSSE (H.), *L'Empire éclaté*, Flammarion, 1979.
CHARDONNET (J.), *Un miracle économique : la République de Corée*, Éd. France Empire, 1979.
CHAUNU (P.), *Un futur sans avenir*, Calmann-Lévy, 1979.
COURGEAU (D.), *Analyse quantitative des migrations humaines*, Masson, 1980.
DUMONT (R.), *Paysans écrasés, terres massacrées*, R. Laffont, 1978.
DUMONT (R.) et MOTTIN (M. F.), *L'Afrique étranglée*, Le Seuil, 1980.
— *Le mal développement en Amérique latine*, Le Seuil, 1981.
DUPUY (R. J.) et divers, *Le Droit au développement au plan international...* Colloque international de La Haye, octobre 1979, Sijthoff et Noordhoff, 1980.
EHRLICH (P. R.), *La Bombe P.*, Fayard, 1972.
EMMANUEL (A.), *Technologie appropriée ou technologie sous-développée ?* P.U.F., 1981.
FABRE (R.), *Paysans sans terre*, Dunod, 1978.
FARGUES (Ph.), *Réserves de main-d'œuvre et rente pétrolière*, Cermoc, Beyrouth, 1980.
FEDER (F.), « La crise ultime », *Economica*, 1981.
FRANK (I.), *Multinationales et développement*, Masson, 1981.
GEZE (F.), VALLADAO (A.) et LACOSTE (Y.), *L'État du monde 1981*, Maspero, 1981.
GENDARME (R.), *Les Sorcières de l'économie : les multinationales*, Cujas, 1981.
GEORGE (P.), *Les Migrations internationales*, P.U.F., 1976.
— *Géographie des inégalités*, P.U.F., 1981.

GRANOTIER (B.), *La Planète des bidonvilles,* Le Seuil, 1980.
GRÉGOIRE (J. A.), *Vivre sans pétrole,* Flammarion, 1979.
GRJEBINE (A.), *La Nouvelle Économie internationale,* P.U.F., 1980.
JACQUEMOT (P.) et divers, *Économie et sociologie du tiers monde,* L'Harmattan, 1981.
JACQUARD (A.), *Éloge de la différence.*
KAHN (H.) et collaborateurs, *Scénario pour 200 ans, 1976-2176,* Albin Michel, 1976.
LACOSTE (Y.), *Unité et diversité du tiers monde,* 1981.
LAGADEC (P.) *La Civilisation du risque. Catastrophes technologiques et responsabilité sociale,* Le Seuil, 1981.
LAMBERT (F. C.), « Le mimétisme technologique du tiers monde », *Economica,* 1979.
LESOURNE (J.), *Les Mille Sentiers de l'avenir,* Seghers, 1981.
MORAZÉ (Ch.), *Le Point critique,* I.E.D.E.S., 1980.
MUKHERJEE (S.), *Restructuration des économies industrielles et commerciales dans les pays en développement.*
OCTAVE, *Demain l'Afrique,* P.U.F., 1981.
PAILLAT (P.), PARANT (A.) et divers, *Le Vieillissement de la campagne française,* I.N.E.D., Paris, 1980.
LE PORS (A.), *Immigration et développement économique et social,* Doc. française, 1977.
POLIAKOV (P.) et divers, *Le Racisme, mythes et sciences,* Éditions Complexe, 1981.
PROVENT (A.) et RAVIGNAN (F. de), *Le Nouvel Ordre de la faim,* 1981.
RASPAIL (J.), *Le Camp des saints,* Éd. Robert Laffont, 1974.
REVEL (A.) et RIBOUD (C.), *Les États-Unis et la stratégie alimentaire mondiale,* Calmann-Lévy, 1981.
SAINT GEOURS (J.), *L'Impératif de coopération Nord-Sud. La synergie des mondes,* Dunod, 1981.
SAMUEL (M.), *Le Prolétariat africain noir en France,* Maspero, 1978.
SAUVY (A.), *La Fin des riches,* Calmann-Lévy, 1977.
— *La Question de l'espace et la population,* Institut international d'études sociales, Genève, 1978.
TABAH (L.) et divers, *Population growth and economic development in the third world,* 2 vol., Éditions Ordina Dolhain, Belgique.
TAPINOS (G.), *L'Immigration étrangère en France, 1946-1973,* I.N.E.D., 1975.
— *L'Économie de migrations internationales,* A. Colin, 1974.
THARAKAN (P. K. M.), *La Division internationale du travail et les entreprises multinationales.*
TIANO (A.), « Transferts et technologie industrielle. Indépendance et développement », *Economica,* 1981.

NATIONS UNIES, *Annuaire démographique — Bulletin statistique — Publications diverses.*
FONDS DES NATIONS UNIES POUR LES ACTIVITÉS EN MATIÈRE DE POPULATION, *Rapport 1980,* New York, 1981.

Une bibliographie du droit mondial de l'espace a été établie par KUO LEE LI, *World wide space (Law Bibliography),* Pédone, Paris.

Index des noms cités

Table des figures

Table des matières

Achevé d'imprimer en février 1982
sur presse CAMERON
dans les ateliers de la S.E.P.C.
à Saint-Amand-Montrond (Cher)
pour le compte des Éditions Calmann-Lévy
3, rue Auber, Paris 9^{e}
Dépôt légal : février 1982.
N° d'Édition : 10883. N° d'Impression : 151-049.